Mord in Switzerland

MITRA DEVI & PETRA IVANOV (HRSG.)
MORD IN SWITZERLAND
18 KRIMINALGESCHICHTEN

Appenzeller Verlag

Die Herausgeberinnen danken der Fondation Jan Michalski
für die grosszügige Förderung dieses Buches

FONDATION JAN MICHALSKI POUR L'ECRITURE ET LA LITTERATURE

1. Auflage, 2013

© Appenzeller Verlag, CH-9101 Herisau

Alle Rechte der Verbreitung,
auch durch Film, Radio und Fernsehen,
fotomechanische Wiedergabe,
Tonträger, elektronische Datenträger und
auszugsweisen Nachdruck, sind vorbehalten.
Umschlaggestaltung: Eliane Ottiger
Gesetzt in Janson Text und gedruckt auf
90 g/m^2 FSC Mix Munken Premium Cream 1.75
Satz und Druck: Appenzeller Druckerei, Herisau
Bindung: Brülisauer, Gossau SG
ISBN: 978-3-85882-653-4

www.appenzellerverlag.ch

INHALT

Liebe Leserin, lieber Leser		7
MORD IN SWITZERLAND Erzählen als Suche und Untersuchung	Edgar Marsch	9
AARAU Wie-ein-Mensch	Milena Moser	15
GAIS Tod bei Gais	Felix Mettler	31
LUZERN Luzern – Chicago	Mitra Devi	47
SCHAFFHAUSEN Reinfall am Rheinfall	Helmut Maier	63
BASEL Tod im 36er	Philipp Probst	77
RHEINTAL Regenbogenwolken	Alice Gabathuler	93
LAUSANNE Mord in der Kathedrale	Anne Cuneo	109
STANS Helm – in Blau	Andrea Weibel	127
LOMMISWIL Dinosauriersteak	Peter Hänni	143
ZUG Die Russin	Jutta Motz	161

JURA
  Ferien im Jura   Sam Jaun   173
WOLLERAU/FREIENBACH
  Tschingg   Michael Herzig   179
BIEL
  Fokus   Karin Bachmann   195
RODELS
  Der Flachwichser   Christina Casanova   209
GLARUS
  Tod am Tödi   Emil Zopfi   227
KREUZLINGEN
  Späte Rache   Petra Ivanov   245
ZÜRCHER GOLDKÜSTE
  Königin der Nacht   Peter Zeindler   259
FRIBOURG
  Heute abend in F.   Susy Schmid   271

Autorinnen und Autoren   280

LIEBE LESERIN, LIEBER LESER

Die Idee zu diesem Buch entstand während einer Zugfahrt. Wir hatten eine Ausstellung über das Verbrechen in der Schweiz besucht. In Gedanken versunken, betrachteten wir die Landschaft, die an uns vorbeizog. Die Schweiz präsentierte sich an diesem Frühlingstag von ihrer friedlichsten Seite. Doch wir wussten: Vordergründiges täuscht. Und so begannen wir, unserer Phantasie freien Lauf zu lassen. Wir fragten uns, wie es im idyllischen Einfamilienhaus am Waldrand wirklich zuging. Ob die alte Dame mit dem Tulpenstrauss tatsächlich Gutes im Sinn hatte. Warum der Bauer reglos auf seinem Traktor sass und auf den Acker starrte.

Wir beschlossen, jene zu fragen, die die Schweiz von ihrer düsteren Seite kennen: einheimische Krimiautorinnen und -autoren. Wir baten sie, einen Blick hinter die Kulissen zu werfen und eine Geschichte zu schreiben. Über das grosse Echo freuten wir uns riesig. Schon bald trafen Krimis aus den verschiedensten Regionen, Dörfern und Städten der Schweiz ein.

Möglicherweise werden Sie nach dem Lesen dieser 18 Geschichten nicht mehr ganz so unbeschwert durch die Städte flanieren. Vielleicht werden Sie in Zukunft beim Wandern öfters mal über die Schulter schauen. Ganz sicher werden Sie die Schweiz mit anderen Augen betrachten. Wir wünschen Ihnen viel Vergnügen!

Mitra Devi & Petra Ivanov

ERZÄHLEN ALS SUCHE UND UNTERSUCHUNG
EDGAR MARSCH

«Mord in Switzerland» bietet einen faszinierenden Einblick in die Schweiz und ihre Kriminalliteratur. In jeder Geschichte wird eine Landschaft vorgestellt mit ihren Menschen, deren Mentalität, Problemen und Schwächen, den regionaltypischen Orts- und Eigennamen, den Sitten, den sprachlichen Eigenheiten.

Die hier von Mitra Devi und Petra Ivanov vorgelegte Sammlung zeigt – für den literarischen Werkplatz Schweiz – einen auffallend hohen Pegelstand, in Qualität wie in Zahlen. Die Produktion von Kriminalerzählungen ist vom bescheidenen Rinnsal beinahe zur Flut angeschwollen, ohne dass dieses gewaltige Wachstum der Qualität einen Abbruch getan hätte. Der neuere literarische Kriminalroman der Schweiz setzte in den 1970er-Jahren ein und gewann in den 80er-Jahren an Kraft mit Autoren wie Alexander Heimann, Sam Jaun, Ulrich Knellwolf, Werner Schmidli, Hansjörg Schneider, Martin Suter und Peter Zeindler. Die Gattung boomt heute regelrecht.

Zartbesaitete versus Hartgesottene, schichtenspezifisches Publikum und gattungsspezifische Leserinnen und Leser – solche Sortierungen gelten längst nicht mehr. Es ist bemerkenswert, dass – auch und vor allem in der Schweiz – viele Frauen als Autorinnen in die Fussstapfen von Dorothy L. Sayers und Agatha Christie getreten sind. Dabei steht längst nicht mehr ausschliesslich das Verbrechen im Mittelpunkt. Genauso wichtig sind heute die Frage nach der Gerechtigkeit und das Schicksal von Menschen, die durch Ausbeutung, Misshandlung und Unterdrückung in Bedrängnis oder sonst an den Rand der Gesellschaft geraten sind, wie beispielsweise in den Geschichten von Anne Cuneo oder Jutta Motz.

Das Vorurteil gegenüber Krimis als typisch «männliche Literatur» ist längst widerlegt worden. Genauso ist auch das mit dem einfachen Schema zusammenhängende Vorurteil minderwertiger Unterhaltungsliteratur nicht mehr aktuell, das ungefähr 100 Jahre lang, bis in die Siebzigerjahre des 20. Jahrhunderts, in der Literaturkritik bestimmend war. Längst ist die Kriminalerzählung aus dem löchrigen Mantel eines Clochards der seichten Literatur herausgeschlüpft, hat sich unter den respektierten Gattungen Rang und Ansehen erkämpft und ist seriöser Forschungsgegenstand an den Hochschulen geworden.

Erfahrene Krimileserinnen und -leser werden in Peter Hännis «Dinosauriersteak» das klassische Modell erkennen: Ganz am Anfang ereignet sich der Mord, der Täter ist unbekannt. Ein Detektivduo nimmt die Ermittlungen auf. Die Detektive sammeln Informationen, kombinieren sie und erörtern die Ergebnisse. Leserinnen und Leser werden als Zeugen der Dialoge am Aufklärungsprozess beteiligt. In Karin Bachmanns «Fokus» stehen nicht Detektive, sondern Jugendliche im Mittelpunkt. In Philipp Probsts «Tod im 36er» wird zu Beginn ebenfalls eine Leiche gefunden. Hier ist es eine Journalistin, die Anhaltspunkte sammelt, bis die Tat geklärt ist. Probst nimmt die Geschichte als Anlass, um aktuelle Probleme in der Gesellschaft zu erörtern: Rassismus, Hooliganismus, Bankdatendiebstahl. Genauso ist in Christina Casanovas Geschichte «Der Flachwichser» nicht die Tat selbst das Kernthema; zentral sind die Konflikte, Abgründe und Untiefen im sozialen Beziehungsnetz rund um das Opfer. In Sam Jauns und Alice Gabathulers Erzählungen hingegen spielen die Familienbeziehungen eine wichtige Rolle.

Ein anderes Schema weisen die Geschichten auf, in denen die Täter als Menschen zugänglich werden. In Michael Herzigs «Tschingg» sowie Petra Ivanovs «Späte Rache» kommt die Steuerung der Leser-Sympathie fast einer Umpolung gleich: Die Täter sind nicht mehr die Bösewichte, die von den Guten eliminiert werden, damit die Welt wieder in Ordnung ist. Mitleid entkräftet das Sühnebedürfnis. Am Schluss wird das Opfer verurteilt. Auf ironische Art und Weise wird diese Tendenz zur «Entschuldung» der Täter auch in Susy Schmids «Heute abend in F.» deutlich.

Neuere Kriminalerzählungen setzen zunehmend auf die Frage, was denn Schuld eigentlich sei und wer der oder die eigentlich Schuldige. Dort, wo Täterbiographien im Erzählen berücksichtigt werden, findet eine Art «Humanisierung» der Gattung statt. Auf die «Entmenschlichung» der Täter und Täterinnen wird verzichtet und dafür ihr Schicksal beschrieben. Dabei kann sich die für den klassischen Krimi zentrale Frage «Who dunnit?» (Wer hat die Tat begangen?) völlig verflüchtigen. Emil Zopfis lyrisch-melancholische Erzählung «Tod am Tödi» setzt sogar bei einem Unglücksfall an.

Die wahrscheinlich wichtigste Abweichung gegenüber früheren Kriminalromanen stellt der veränderte Blickwinkel in vielen Geschichten dar: Parallel zur Aufklärungsgeschichte oder mit ihr verwoben findet ein sozialgeschichtlicher oder sozialpolitischer Diskurs statt. Die neueren Autoren und Autorinnen sind bei der Konzeption ihrer Geschichten nicht durch einen engen Tunnelblick bestimmt, sondern öffnen den Blickwinkel und schauen «nach links und nach rechts». Sie loten Umstände, Untiefen, gesellschaftliche Ungereimtheiten, soziale Konflikte, Ungerechtigkeiten, Ausbeutung und

Missbrauch aus und befreien so die Verbrechenserzählungen aus der abgeschotteten Laborsituation. Sie stellen sie in einen greifbaren und begreifbaren gesellschaftlichen Rahmen. Die meisten Erzählungen dieser Anthologie folgen diesem neuen Trend, den übrigens Friedrich Glauser schon vorexerziert hat.

Herzigs Pankratius Föhn ist ein abschreckendes Beispiel modernen Unternehmertums. Die Figur ist bestimmt durch ein Übel, das verbreitet auftritt: Ressentiments gegenüber ausländischen Arbeitnehmern, aggressive Fremdenfeindlichkeit, ja Fremdenhass, mit einer Neigung zu sexueller Ausbeutung von Abhängigen. Andrea Weibels berührende Geschichte «Helm – in Blau» handelt von Alma aus Wien, die als Altenpflegerin in der Fremde unterwegs ist und nun in Stans arbeitet. Die ansässige Bevölkerung unterstellt der «kleinen Wienerin», dass sie zu viel trinke, alte Menschen ausnütze, beraube, beerbe und dass diese ihr dann «unter den Händen wegsterben». In Felix Mettlers «Tod bei Gais» wird ein junger Arzt psychisch unter Druck gesetzt.

Einige der Geschichten der Sammlung geben sich verschmitzt, augenzwinkernd. Das kann beim Blick in die Abgründe des Bösen befreiend und entlastend wirken. Wenn die Darstellung dessen, was in der Kriminalerzählung abstösst, ängstigt, erschreckt oder erschüttert, durch die ironische Haltung des Erzählers entkräftet wird, dann gewinnen auch die Leserinnen und Leser gegenüber dem Erzählten befreiende Distanz. Der melodramatische Racheakt, den eine Opernsängerin in Peter Zeindlers «Königin der Nacht» plant, endet ganz anders als erwartet. Auch die Pläne des Täters in Helmut Maiers «Reinfall am Rheinfall» entwickeln sich in eine andere Richtung. In Mitra Devis «Luzern – Chicago» kommt Ironie schon im Gegeneinander der beiden Schauplätze zum Ausdruck. Ironisch wirkt auch der distanziert beobachtende Erzähler. Von Anfang an weiss er alles über das Missgeschick der

Hauptfigur. Die Erzählung beginnt mit den Worten: «Zwei Stunden vor dem ersten und letzten Mord, den Julia je in ihrem Leben begehen würde ...» In Milena Mosers «Wie-ein-Mensch» setzt die Geschichte mit den überraschenden Worten einer Frau ein, die von ihrem Ehemann daheim in Aarau umgebracht worden sein soll. In Susy Schmids «Heute abend in F.» entlädt sich ironisches Potenzial nicht im Erzählten, sondern in der Beziehung zwischen der Erzählerin und dem Leser. Die Spannung, die in der Geschichte zum Ende hin aufgebaut wird, löst sich in einem befreienden Lachen.

Bei manchen Erzählungen wird sich die Leserin, der Leser die Frage stellen: Ist das noch eine Kriminalerzählung? Sind das noch Kriminalgeschichten? Sie sind es. Sie legen ein Zeugnis dafür ab, wie wandlungsfähig die Gattung ist. Und diese Wandlungsfähigkeit ist auch ein Garant ihrer langen Lebensdauer.

AARAU

WIE-EIN-MENSCH
MILENA MOSER

Vancouver Island, heute
«Das darf doch nicht wahr sein! Der Idiot hat mich umgebracht!» Amanda liess die Zeitung sinken. Sie war über eine Woche alt. Die Meldung stand auf der Aufschlagseite des Lokalteils: «Fatales Ehedrama in Aarauer Kunstszene».

Aarau, vor über einer Woche
«Was meinst du, was die Häuser hier kosten?» Markovic schaute aus dem Fenster. Das Villenviertel lag im Dunkeln. Gisiger antwortete nicht. Er versuchte, auf dem Bildschirm des neu installierten Navigationssystems die Strasse zu finden, aus der der Notruf gekommen war.

«Meine Frau ist tot!»

Meine leider nicht, hatte Gisiger gedacht, sich aber sofort für diesen Gedanken geschämt. Wer dachte so etwas. Und noch dazu ein Polizist! Gisiger fand es in letzter Zeit immer schwieriger, seine Gedanken zu kontrollieren.

«Ich glaub, ich weiss, wo es ist», sagte Markovic jetzt. «Ich geh hier oben im Wald immer joggen.»

Die Strasse endete in einem Kehrplatz. Gisiger wendete den Wagen und fuhr langsam zurück. Joggen könnte helfen, dachte er. Den Kopf leeren beim Laufen. Manche schwören ja darauf.

«Landhausweg, wenn das kein Euphemismus ist», sagte

Markovic, der jeden Tag ein neues Wort lernte. «Protzvillenweg wäre passender!»

Gisiger war nicht sicher, ob «Euphemismus» das richtige Wort dafür war. Doch er wusste auch kein besseres. Und als die Strasse nach der nächsten scharfen Kurve wieder im Nichts endete, fiel ihm dazu nur «Scheisse!» ein.

«Fahr nochmal zurück, die Strasse teilt sich da vorne.» Markovic hatte es irgendwie geschafft, das Display des Navigationssystems zu vergrössern, und fuhr mit dem Finger dem Strassenverlauf nach.

«Scheisse», sagte Gisiger noch einmal.

«Kein Stress. Die Frau ist tot, der Mann läuft nicht davon. Da vorne links, und dann zum Waldrand hoch.»

Ein -ic bei der Kantonspolizei, dachte Gisiger. Das hätte es früher auch nicht gegeben. Wieder ein Gedanke, der nicht zu ihm passte. Gisiger hielt sich für grosszügig, für tolerant. Doch in den letzten Jahren war er bitter geworden. Und er wusste nicht einmal warum.

Markovic war ausserdem der grösste Bünzli, den Gisiger je kennengelernt hatte, schweizerischer als jeder Schweizer. Fleissig, pünktlich, zuverlässig. Dauernd gab er mit seinem Fünfjahresplan an: Beförderung, Heirat, Hausbau, Kinder, in dieser Reihenfolge. Dass man sein Leben planen könnte, wäre Gisiger nie in den Sinn gekommen. Doch er zweifelte nicht daran, dass Markovic seine selbstgesteckten Ziele erreichen würde.

Gisiger war das fremd. Er war eher zufällig zur Polizei gekommen. Eines frühen Morgens nach dem Ausgang war er mit seinen Kollegen vor einem Plakat stehengeblieben, auf dem die Kantonspolizei für Anwärter warb. Die anderen hatten gegrölt: «Hey, Gisi, das wär doch was für dich!» Sie hatten ihn damals schon «Schmieri» genannt, Schmierlappen, Polizist. Er war immer der, der die letzte Runde ablehnte, zum

Aufbruch drängte, der die anderen ermahnte, ruhig zu sein, sie daran erinnerte, dass die Nachbarn schon schliefen. Er hatte mit ihnen mitgelacht, aber ein paar Tage später hatte er sich zum nächsten Ausbildungsgang angemeldet. Die Polizeiarbeit gefiel ihm besser, als er erwartet hätte. Sie entsprach seinem Bewusstsein, Teil eines grösseren Ganzen zu sein, Verantwortung zu tragen. Das Gefühl, etwas Sinnvolles zu tun ... Wann hatte er das verloren?

«Hier ist es.» Markovic stieg aus und drückte einen in der Mauer versteckten Knopf. Ein Tor öffnete sich nach innen, es sah aus, als würde ein Efeuvorhang aufgezogen. Dornröschen, dachte Gisiger. Vielleicht ist die Frau gar nicht tot, vielleicht schläft sie nur einen hundertjährigen Schlaf.

Hundert Jahre schlafen! Das wäre Gisigers Traum. Der einzige, der ihm noch geblieben war. Beförderung? Hausbau? Kinder? Allein die Vorstellung machte ihn müde. Noch müder, als er schon war. Morgens, wenn der Wecker läutete, wünschte er sich, der Tag wäre schon vorüber und er könnte wieder ins Bett gehen.

Letzten Monat hatte er eine Informationsveranstaltung besucht: Burn-out im öffentlichen Dienst. Die Teilnahme war vorgeschrieben, sonst wäre wohl niemand hingegangen. In der Kaffeepause hatten sie noch darüber gewitzelt, doch am Ende der Veranstaltung waren alle Flyer weg gewesen. Gisiger hatte den letzten eingesteckt. Auf der Rückseite stand die Nummer des internen Beratungsdienstes. Er hatte noch nicht angerufen.

«Du bist stehen geblieben», sagte Helen, seine Frau. «Du hast dich aufgegeben.»

Gisiger liess den Wagen die kurze, geschwungene Einfahrt hinaufrollen und hielt dann vor dem Haus. In der offenen Türe stand, wie in einem Bilderrahmen, von hinten beleuchtet, die Arme ausgebreitet, der Hausherr.

«Was wetten wir, dass er es war? Hundert Franken?»

Markovic streckte die flache Hand aus. Gisiger zögerte: «Du schaust zu viel fern.»

«Es ist doch immer dasselbe: Erst töten sie ihre Frauen, dann melden sie sie vermisst, dann finden sie sie.»

«Immer dasselbe, hm? Wie oft hatten wir so einen Fall schon?» Die meisten Tötungsdelikte, die sie bearbeiteten, waren, was Markovic «no-brainer» nannte: Fälle, über die man nicht nachdenken musste. Beziehungsdelikte, Messerstechereien, eine Schlägerei mit tödlichem Ausgang – Markovic hatte recht, der Täter war fast immer ein Mann.

«Ich hab ihn gegoogelt», sagte Markovic. «Ein typischer Loser. Erfolgloser Künstler, der von seiner Frau lebt. So was geht nie lange gut. Es ist gegen die Natur.»

«Soso, gegen die Natur!» Gisiger hatte tatsächlich einmal eine Ausstellung von Jonas Murbach besucht. Video-Installationen. Sie hatten ihn nicht beeindruckt. Vielleicht hatte er sie auch einfach nicht verstanden. Grundsätzlich mochte Gisiger Kunst, die er nicht gleich verstand. Die ihn irritierte, tagelang verfolgte, über die er nachdenken musste. Das war seiner Meinung nach die Aufgabe von Kunst. Aber diese Filmchen hatten ihn nur gelangweilt. Gisiger erinnerte sich an die Kritik der Ausstellung, sie war mit süffisanten Hinweisen auf die Position der Frau des Künstlers gespickt gewesen. Amanda Murbach, die Tote, war eine der reichsten Frauen im Kanton. Erbin und Verwalterin einer grossen Kunstsammlung, Gönnerin des Kunstvereins, Sammlerin, Mäzenin. Keine einfache Konstellation, dachte Gisiger. Wobei, einen typischen Loser hatte ihn Helen neulich auch genannt. Er habe keine Visionen. Keinen Ehrgeiz. Genau das hatte ihr früher an ihm gefallen. «Ein Mann, der sich nicht ständig beweisen muss, ist sexy», hatte sie gesagt. Heute wünschte sie offenbar, er hätte auch einen Fünfjahresplan. Gisiger hatte Markovics Verlobte kennengelernt, eine ehemalige

Miss-Schweiz-Kandidatin mit sehr weissen Zähnen. Sie strahlte dieselbe unerschütterliche, beinahe arrogante Zuversicht aus wie Markovic.

Wartet nur, hatte Gisiger gedacht. Wartet nur, ihr kommt auch noch auf die Welt!

Seit wann dachte er so etwas?

«Da sind Sie ja! Endlich!»

Murbachs Hemd stand offen, sein Haar war wirr, er fuhr sich mit beiden Händen über den Kopf. Der Mann musste über vierzig sein, er sah gleichzeitig älter und jünger aus. Älter machten ihn seine Augensäcke, die tiefen Falten in der groben Gesichtshaut, die, so vermutete Gisiger, der Alkohol gezeichnet hatte. Jünger wirkte seine lässige Kleidung, sein drahtiger Körper. Unwillkürlich zog Gisiger den Bauch ein.

«Mein Name ist Gisiger, Herr Murbach, das ist mein Kollege, Herr Markovic. Der Amtsarzt ist unterwegs, er sollte jeden Moment hier eintreffen.»

«Ein Arzt? Haben Sie mir nicht zugehört? Es ist zu spät! Sie ist tot! Meine Frau ist tot!»

«Was hab ich gesagt?», raunte Markovic.

Gisiger zuckte die Schultern. Er hatte tatsächlich schon bessere Aufführungen gesehen. Im Laientheater.

«Können wir hereinkommen?», fragte er freundlich. «Wir müssen auf den Amtsarzt warten, der den Tod Ihrer Frau feststellt.»

Gisiger, der Dicke, Gemütliche, würde Vertrauen aufbauen, Markovic, der Smarte, würde dieses Vertrauen dann mit gezielten Fragen durchlöchern. «Good cop, bad cop» nannte man dieses Vorgehen im Fernsehen. «Lösungsorientiertes Kommunikationsmodell» hatte es in der Weiterbildung geheissen.

Murbach führte sie durch die Eingangshalle und einen breiten Flur entlang in ein geräumiges Wohnzimmer. Markovic murmelte die ganze Zeit etwas vor sich hin, das Gisiger im ersten Moment für ein Gebet hielt. War Markovic nicht katholisch? Dann erkannte er die Markennamen: «DeSede, Eames, Corbusier», murmelte sein Kollege vor sich hin.

Die Sitzgruppe war für mindestens zwanzig Personen konzipiert. Murbach führte sie in die am weitesten von der Tür entfernte Ecke. Im Vorbeigehen hob er ein Magazin auf – ART –, nahm einen bunten Seidenschal von einer Rückenlehne.

«Setzen Sie sich.»

Sie setzten sich. Murbach drehte den Schal in seinen Händen zu einer Kordel, wickelte sie um seine Handgelenke, spannte und entspannte sie. Wusste der Mann, was er da tat? Gisiger konnte seinen Blick nicht abwenden.

«Das ist bestimmt nicht einfach für Sie», murmelte er schliesslich.

Murbach blickte auf seine Hände und liess den Schal fallen.

«Oh Gott, was hab ich getan?», stammelte er. «Oh Gott, oh Gott!» Und dann: «Dabei bin ich nicht mal religiös!»

«Hm», machte Markovic. «Warum erzählen Sie uns nicht einfach, was passiert ist? Und bitte von Anfang an!»

Vancouver Island, heute
«Nun – offensichtlich sind Sie ja nicht tot ...»

«Nein ...» Amanda lächelte entschuldigend. Der grosse Mann, der sich als Officer Lovechild vom Victoria Police Department vorgestellt hatte, sass ihr an dem schmalen Holztisch gegenüber. Er sah aus, wie Amanda sich als Kind einen Indianer vorgestellt hatte. Im Sitzen überragte er noch Endo Roshi, den Leiter des Zen-Centers, der hinter ihm an der Wand stand, die Hände in der Robe versteckt, die Augen mild.

Vor etwas mehr als einem Jahr hatte Amanda frühmorgens das Haus verlassen, um den drei Frauen, die zweimal pro

Woche bei ihr putzten, nicht im Weg zu sein. Sie war durch die Gassen der Altstadt geschlendert und beinahe gegen den Passantenfänger gestolpert, der am Ende der Rathausgasse für die Yogaschule und das Zendo Aarau warb. Sie nahm sich einen Flyer und las, dass in zehn Minuten eine Meditationsstunde beginnen würde. Obwohl sie nicht mehr über Zen-Buddhismus wusste, als sie in einem Kriminalroman gelesen hatte, klingelte sie an der Tür. Eine freundliche Frau in einer schwarzen Robe bat sie herein. Sie erklärte nicht viel: «Setz dich auf ein Kissen, richte den Blick nach unten, zähl deine Atemzüge.»

Anfangs hatte sich Amanda äusserst unwohl gefühlt. Ihre Knie taten weh, ihre Schultern spannten, ihre Nase juckte, sie wollte sich die Haare aus dem Gesicht streichen. Sie hörte den Atem der anderen, dann ihren eigenen. Nervös schluckte sie mehrmals hintereinander. Es musste im ganzen Raum zu hören sein. Wie lange sass sie schon hier? Doch zwischendurch erinnerte sie sich immer wieder an ihren Atem: eins ... zwei ...

Und plötzlich war einen Moment lang Ruhe in ihrem Kopf. Einen Moment lang gab es nur noch das. Eins ... zwei ... Ihr Name fiel von ihr ab, ihr Erbe, ihre Funktion. Die Frage, die sie seit Jahren quälte, ob ihr Leben überhaupt einen Sinn hatte, ob sie ohne ihr Erbe, ohne ihren Namen überhaupt eine Existenzberechtigung hatte, fiel von ihr ab. Der dumpfe, quälende Schmerz der Entfremdung von ihrem Mann, der ihr diese Bestätigung jahrelang gegeben hatte, fiel von ihr ab. Es gab keine andere Berechtigung als diese: Hier sass sie und atmete. Ob Jonas sie noch liebte oder nicht, sie war da. Sie war da, und sie atmete. Das war alles. Das war genug. Überwältigt schloss sie einen Moment lang die Augen. Sechs ... siebzehn ... was? Ach so: eins ... zwei ...

Wieder zu Hause, klopfte sie ganz gegen ihre Abmachung im Park an die Tür des Pavillons, der Jonas als Atelier diente.

Sie ignorierte die Irritation, mit der er von seinem Computer aufschaute.

«Jonas», sagte sie. «Jonas, ich habe etwas gefunden!» Doch je länger sie ihm zu erklären versuchte, was sie erlebt hatte, desto fader klang es in ihren Ohren. Schliesslich verstummte sie.

«Ziemlich ironisch», sagte Jonas.

«Ironisch?»

«Ja – siehst du das nicht? Du rennst am Morgen aus dem Haus, um dich irgendwo in der Stadt auf ein Kissen zu setzen, während hier ein ganzes Team von Putzfrauen deinen Dreck wegmacht.»

«Und deinen», wollte Amanda sagen. Sie verstand nicht. Was hatte sie jetzt schon wieder falsch gemacht?

Jonas schaute sie mit einem müden Blick an. Es musste anstrengend sein, immer alles dreimal zu erklären. «Wenn du wirklich irgendwas mit Buddhismus am Hut hättest, würdest du der Reinigungsfirma kündigen und dein Haus selber putzen. Achtsamkeit in jeder alltäglichen Handlung, das ist die Essenz der buddhistischen Lehre. Die kannst du nun mal nicht mit deiner Platinkarte abbuchen!»

«Aber es hat doch gar nichts gekostet!», wollte Amanda noch sagen, aber da hatte er die Kopfhörer schon wieder aufgesetzt. Seither ging sie zwei-, dreimal die Woche ins Zendo.

Irgendwann hatte ihre Lehrerin ihr vorgeschlagen, das Inselkloster in Kanada zu besuchen, in dem sie selber jahrelang gelebt und gelernt hatte.

Amanda hatte sich zu einer vierwöchigen Schweigemeditation angemeldet. Bevor sie abgereist war, hatte sie sich mit ihrem Anwalt getroffen, die Scheidung eingereicht und ihr Haus in Aarau dem Zendo überschrieben.

«Ich muss Ihr ... äh ... Am-Leben-Sein für die Schweizer Behörden bestätigen», sagte Officer Lovechild. «Ihre Papiere kontrollieren, ihren Flugschein sehen ... Und wenn Sie mir erklären könnten, was passiert ist?»

«Möchtest du, dass ich bei dem Gespräch dabei bin?», fragte der Roshi jetzt, und Amanda nickte. Seit einer Woche hatte sie nicht gesprochen. Es war ihr überraschend leicht gefallen. Dafür hatte sie jetzt Mühe, die richtigen Worte zu finden.

Gab es überhaupt Worte für das, was passiert war?

«Wie hätte ich ahnen sollen, dass er mich gleich umbringt?»

Aarau, vor über einer Woche
«Also, was haben Sie getan?»

«Ich habe sie ins Bett gelegt!» Murbach unterdrückte ein Schluchzen. «Ich weiss, ich hätte sie nicht anfassen dürfen, aber ich konnte sie doch nicht einfach so hängen lassen ...» Er schlug die Hände vors Gesicht. Gisiger meinte, ihn zwischen den Fingern hindurch blinzeln zu sehen.

«Von Anfang an», wiederholte Markovic streng.

«Ja also, ich war ein paar Tage in den Bergen, im Engadin, wir haben dort ein Haus. Und als ich zurückkam ... als ich zurückkam ... da sah ich sie ... und ...»

«Hier?»

«Nein, in der Küche – ich ging in die Küche, um mir etwas zu essen zu machen, und da ...»

«Zeigen Sie es uns.»

Als sie aufstanden, knackten Gisigers Knie. Ich sollte wirklich, dachte er. Wirklich was? Wirklich etwas ändern. Etwas tun. Murbach führte sie zurück in die Eingangshalle und von da in die Küche. Ein geräumiger, gemütlicher, altmodischer Raum, der seltsam unbenutzt wirkte. Ein Stuhl lag auf dem Boden, von einem schmiedeeisernen Gitter an der Decke, an dem auch ein paar grosse Pfannen hingen, baumelte ein Stück gelbe Wäscheleine. Eine Inszenierung, dachte Gisiger. Eine schludrige dazu. Wie in seinen Filmchen.

«Und dann?»

«Ich habe – ich glaube, ich hab geschrien! Es kam einfach über mich – ich bin ein emotionaler Mensch, verstehen Sie. Dann hab ich den Stuhl aufgestellt, bin draufgestiegen und hab sie gepackt, hab sie hochgehoben, um den Zug der Wäscheleine zu lockern – aber es war zu spät. Ich fühlte es – es war kein Leben mehr in ihr.»

«Sie fühlten es? Haben Sie es ihr nicht in erster Linie angesehen?»

«Angesehen?» Murbach schien ehrlich verwirrt. «Ich hab die Leine durchgeschnitten, sie nach oben getragen ... ich weiss, ich hätte das nicht tun sollen ... aber ich konnte nicht klar denken, ich bin nun mal ...»

«... ein emotionaler Mensch, ich weiss.» Markovics Stimme verriet nichts.

Er konnte ihr nicht ins Gesicht sehen, dachte Gisiger. Er sah es vor sich, wie eine Szene aus einem von Murbachs nicht ganz zu Ende gedachten Videofilmen. Eine Frau sitzt auf dem Sofa, mit dem Rücken zur Tür, blättert in ihrem Magazin, hört ihn nicht hereinkommen. Er packt sie von hinten, erwürgt sie mit ihrem eigenen Schal, wird dann von plötzlicher Reue übermannt. Er trägt sie ins Schlafzimmer, legt sie ins Bett, den Blick von ihrem Gesicht abgewandt, von ihren blutunterlaufenen Augen, der geschwollenen Zunge. Er deckt sie zu, als würde sie schlafen. Dann Panik – er macht eine Flasche auf, im Dusel denkt er sich diese Inszenierung aus, wählt die Nummer des Notrufs. Er muss sich für sehr viel klüger halten, als er ist – oder uns für sehr viel dümmer.

Die gerichtsmedizinische Untersuchung würde eindeutig zeigen, ob ein Seidenschal oder eine Wäscheleine die Kehle der Toten zugeschnürt hatte. Und ob der Zug waagrecht von vorn nach hinten oder schräg nach oben verlaufen war. Fehlte nur noch das Motiv. Doch das würde er ihnen bestimmt auch gleich liefern:

«Und hier, das lag auf dem Tisch!»

Murbach langte in seine Hemdtasche, zog ein zusammengefaltetes Stück Papier heraus. Er hielt es erst Markovic hin, und als dieser nicht danach griff, Gisiger. Gisiger zog betont umständlich ein sauberes Taschentuch hervor, legte es über seine Finger und fasste dann das Stück Papier an einer Ecke an. Er schüttelte es ein paarmal, bis es sich öffnete. Es war kein Brief, sondern eine Seite aus einem Notizbuch, unsorgfältig herausgerissen, mit fliehenden Buchstaben bedeckt. Verzweifelte Worte, an niemanden gerichtet, nicht für die Öffentlichkeit bestimmt. Kein Brief.

Ich kann nicht mehr ich kann nicht mehr ich kann nicht mehr ich
Du siehst mich nicht. Ich weiss nicht mehr, wer ich bin.
Es gibt mich nicht mehr
Wo bist du wo bin ich
Bitte bitte bitte
Ich muss hier raus
ich kann nicht mehr

«Sehen Sie, sie war gar nicht mehr sie selbst! Sie konnte sich nicht einmal mehr klar ausdrücken ... sie war total verwirrt! Und dann ruft mich ihr Anwalt an und sagt, sie habe die Scheidung eingeleitet, das Haus verschenkt ... Das hätte sie nie getan, sie war nicht bei sich ... das ist doch eindeutig!»

«Ihr Anwalt hat Sie angerufen? So spät?»

«Nein, das war ...»

« ... bevor Sie ihre Frau ‹gefunden› haben?» Markovic zeichnete mit den Fingern Anführungsstriche in die Luft. Dann schaute er zu Gisiger hinüber und rieb Daumen und Zeigefinger aneinander, als zählte er Geld. Gisiger griff in seine Hosentasche und holte sein Portemonnaie heraus.

«Meine Herren?» Der Amtsarzt stand in der Tür.
«Wo ist das Schlafzimmer?», fragte Gisiger.
«Ich zeig es Ihnen.»
«Nichts da!» Markovic hielt Murbach zurück. «Wir beide warten hier!»
Murbach nickte. «Die Treppe hoch, die letzte Türe am Ende des Flurs.»
Der Arzt ging voraus, er sagte nichts, hielt den Kopf gesenkt. In Gedanken versunken. Vielleicht war er auch nur müde. Sie waren alle müde.
Vor der Schlafzimmertür blieb er stehen und liess Gisiger den Vortritt. Gisiger öffnete die Tür. Das Zimmer war so gross, dass das Bett in seiner Mitte fast klein wirkte. Es war ein Himmelbett aus dunklem, reich geschnitztem Holz, mit weissem Leinen bezogen. Auf der weissen Überdecke lag sie auf dem Rücken. In einem grün-weiss gemusterten Wickelkleid, die langen braunen Haare auf dem Kissen ausgebreitet, um den Hals ein Stück gelbe Wäscheleine, starrte sie mit offenen Augen an die Decke.
Mit offenen Augen?
Der Arzt machte einen Schritt auf das Bett zu, bückte sich, berührte ihren Hals mit zwei Fingern. Dann richtete er sich wieder auf und schaute Gisiger an. Sein Blick war schwarz.
«Wollt ihr mich verarschen?»

Vancouver Island, heute
«Es bin nicht ich, es ist ein Inukshuk», sagte Amanda. «Ein Wie-ein-Mensch.»
Officer Lovechild nickte. «Wie das Olympia-Maskottchen!» Er zog seinen Schlüsselanhänger aus der Tasche, an dem eine versilberte Version der klobigen, aus Steinblöcken zusammengesetzten, menschenähnlichen Figur baumelte.
«Genau.»

Amanda hatte einen solchen zum erstenmal in einer Ausstellung über die Kunst der Ureinwohner des amerikanischen Nordens, aus Alaska, Grönland, Kanada gesehen. Traditionelle und zeitgenössische Skulpturen und Gefässe wurden gezeigt, die sich erstaunlich ähnlich sahen. Dieselben weichen, klaren Formen, dieselbe Bearbeitung, die den harten, kalten Stein weich, warm, seidig scheinen liess. Plötzlich stand sie vor einem gehörnten, zähnefletschenden Wesen aus glänzendem grauem Stein, das sie an eine Figur aus dem Kinderbuch «Wo die wilden Kerle wohnen» erinnerte. Ein wilder Kerl? Nein, ein Inukshuk. Ein Wie-ein-Mensch. Diese Statuen, las sie, dienten als Wegweiser, wie die Steinmannli in den Schweizer Alpen. Sie wurden bei der Jagd eingesetzt und manchmal auch in leeren Behausungen zurückgelassen. Als Platzhalter. Hüter des kalten Herdes.

«Ich war hier», sagte der Wie-ein-Mensch. «Auch wenn ich jetzt weg bin: Ich war hier.» Lange hatte sie vor dem Glaskasten gestanden und sich vorgestellt, sie könnte dieses zähnefletschende Ding mit nach Hause nehmen und an ihre Stelle setzen. Es würde endlose Sitzungen und Besprechungen für sie aushalten und Jonas zuhören, wenn er sich über die lähmende Wirkung beklagte, die ihre Ehe auf seine Kreativität habe.

Die Idee liess sie nicht mehr los. Plötzlich begegnete sie ihr überall. Sie hing in der Luft.

Gespräche im Freundeskreis drehten sich um die Notwendigkeit und die Unmöglichkeit der modernen Existenz, überall gleichzeitig zu sein, in allen Zeitzonen vertreten, die unterschiedlichsten Rollen gleichzeitig ausfüllend. «Wenn man sich bloss klonen könnte!» Jemand schenkte ihr ein Buch über einen Schriftsteller, der gleich sieben Doppelgänger auf Lesereise schickte. Sie zappte sich durch das Spätabendprogramm und blieb bei einer Anwaltserie hängen, in der die Beziehung eines Mannes zu einer erstaunlich lebensechten Sexpuppe legalisiert wurde, mit der er glücklicher war als mit jeder lebenden Frau. Wenig später las Amanda einen Artikel über die Firma in Japan, die diese qualitativ hochstehenden Sexpuppen herstellte. Puppen, die aus hautähnlichem Material und nach menschlichem Vorbild gestaltet wurden, auf Wunsch und gegen einen Aufpreis nach Fotos und exakten Massen: Wie-ein-Mensch.

Sechs Wochen dauerte es, bis die Puppe geliefert wurde. Sechs Wochen lang beobachtete Amanda ihren Mann. Sie sah noch einmal alles, was sie an Jonas geliebt hatte. Seine Unverschämtheit, sein schiefes Grinsen, seine schmalen Hüften. Die Art, wie er durch Menschen hindurchschaute. Wie er sich bewegte.

Wie wenn man sich zum Haareschneiden anmeldet, dachte sie etwas respektlos. Kaum hat man einen Termin, sitzen die Haare wieder perfekt. Wollte sie das Ende ihrer Ehe wirklich mit dem Kappen ihrer Haarspitzen vergleichen? Sie wartete auf ein Zeichen. Eine Annäherung. Es passierte nichts. Jonas fuhr ohne sie nach Paris und dann direkt in ihr Haus in den Bergen.

Die Puppe wurde in der versprochenen neutralen Verpackung geliefert. Sie war leicht. Viel leichter als ein Mensch. Erst recht einer aus Stein. Aber sie fühlte sich tatsächlich an wie ein Mensch, weich, trocken, warm. Amanda wickelte sie in ihr Lieblingskleid und legte ihr den bunten Seidenschal um, den Jonas ihr vor Jahren geschenkt hatte. Dann setzte sie ihre Stellvertreterin auf ihren Lieblingsplatz auf dem Sofa, legte ein ART-Magazin in ihren Schoss, strich ihre Haare zurück, fuhr ihr mit einem Finger über die Wange.

Plötzlich musste sie lachen. Jonas würde verstehen, was sie gemeint hatte. Er war vielleicht der einzige Mensch auf der

Welt, der diese verrückte Geste nachvollziehen konnte. Er würde richtig reagieren.

Amanda stellte sich vor, wie er mit ihrer Stellvertreterin im Schlepptau nach Kanada reiste – er würde ihr selbstverständlich einen Sitzplatz reservieren und ihr einen Drink bestellen und sich über die Blicke der anderen Passagiere amüsieren. Vielleicht würde er einen Film drehen. Und er würde sie finden. Sie würden sich wieder finden.

«Stattdessen hat er mich umgebracht.»

Aarau, vor über einer Woche
Es dämmerte schon, als Gisiger nach Hause kam. In der Wohnung war es still. Ohne das Licht einzuschalten, ging er in die Küche. Vor dem Fenster der Wald. Zwischen den Bäumen floss die Aare, er konnte sie nicht sehen, aber er wusste, dass sie da war. Er schaute zu, wie sich die letzten Reste der Nacht auflösten. Nebel hing in den Ästen der Bäume. Der Tag war noch nicht so weit.

Das Licht ging an und verwandelte das vorhanglose Küchenfenster in einen wandbreiten Spiegel. Die verschlafene Landschaft verschwand, dafür sah er jetzt sich. Die hängenden Schultern, den Bauch, das Bier. Hinter ihm tauchte Helen auf. Sie trug eines seiner T-Shirts, ein weisses. Es reichte nicht ganz bis zu ihren Oberschenkeln. Gisiger zog automatisch seinen Bauch ein, aber er drehte sich nicht um.

«Siehst du mich?», fragte er. «Helen, siehst du mich?»

TOD BEI GAIS
FELIX METTLER

Schleierwolken bedeckten den Himmel, dennoch hatte Valerie eine dunkle Brille auf. Sie ging der Hauptstrasse entlang – in der rechten Hand fünf weisse Rosen. Mit der linken strich sie immer wieder ihr langes schwarzes Haar zur Seite, das ihr der Fahrtwind der vorbeibrausenden Autos ins Gesicht wehte. Das Ortsschild von Gais hatte sie vor wenigen Minuten passiert, als sie bei der gesuchten Stelle ankam. Diese war nicht zu übersehen: Zwei Laternenmasten waren geknickt, das Geländer der schmalen Brücke, die zu einem Bauernhof führte, teilweise weggerissen. Hinunterschauen zum Rotbach, wo sich der zerschellte Wagen möglicherweise immer noch befand, mochte Valerie nicht. Tränen liefen ihr über die Wangen, als sie ihren Strauss zu den bereits vorbeigebrachten Blumen legte. Auch zwei rote Kerzen standen da. Von wem sie wohl stammen?, fragte sich Valerie. Kennengelernt hatte sie Philipp vor zwei Jahren in Teufen bei einem morgendlichen Kaffee. Da keine Zeitung mehr verfügbar gewesen war, hatten sie sich eine geteilt. Das war der Beginn ihrer Freundschaft gewesen. Obwohl nie eine nähere Beziehung zwischen ihnen entstanden war, hatten sie vertrauensvoll auch über private Dinge gesprochen. Sie waren einfach füreinander dagewesen. Dass dies nun Vergangenheit war, wollte Valerie nicht wahrhaben.

Einem Bericht der Appenzeller Zeitung war zu entnehmen, dass man rätselte, weshalb der Wagen von der Strasse abgekommen sei. Es hatten gute Verhältnisse geherrscht, und nach der Aussage des nachfolgenden Fahrers habe es an jener Stelle keinen entgegenkommenden Verkehr gegeben. Auch soll der Mann – Philipp Angerer – nicht gerast sein, seit Bühler sei der Abstand zwischen ihnen gleich geblieben. So wurde ein technischer Defekt in Betracht gezogen, doch auch eine Fehlmanipulation des Fahrers konnte nicht ausgeschlossen werden. Für unwahrscheinlich hielt man einen Sekundenschlaf, zumal der Unfall am Morgen auf dem Arbeitsweg nach Appenzell – Angerer lebte in Teufen – geschehen war.

Er könnte einer Katze ausgewichen sein, dachte Valerie. Sie wusste um Philipps Tierliebe. Dass er, wie sie in der Zeitung gelesen hatte, nicht angeschnallt war, verwunderte sie nicht. Bei gemeinsamen Fahrten hatte sie ihn gelegentlich auf die Gurten aufmerksam gemacht.

Kurz nachdem sich Valerie auf den Rückweg nach Gais gemacht hatte, fuhr ein Polizeiwagen langsam an der Unglücksstelle vorbei. Wachtmeister Pirmin Köchli, seit zwölf Jahren im Polizeidienst, schüttelte den Kopf. «Unverständlich», murmelte er vor sich hin. Köchli war vor kurzem vierzig geworden. Er hatte einen kantigen Kopf mit kurzem, dunklem Haar und war von sportlicher Gestalt.

«Hast du ihn gekannt?», fragte sein Kollege, Gefreiter Edi Tobler, der neben ihm sass. Er war jünger, rotgesichtig, untersetzt und mit deutlichem Bauchansatz.

«Wir haben uns gelegentlich im Fitness-Center getroffen und auch mal in der Garderobe miteinander geplaudert.» Nach kurzem Schweigen fügte Köchli hinzu: «War ein feiner Kerl.» Es klang wie ein Seufzer.

«Er soll Arzt gewesen sein.»

«Ja! Er hat an der Privatklinik Schönbüchel in Appenzell

gearbeitet. Vor drei Jahren ist er aus Afrika zurückgekehrt, wie er mir erzählt hat. War in Äthiopien für die Organisation ‹Ärzte ohne Grenzen› tätig. Kürzlich hat er im Lindensaal einen Vortrag über das Land und seine Arbeit dort gehalten.»

«Ein eigenartiger Unfall. Und keine Gurten. Man muss sich fragen, ob es nicht Absicht gewesen sein könnte.»

«Kann ich mir nicht vorstellen. Wenn schon, dann gäbe es doch gerade für einen Arzt andere Möglichkeiten. Oder glaubst du, er würde auf diese Art ein Leben im Rollstuhl riskieren?»

«Warum sind denn keine Spuren zu sehen? Er hat gar nicht gebremst», wandte Tobler ein.

«Wahrscheinlich ging alles zu schnell. Es braucht nur Bruchteile einer Sekunde, wenn er ...»

«Kennst du die Frau, die da geht?», unterbrach ihn Tobler. «Sie scheint von der Unfallstelle zu kommen.»

«Ich hab sie schon gesehen.» Köchli runzelte die Stirn, kniff die Augen zusammen. «Genau. Im Café neben unserem Posten. Ich glaube gar, dass sie mit Doktor Angerer dort war. Eine attraktive Frau.»

«Sie muss ihn gut gekannt haben, dass sie zur Unfallstelle gekommen ist. Sollen wir sie ...?»

«Nein», sagte Köchli schnell, «nicht jetzt. Warten wir mal, was die weiteren Untersuchungen der Gerichtsmedizin und der Kriminaltechnik ergeben. Zudem steht die Besichtigung von Angerers Wohnung noch aus. Man wartet auf seinen Bruder. Soll im Tessin leben.»

«Wohin geht's nun?», fragte Tobler.

«Zurück zum Posten. Gern würde ich mich am Arbeitsplatz des Toten umsehen, um mir ein besseres Bild von ihm zu machen. Doch das müssen die Innerrhoder übernehmen. Leider. Und für ein Rechtshilfegesuch reicht die Begründung kaum.»

«Das heisst, du schliesst Fremdverschulden nicht aus?» Und auf Köchlis Schulterzucken hin: «Denkst du wirklich, es könnte eine Manipulation vorliegen?»

«Nicht eigentlich. Trotzdem würde ich gern mehr über das Umfeld des Arztes erfahren. Ich kann ja versuchen, einen Kollegen anzuspitzen. Ich denke da an einen Sportsfreund aus Appenzell.»

«Zuletzt wird man das Ganze als Selbstunfall abhaken müssen», sagte Tobler. Mit einer Handbewegung tat er kund, dass ihm das vertiefte Interesse für den Fall fehlte.

«Für jeden Unfall gibt es einen Grund.» Köchli klang bestimmt. «Auch wenn es nur eine Unaufmerksamkeit war, irgendeine. Vielleicht wegen einer Wespe im Wagen. Wer weiss das schon?»

«Und wie will man so etwas je beweisen können?»

«Da hast du recht.»

Drei Tage vergingen, ohne dass der Fall irgendwelche Klärung erfuhr. Am Wagen, einem VW Golf, wurde kein technischer Defekt festgestellt, und im Blut des Verunglückten fanden sich keine verdächtigen Spuren. Zudem meldete Tobias Kaufmann – der Innerrhoder Kollege, den Köchli um Beistand gebeten hatte –, der Verunglückte habe keine Probleme am Arbeitsplatz gehabt. Der Chefarzt der Klinik Schönbüchel habe jegliche fachliche oder persönliche Unstimmigkeit verneint.

Dann aber folgte eine Überraschung. Was ihnen Samuel Angerer übermittelte, entbehrte nicht einer gewissen Brisanz: Eine Immobilien-AG habe den Eingang eines Briefes bestätigt, worin sein Bruder die Kündigung der Wohnung eingereicht habe. Auf den nächstmöglichen Termin. In Philipps Unterlagen habe er zudem die Bestätigung der Post für einen zweiten eingeschriebenen Brief gefunden, berichtete Samuel

Angerer weiter. Dieser sei gleichzeitig abgesandt worden und an einen Doktor Rudolf Hiestand in Appenzell gerichtet gewesen.

Pirmin Köchli schluckte leer. So hiess der Chefarzt der Klinik, wie er von Tobias Kaufmann vernommen hatte. Da Köchli zudem von seinem Innerrhoder Kollegen erfahren hatte, dass Doktor Hiestand seit kurzem in Stein wohnte und demnach in seine Zuständigkeit fiel, fühlte er sich geradezu zur Detektivarbeit gedrängt. Was lag näher, als dass es sich auch bei jenem Brief um eine Kündigung handelte? Köchli lächelte bei dem Gedanken, wie er das Gespräch mit dem Arzt beginnen würde, ohne zu einer Lüge Zuflucht suchen zu müssen. Es bliebe diesem nichts anderes übrig, als die Wahrheit zu sagen. Und sollte Köchlis Vermutung zutreffen, hätte Hiestand auch zu erklären, weshalb er Kaufmann gegenüber Angerers Kündigung verschwiegen hatte.

Zur vereinbarten Zeit – es war früher Nachmittag – läutete Wachtmeister Köchli an der Tür des Einfamilienhauses in Stein. Offensichtlich war es gerade erst fertiggestellt worden, die Gartenarbeiten waren noch im Gang. Drinnen begann ein Hund zu bellen, und kurz darauf öffnete Frau Hiestand die Tür, begrüsste Köchli und liess ihn eintreten. Dabei hielt sie den heftig wedelnden Tibet Terrier – Köchli hielt ihn für einen Mischling – am Halsband zurück. Gewiss der Einzige, der hier Freude über mein Kommen zeigt, ging es dem Wachtmeister durch den Kopf. Einen Moment später trat der Hausherr hinzu. Doktor Hiestand, eher kleingewachsen, mit Stirnglatze und Brille – Köchli schätzte ihn auf fünfzig –, bat den Polizeibeamten ins Zimmer, aus dem er gerade gekommen war. Die Bücherwand wies es als Arbeitsraum aus.

«Bring uns doch bitte einen Kaffee», sagte er zu seiner Frau. Und zu Köchli gewandt: «Sie nehmen doch auch einen?»

«Gern.»

«Kommen wir also zur Sache», begann der Arzt, nachdem er dem Gast einen Stuhl angeboten hatte. «Wie ich Sie verstehe, geht es nochmals um den Unfall von Philipp Angerer.»

«Als wir seine Wohnung durchgesehen haben, sind wir auf ein Kündigungsschreiben gestossen.» Das betretene Schweigen seines Gegenübers bestätigte Köchli in seiner Vermutung.

«So ist es.» Nach einer weiteren Pause fügte Doktor Hiestand hinzu: «Dann wissen Sie auch, dass er in dem Brief keinen Grund für die Kündigung genannt hat.»

Köchli überlegte schnell, ob er zugeben sollte, dass er den Inhalt des Briefes nicht kannte. Er verzichtete darauf. «Sie haben doch gewiss mit ihm über den Grund seines Entschlusses gesprochen?»

«Noch nicht.»

«Das wundert mich aber. Er war schliesslich ...»

Ein Klopfen an der Tür liess Köchli innehalten. Frau Hiestand brachte ein Tablett mit dem Kaffee. Sie stellte es zwischen den Männern ab. «Bitte bedienen Sie sich», sagte sie zu Köchli, «hier sind Rahm und Zucker.»

Während der Polizeibeamte etwas Rahm in seinen Kaffee goss, sagte der Chefarzt: «Natürlich hatte ich vor, mit Philipp zu sprechen, doch die Gelegenheit dazu hat sich noch nicht ergeben. Und jetzt ...» Hiestand zuckte die Schultern.

... ist es zu spät, vervollständigte Köchli in Gedanken den abgebrochenen Satz. «Ist etwas Bestimmtes vorgefallen, das Doktor Angerer zur Kündigung veranlasst haben könnte?»

«Nichts, das mir bekannt ist.»

Nach einer Pause, in der beide ihre Tassen zum Mund führten, sagte Köchli: «Mich erstaunt nur, dass Sie meinem Kollegen Kaufmann gegenüber diese Kündigung nicht erwähnt haben.»

«Ich kann mir keinen Zusammenhang mit dem Unfall vorstellen», entgegnete Doktor Hiestand kopfschüttelnd.

«So kennen wir also weder den Grund für seine Kündigung noch den für seinen Unfall.» Köchli sprach dies leise vor sich hin, so, als wäre es nur ein ausgesprochener Gedanke.

«Philipp Angerer soll kürzlich gesagt haben, er wäre wohl besser in Afrika geblieben. Ich musste demnach in Betracht ziehen, dass er vorhatte, dorthin zurückzukehren.»

«Den Grund für diese Bemerkung kennen Sie nicht.»

«Nein!»

«Ich verstehe, und Sie verstehen gewiss, dass ich jeder Spur nachgehe. Und dass Doktor Angerer bei dem Unfall einem Tier ausgewichen ist, wie auch schon vermutet wurde, ziehe ich erst in Betracht, wenn alle andern möglichen Ursachen ausgeschlossen sind.»

Auf der Rückfahrt machte sich Köchli Gedanken über das, was er von Doktor Hiestand erfahren hatte. Dass dieser nach der Kündigung nicht gleich mit seinem Mitarbeiter gesprochen hatte, machte ihn stutzig. Und die Vermutung, dieser könnte nach Afrika zurückkehren wollen, klang für ihn doch zu sehr nach Ausrede. Beim Posten in Teufen angekommen, erhielt Köchli den Bescheid, Kollege Kaufmann aus Appenzell habe ihn gesucht und um Rückruf gebeten.

Gleich nach der Begrüssung kam Kaufmann zur Sache. «Es dürfte dich interessieren, was ich gerade von meiner Nichte erfahren habe. Pia macht eine Ausbildung zur Physiotherapeutin und arbeitet zurzeit in der Klinik Schönbüchel.»

«Oh! Insiderwissen kann immer nützlich sein.» Köchlis Interesse war nicht zu überhören.

«Sie hat mich angerufen, nachdem sie, zufällig, wie sie sagt, von meinem Besuch gehört hat. Und nach einer Bemerkung der Chefsekretärin wusste sie auch, in welcher Angelegenheit ich dort war.»

«Ich höre.»

«Pia hat mir mitgeteilt, es gebe seit kurzem ein Gerücht, das Doktor Angerer betrifft. Er soll sich der Krankengymnastin gegenüber ungebührlich verhalten haben. Nach Pia sind die beiden zuvor freundschaftlich miteinander umgegangen, auch privat. Sie selbst habe sie einmal zusammen in einem asiatischen Lokal in St. Gallen gesehen, wo sie sich offensichtlich sehr gut unterhalten hätten.»

«Weisst du, wie diese Frau heisst?»

«Moment», sagte Kaufmann. «Ich habe mir den Namen notiert.» Und nach einigen Augenblicken: «Da. Ich hab's: Anina Wagner.»

Köchli wiederholte den Namen leise, während er ihn notierte.

«Sie soll zwei Wochen in der Toskana zugebracht haben. Auf Einladung eines reichen Patienten, wie gemunkelt wird, der dort eine Villa besitzt. Nach ihrer Rückkehr sei sie Doktor Angerer ausgewichen, ja, sie habe ihn kaum mehr gegrüsst. Und daraufhin sei das erwähnte Gerücht aufgekommen.»

«Ein Gerücht nennt es Pia. Das heisst, sie selbst zweifelt an der Anschuldigung?»

«So ist es. Sie schliesst ein solches Verhalten des Arztes aus, und dabei sei sie nicht die einzige. Doktor Angerer habe sich jedem gegenüber stets zuvorkommend gezeigt. Die Art dieser Frau Wagner dagegen sei von überschwenglicher Freundlichkeit, wobei, wie Pia es sieht, viel Schauspielerei dabei sein muss, denn hintenherum töne es oft anders. Ihre Unterstellung habe den Doktor ernst werden lassen. Seine üblichen lustigen Bemerkungen seien danach ausgeblieben.»

«Das heisst nichts anderes, als dass die Atmosphäre im Haus vergiftet war», warf Köchli ein.

«Kann man wohl sagen. Auf meine Frage, ob Doktor Hiestand diese Verstimmung mitbekommen habe, meinte Pia, dass sie das annehme. Zumal er kürzlich bei der Klinikfeier keinen Grund für Angerers Abwesenheit angegeben habe. Sie fand das sonderbar.»

«Passt irgendwie ins Bild. Denn nicht nur das hat der Chefarzt verschwiegen. Seit einer Stunde weiss ich, dass er dir gegenüber auch Angerers Kündigung unerwähnt liess.»

«Was!» Erstaunen lag in Kaufmanns Ausruf. «Aha, so ist das!»

«Ja, so ist das. Er hat wohl geglaubt, dass diese Angelegenheit mit dem Tod des Kollegen vom Tisch ist.»

«Und weisst du, warum Angerer gekündigt hat?»

«Eben nicht. Doch was du gerade berichtet hast, stimmt mich nachdenklich. An der ganzen Geschichte scheint etwas faul zu sein. Warum in aller Welt verheimlicht dieser Doktor Hiestand solch klare Fakten?»

«Könnte das mit dieser Anina Wagner zu tun haben? Übrigens hat Pia gesagt, sie könne mir ein Foto von der Frau geben, falls ich es wünsche.»

«Könnte nützlich sein», meinte Köchli. «Wer weiss?»

«Du kriegst das Bild in den nächsten Tagen zugesandt. Es ist deine Sache.»

«Gewiss. Du weisst, der Todesfall bei Gais wurde inzwischen als Unfall mit unbekannter Ursache klassiert. Und es gehört nicht zu meinen Pflichten herauszufinden, was genau dahintersteckt. Doch es interessiert mich nun mal persönlich, da ich den Mann gekannt habe. Für deine Information bin ich dir jedenfalls dankbar. Ich habe keine Ahnung, ob ich der Sache damit auf die Spur komme. Sollte sich aber etwas ergeben, was über eine Vermutung hinausgeht, werde ich dich informieren. Ich würde es übrigens schätzen, wenn du unser Gespräch vertraulich behandeltest.»

«Aber klar. Übrigens, beim nächsten Fussballturnier stehe ich wieder auf der Gegenseite.»

Lächelnd ob dieser Bemerkung legte Pirmin Köchli den Hörer auf. Und während er sich einige Notizen machte, fragte er sich, ob er Kollege Tobler in die neuesten Entwicklungen einweihen sollte. Da er Zweifel an dessen Verschwiegenheit hegte, liess er es. Er wollte nicht, dass seine Ermittlungen in dieser Sache bekannt wurden.

Es war eine schlichte Feier auf dem Friedhof von Teufen. Viel mehr als zwei Dutzend Leute hatten sich nicht eingefunden. Wohl weil der Verstorbene noch nicht lange in der Gemeinde ansässig war, legte sich Köchli zurecht, der in sicherem Abstand die Menschen am Grab beobachtete. Er wollte das Aufkommen eines weiteren Gerüchts vermeiden. Der Bruder des Verstorbenen hielt gerade eine Ansprache. Einige Anwesende mochten Mitarbeitende der Privatklinik sein – er sah das Ehepaar Hiestand –, Anina Wagner befand sich, wie erwartet, nicht unter ihnen. Sie wäre Köchli aufgefallen. Er hatte inzwischen jene Aufnahme erhalten, die sie an Angerers Seite zeigte. Vermutlich aufgenommen bei einer früheren Klinikfeier, zu einer Zeit, in der sie sich sichtlich gut verstanden hatten: Die blauäugige Blondine suchte auf dem Bild unübersehbar die Nähe des Arztes.

Unter den Trauernden war auch jene Frau, die sich vor Tagen von der Unfallstelle entfernt hatte. Köchli erhoffte sich von einem Gespräch mit ihr, mehr über Philipp Angerers Wesen zu erfahren. Ein zweites Mal mit Doktor Hiestand zu sprechen, hielt er trotz dessen fragwürdigem Verhalten für zwecklos. Offensichtlich war es dem Chefarzt entgegengekommen, dass sein Kollege beabsichtigt hatte, die Klinik zu verlassen. Dieses Wissen genügte Köchli vorerst.

Am Samstagnachmittag der folgenden Woche kam es in einem Modegeschäft in der St. Galler Altstadt zu einer überraschenden Begegnung. Jene Frau, die Pirmin Köchli gern gesprochen hätte, deren Namen er aber nicht kannte, kam auf ihn zu, um nach seinem Wunsch zu fragen. Er hatte den Laden betreten, um sich nach einem Geburtstagsgeschenk für seine Frau umzuschauen. Während ihn Frau Heller – wie er auf ihrem Namensschild las – freundlich bediente und ihm nach einigen Fragen zu einem seidenen Halstuch riet, überlegte sich Köchli, wie er ihr nach dem Kauf auf zurückhaltende Weise sein Anliegen unterbreiten könnte.

«Darf ich Sie noch etwas Persönliches fragen, Frau Heller», versuchte es Köchli, als sie das Geschenk einpackte, für das er etwas mehr ausgelegt hatte als geplant.

«Wie Sie möchten», sagte Valerie Heller mit einem fragenden Lächeln.

«Sie haben Doktor Angerer gut gekannt, nicht wahr?» Köchli sah, wie die Fröhlichkeit augenblicklich aus ihrem Gesicht wich. «Ich habe Sie an der Unfallstelle gesehen.»

«Ja», sagte sie leise, «ziemlich gut.»

Pirmin Köchli tat es leid, mit seiner Frage Traurigkeit in ihre dunklen Augen gebracht zu haben. «Köchli ist mein Name. Ich bin Polizeibeamter in Teufen und hatte mit dem Unfall zu tun. Eigentlich habe ich es noch immer. Daher möchte ich gern mit Ihnen über Philipp Angerer sprechen.»

«Aber nicht hier.» Sie nahm ein weisses Taschentuch hervor – eines mit Spitzen, wie Köchli auffiel –, um die feucht gewordenen Augen abzutupfen.

«Nein, natürlich nicht. Entschuldigen Sie bitte meine direkte Frage.»

«Schon gut. Sie können mich anrufen. Ich wohne in Gais.»

«Ich danke Ihnen.» Köchli streckte ihr zum Abschied die Hand hin.

Mein Abstecher in die Stadt hat sich gelohnt, sagte sich der Polizeibeamte auf der Rückfahrt nach Teufen, und zwar in jeglicher Hinsicht. Und zum Bild, das man sich zwangsläufig von einem Menschen macht, kam die Erkenntnis, dass sich Doktor Angerer offensichtlich gern mit gutaussehenden Frauen abgegeben hatte.

Am folgenden Donnerstagmorgen traf sich Köchli mit Valerie Heller zur vereinbarten Zeit im Café beim Gaiser Bahnhof. Sie setzten sich an einen Ecktisch, um ausser Hörweite der anderen Gäste zu sein.

«Ich danke Ihnen, dass Sie bereit sind, mir Auskunft zu geben», begann Köchli das Gespräch.

«Gern, wenn ich Ihnen damit behilflich sein kann.»

Die junge Frau schien ihm gefasst. «Sie sind meine letzte Hoffnung, etwas Licht in diese unglückselige Angelegenheit zu bringen.»

«Was möchten Sie denn wissen?»

«Können Sie mir sagen, ob sich das Verhalten von Doktor Angerer in letzter Zeit verändert hat?»

«Das kann man wohl so ausdrücken. Er litt sichtlich unter dem, was sich um ihn herum abspielte.»

«Sie meinen die üble Nachrede, die, wie ich vernommen habe, von einer Klinik-Mitarbeiterin ausgegangen ist.» Auf ihr Nicken hin fragte Köchli: «Kennen Sie diese Frau Wagner?»

«Nein, nicht wirklich. Ich habe sie mal kurz mit Philipp getroffen, als sie zusammen im ‹Falken› beim Essen waren.»

«War sie seine Freundin?»

«Nicht eigentlich. Sie hätten sich einfach gut verstanden, hat mir Philipp gesagt. Sie hätten die gleichen Interessen und deshalb gelegentlich etwas zusammen unternommen. Ich weiss von Theaterbesuchen. Weiter aber ging die Freundschaft nicht. Und wie ich Philipp verstand, war es beiden recht so.»

«Konnte er sich erklären, was die Frau veranlasst hatte, plötzlich schlecht über ihn zu sprechen?»

«Nein. Philipp meinte, sie müsse ein riesengrosses Problem mit sich herumtragen. Ein Problem mit sich selbst. Und nun könnte etwas vorgefallen sein, das sie nicht mehr habe verkraften können. Weil es aber nicht ihre Art sei, je die Schuld bei sich selbst zu suchen, sagte Philipp, müsse er wohl als Sündenbock herhalten. Dafür sprechen auch Unterstellungen, die offenbar weit zurückreichen, in eine Zeit, in der alles noch in Ordnung schien.»

«Könnte das mit jenem Mann zu tun haben, der sie in die Toskana eingeladen hat?»

«Das wissen Sie also auch schon. Es war Philipps Vermutung. Genaueres aber wollte er gar nicht wissen.»

«Warum hat er nicht Klage wegen Rufschädigung eingereicht?»

«Philipp meinte, das sei sinnlos, da Aussage gegen Aussage stände. Und wie er sie kannte, gehörte Ehrlichkeit nicht gerade zu ihren Stärken.»

«Ich verstehe. Können Sie mir mehr über Doktor Angerer erzählen, über sein Wesen?»

«Er war zuvorkommend. Zu jedermann. Immer hilfsbereit.»

Als Valerie ihr Taschentuch hervornahm, das nach Köchli so gut zu ihrer eleganten Erscheinung passte, dachte er sich, dass sich so auch Angerers Einsatz in Äthiopien erklären liess.

«Er war ein angenehmer Unterhalter», fuhr Valerie fort, nachdem sie sich eine Träne weggewischt hatte, «liebenswürdig, immer einen flotten Spruch auf den Lippen, der meist geistreich war, manchmal ironisch, aber gewiss nie verletzend. Nein, es ergibt einfach keinen Sinn, dass er dieser Frau gegenüber ausfällig geworden sein soll.»

«Sie glaubten ihm vorbehaltlos?»

«Absolut. Zudem hat diese Anina seine eindringlichen Bitten, sich doch mit ihm auszusprechen, ignoriert. Philipp ging immer von einem Missverständnis aus. Ihr Verhalten sagt doch genug aus?»

«Wie ich Sie verstehe, haben diese Vorkommnisse Doktor Angerer zu schaffen gemacht.»

«Er hat es zu überspielen versucht, doch die Folgen konnte er nur schwer ertragen. Solche Wunden heilen langsam, wenn überhaupt, weil sie immer wieder aufgerissen werden. Zumal Anina ...»

«Die Folgen?», fragte Köchli, als Valerie Heller innehielt. «Heisst das, dass ihn weniger das Ende der Freundschaft mitnahm, als vielmehr die Schädigung seines Rufs?»

«Ihn bedrückte, dass sich Leute wegen dieser Anwürfe von ihm abgewendet haben, selbst Leute, mit denen er zuvor freundschaftlichen Umgang pflegte. Er schloss daraus, dass ihm diese Menschen ein solch hässliches Verhalten zutrauten. Über diese Enttäuschung kam er nur schwer hinweg.»

Köchli nickte, als wollte er sagen: Das passt ins Bild.

Als Valerie auf die Uhr schaute – sie fuhr mit der Bahn zur Arbeit –, rief Köchli nach der Bedienung. «Noch etwas», sagte er, bevor sie weggingen. «Was ich von Ihnen erfahren habe, ist für mich so etwas wie eine Bestätigung. Einiges aber wird dennoch rätselhaft bleiben.» Er dachte an die Aussagen von Doktor Hiestand oder vielmehr an das, was dieser verschwiegen hatte.

«Und was für mich bleibt», sagte Valerie beim Abschied, «ist die Überzeugung, dass Philipp einer Katze ausgewichen ist.»

Köchli schaute ihr nach, wie sie leichten Schrittes zum Bahnhof ging. In dieser Vorstellung mag ein wenig Trost stecken, sagte er sich. Wahrscheinlich aber ist es eine andere Katze, der er ausgewichen ist. Eine falsche Katze! Bei diesem

Gedanken hatte er das Bild vor Augen, das er aus Appenzell erhalten hatte.

Köchli war in der folgenden Woche mit seinem Kollegen Edi Tobler unterwegs, um auf der Strecke nach Haslen einen Sachschaden aufzunehmen, als vor ihnen zwei Frauen mit Walkingstöcken die Strasse überquerten.

«Aha!», entfuhr es Köchli.

«Was ist?» Tobler schaute ihn fragend an.

«Nichts weiter», wich Köchli aus. «Ich bin nur überrascht, die Damen zusammen unterwegs zu sehen.»

«Kennst du die beiden denn?»

«Ja und nein. Ich hatte vor gewisser Zeit mit ihnen zu tun», antwortete Köchli, «in einer eher banalen Angelegenheit.»

«Immer diese verdammten Baustellen», schimpfte Tobler, als sie kurz danach vor einem Rotlicht warten mussten.

Kaum von der Arbeit zurück, rief Pirmin Köchli seinen Kollegen Kaufmann an.

«Hallo, Tobias. Ich glaube, nun den Grund zu kennen, warum Doktor Hiestand seinem Kollegen Angerer in der Klinik nicht beigestanden ist und warum er dir die Vorkommnisse in der Klinik verschwiegen hat.»

«Da bin ich aber gespannt.»

«Die Frau des Chefarztes scheint mit dieser Anina Wagner befreundet zu sein. Ich habe sie zusammen beim Walking gesehen. Was meinst du dazu?»

«Was soll ich dazu sagen?»

«Für mich schliesst sich damit ein Kreis. Ich denke mir, dass sich Doktor Hiestand in einer Zwickmühle befunden hat. Er stand vor der Entscheidung, wer in dieser unseligen Angelegenheit Täter und wer Opfer ist. Das heisst, er hatte

Stellung zu nehmen für die eine oder den andern. Und so, wie es jetzt aussieht, ist er bei seinem Richterspruch unter häuslichem Einfluss gestanden.»

«Glaubst du wirklich, dass dies etwas mit dem Unfall zu tun hat?», fragte Tobias Kaufmann mit hörbarer Verwunderung.

«Ich stelle mir das so vor: Angerer ist während seiner Fahrt zur Arbeit all das, was ihm widerfahren ist, hochgekommen. Auch seine Kündigungen, die ihm nun voreilig erschienen. Gemäss der Aussage einer Frau, die ihn gut gekannt hat, war Doktor Angerer ein anständiger und empfindsamer Mensch. Die Verletzung, die ihm durch das Gerücht zugefügt wurde, hatte ihm arg zugesetzt. Während der Fahrt zur Arbeit könnte er die Situation pötzlich als unlösbar empfunden haben. Und so kam es zu einer Kurzschlussreaktion.»

«Also doch Selbstmord!»

«Nein», entgegnete Pirmin Köchli bestimmt. «Einen Selbstmord hätte Angerer gewiss anders geplant. Das muss eine spontane Aktion gewesen sein. Schon zehn Sekunden später wäre es vielleicht nicht mehr dazu gekommen. Nein! Nach allen Indizien ist das für mich im wahrsten Sinn des Wortes: ein Rufmord.»

LUZERN

LUZERN – CHICAGO
MITRA DEVI

Zwei Stunden vor dem ersten und letzten Mord, den Julia je in ihrem Leben begehen würde, löste sich ein Minischneebrett von einem Hausdach und landete auf ihrer scharlachroten Dauerwelle. Verärgert wischte sich Julia den Schnee vom Kopf. Hunderte dickvermummter Passanten, die sich genauso gut als Landeplatz für heimtückische Stadtlawinen angeboten hätten, stapften unbehelligt die Luzerner Hertensteinstrasse entlang durch den Matsch – doch Julia kriegte die weisse Ladung ab. Wieder einmal war sie getroffen worden. Und nur sie.

Das war ja nichts Neues. Als Gott den Inhalt der Kiste «Heimsuchungen aller Art» über die Menschheit geschüttet hatte, musste ihm über Julia die Hand ausgerutscht sein. Julia hatte sich nach ihrer öden Kindheit in eine linkische Jugendliche verwandelt, die niemandem in die Augen schauen konnte, und war bei der Schulabschlussdisco von Eberhard – klein, übergewichtig und mit einer Stupsnase, die wie eine Skischanze gen Himmel ragte – zum Tanzen aufgefordert worden. Leider hatte sie zugesagt. Sie wurden zum Gespött des Abends.

Nach einer völlig unpassenden Lehre im Mode-Versandhaus «Lindemann und Föhn», deren einziger Zweck sich darin erschöpft hatte, dem Chef das optimale Schaumhäubchen auf dem Kaffee zu präsentieren, heiratete sie kurze Zeit später. Inzwischen nannte sie eine unübersichtliche Zahl Familienmitglieder ihr eigen, die aus ihrem Mann Eberhard (der sich unterdessen Hardy rufen liess) und mehreren pubertierenden Töchtern bestand sowie einem längst überfälligen Pudel, zwei Meerschweinchen mit verdächtig dicken Bäuchen – «garantiert Männchen», hatte ihre Jüngste versichert – und einer Horde Hamster, die sich schneller vermehrte als Fruchtfliegen.

Nun war Julia Ende dreissig. Ihre Ehe mit Hardy war im Eimer, die Kinder waren missraten. Zu alledem stand sie eigentlich auf Frauen, was ihr leider erst in ihrer Hochzeitsnacht klargeworden war. Gleich nach der Trauung waren sie nach Mallorca geflogen, die Nacht sollte etwas Besonderes sein. Hardy hatte die Hotelboys beauftragt, das französische Doppelbett mit Rosenblüten zu bestreuen. Als sie nach dem opulenten Viergangmenü auf ihr Zimmer kamen, war die Bettdecke mit muffig riechenden Nelkenblättern übersät, da die Boys in der Eile keine Rosen hatten auftreiben können. Ihr Frischvermählter konnte sich nicht mehr zurückhalten und erstürmte Julia sogleich. Er warf sie aufs Bett, drang in sie ein, stöhnte eine Minute, bäumte sich kurz auf und schlief danach selig wie ein Säugling an ihrem Busen ein. Julia lag auf den welken Nelken und murmelte in die Stille, die nur durch sein Schnarchen unterbrochen wurde: «Und das soll alles sein?» Doch da war es schon zu spät. Sie wurde in dieser Nacht schwanger, verdrängte ihre Sehnsüchte nach liebevollen Frauenhänden, die sie beglückten, und hoffte, sie würde sich an Hardy gewöhnen. So ein übler Kerl war er ja gar nicht, andere schlugen ihre Gattinnen oder besuchten Prostituierte. Was das anging, hatte er immerhin seine Prinzipien.

Julia hatte ausser dem Krimilesen keine Interessen. Ihr Alltag war weder interessant noch abenteuerlich, geschweige denn verwegen. Das einzig Verwegene in ihrem Leben war die scharlachrote Dauerwelle. Und ihre Mitgliedschaft bei der Al-Capone-Vereinigung natürlich. Wobei Mitgliedschaft sogar untertrieben war. Julia hatte den Verein selber gegründet und leitete ihn seit etlichen Jahren. Luzern pflegte ja mehrere Städtepartnerschaften. Unter anderem mit Olomouc und Cieszyn, wo immer sich diese Orte auch befinden mochten – und mit Chicago. Was für Julia etwas ganz Besonderes bedeutete, denn es war die Stadt des legendären Gangsters Al Capone. Schon als Kind hatte sie ihn bewundert, verkörperte er doch all das, was sie in ihrem Leben vermisste. Als Luzern 1999 die Partnerschaft mit der amerikanischen Grossstadt einging, hatte Julia zum erstenmal Initiative gezeigt und die Al-Capone-Vereinigung ins Leben gerufen. Sobald sich das 100. Mitglied anmeldete – so nahm sie sich vor –, würde sie eine Jubiläumsreise nach Chicago organisieren. Als Erstes würde sie die bekannte «Al-Capone-Bar» mit ihren Live-Jazzkonzerten in der South Michigan Avenue besuchen und sich einen Brandy hinter die Binde kippen.

Die Realität sah anders aus. Ausser ihr gab es noch ein einziges Mitglied, eine ältere Dame aus Emmen, die bei jeder Unstimmigkeit mit dem Austritt drohte. Bis jetzt warteten sie vergeblich auf Neuanmeldungen, doch Julia verschickte tapfer ihren Newsletter, aktualisierte die Webseite und plante regelmässig Veranstaltungen, die sie jeweils kurz vor dem Termin mangels Anmeldungen annullierte. Neulich hatte sie einen Imitations-Fotowettbewerb online geschaltet: Wem es gelänge, Al Capone glaubhaft darzustellen, dem winke ein gerahmtes Poster des Unterweltkönigs. Es hatte sich niemand gemeldet.

Anderthalb Stunden vor dem Mord kaufte sich Julia eine grosse Portion Marroni, da sie heute keine Lust hatte zu kochen. Sie schlenderte durch die Gassen, betrachtete die Auslagen der Läden mit all den Engeln, Schneemännern und

Nikoläusen und bog dann in die Hirschmattstrasse ein. Es war wieder ein ätzender Arbeitstag gewesen. Ihr Job hatte sich in all den Jahren nicht verändert. Der Chef kriegte zwar sein Schäumchen inzwischen selbständig auf die Reihe, doch Julias Arbeit bestand aus nichts anderem als dem Entgegennehmen von Reklamationsanrufen. Sie musste vertrösten, erklären und beschwichtigen. Das beige Deux-Pièce «Abendblüte» sei zu bieder, hatte heute eine Anruferin gemeint, der anthrazitfarbene Hosenanzug «Frau von heute» hänge zu schlaff um die Taille, behauptete eine andere, und das kleine Schwarze, schimpfte ein Mann, sei nicht klein genug. Was erwarteten die Leute denn von einem Versandhaus, das mit dem Slogan warb: «Lindemann und Föhn – altbewährt ist schön»?

Ein kalter Windstoss fegte durchs Quartier. In zwei Tagen war Weihnachten. Da sie von Hardy nichts erwarten konnte, von dem er nicht selber profitierte, wie einem doppelstöckigen Dampfkochtopf mit herausnehmbarem Abtropfsieb oder einem Jahresabo der Zeitschrift «Angeln heute», betrat sie die Buchhandlung «Hirschmatt», um sich selbst zu beschenken. Sie entdeckte den neuesten Alder-Olsen-Krimi und kaufte ihn kurzerhand. Dann stapfte sie weiter, immer darauf bedacht, herabstürzenden Schneebrettern auszuweichen. Sie kam am «Big Point Tattoo Shop» vorbei, aus dem gerade eine junge Frau mit schmerzverzerrtem Gesicht trat und sich die Schulter hielt. Julia fragte sich, womit die Frischtätowierte ihren Körper geschmückt hatte. Maori-Muster? Ein Einhorn? Kevin forever? Zu Beginn ihrer Ehe hatte Hardy tatsächlich ein Herz mit Julias Namen auf seinen Unterarm stechen lassen wollen. Doch Julia hatte ihn mit den Worten «und was, wenn wir uns einmal trennen?» davon abgehalten. «Wir trennen uns nie, mein Schatz», hatte er geantwortet. «Wir sind füreinander geschaffen.» Von wegen. Julia guckte sich immer wieder seufzend nach schönen Frauen um. Und Hardy auch. Peinlicherweise hatten sie den gleichen Geschmack. Beide fuhren auf grosse Dunkelhaarige ab.

Eine Stunde vor dem Mord kam Julia zu Hause an. Herkules, ihr Pudel, empfing sie mit halbherzigem Wedeln. Er war der Inbegriff von Faulheit. Wenn sie mit ihm Gassi ging, war er zu bequem, sein Bein zu heben, und bepinkelte sich regelmässig selbst. Jetzt schaute er sie unter seinen schlaffen Augenlidern an, befand sie für zu wenig unterhaltsam und trottete wieder davon. Hardy war mit seinen Kollegen beim Kegeln wie jeden Freitagabend. Die drei Töchter pflegten ihre obligate Freizeitbeschäftigung – Kiffen, Chillen und Wodka Lemon trinken im Kreise ihrer gepiercten, chattenden und twitternden Freundinnen. Nein, die Erziehung war Julia nicht geglückt.

Eine halbe Stunde vor dem Mord klingelte das Telefon. Herkules, der sich zu ihren Füssen niedergelassen hatte, hob kurz die Ohren, dann döste er wieder weg. Julia stellte ihren Tee neben den Adventskranz aufs Glastischchen und nahm den Anruf entgegen. Eine fremde Stimme meldete sich. Sie klang heiser, als wollte der Sprecher – es handelte sich um einen Mann mit unangenehm starkem Zürcher Dialekt – entweder nicht erkannt werden oder als hätte er seine letzten Abende in einer rauchgeschwängerten Bar verbracht. Sofern es solche noch gab.

«Hören Sie mir überhaupt zu?», krächzte der andere. «Ich habe Sie gefragt, ob Sie Julia Brenner sind!»

«Entschuldigen Sie», stammelte Julia. «Ich dachte gerade an rauchgeschwängerte Bars.»

«Wie bitte? Verdammt, sind Sie Julia Brenner oder nicht?»

«Ja, die bin ich. Mit wem spreche ich?» Die Unhöflichkeit des Mannes ging ihr gehörig auf den Keks.

«Sie haben etwas, das mir gehört», fuhr der andere fort.

«Ich wüsste nicht, was das sein sollte. Ich kenne Sie ja gar nicht.»

Eine Sekunde lang herrschte Stille. Dann fragte der andere: «Sind Sie allein zu Hause?»

«Was geht Sie das an! Ich lege jetzt auf. Übrigens ist mein Mann da. Und zwei seiner Freunde. Nein, drei.»

Ein fieses Kichern erklang aus dem Hörer. «Natürlich. Warum nicht gleich ein Dutzend.»

In diesem Moment schellte die Türglocke.

Herkules zeigte kein Anzeichen von Interesse, schnarchte zufrieden vor sich hin und sabberte auf seine Pfoten.

«Hören Sie das?», flötete Julia triumphierend in den Hörer. «Es läutet. Da kommt noch ein weiterer Freund meines Mannes zu Besuch. Adieu.»

Sie legte auf und marschierte durchs Wohnzimmer. So was Seltsames! Was hatte der Typ bloss gewollt? Sollte das ein Scherz sein? Vielleicht wurde das ganze Gespräch demnächst in einer dieser Sendungen mit versteckter Kamera ausgestrahlt. Hatte sie sich lächerlich gemacht? Sie überlegte eine Sekunde, während sie zur Tür ging. Nein, sie konnte sich nichts vorwerfen. Sie war sogar aussergewöhnlich erfinderisch gewesen. Die Nation hatte keinen Grund, über sie zu lachen. Sie drehte den Schlüssel und drückte die Klinke hinunter.

Da knallte die Tür gegen ihren Kopf. Julia prallte zurück.

«He! Was soll das?», rief sie, während sie sich an der Wand abstützte.

Ein Mann drang ein. Dichter Vollbart, dunkle Brille, Wollmütze tief ins Gesicht gezogen. «Hallo, Schätzchen», feixte er. «Sie haben was, das mir gehört.» Zürcher Dialekt, etwas heiser. Wie konnte sie nur so dumm sein! Das war kein billiger Kamera-Trick, das war bitterer Ernst.

Er kickte die Tür mit dem Fuss ins Schloss, sperrte ab und steckte den Schlüssel ein. Bevor sie reagieren konnte, legte er den Zeigefinger auf ihre Lippen und flüsterte: «Keinen

Mucks, sonst muss ich die hier gebrauchen.» Er tippte auf die Pistole, die in seinem Gürtel steckte.

Julia erstarrte vor Schreck.

Dann entspannten sich ihre Nerven. Aber natürlich – der Mann hatte ihre Online-Ausschreibung gesehen und bewarb sich für den Al-Capone-Fotowettbewerb. Allerdings schien er die Bedingungen nicht genau gelesen zu haben. Von Einbruch war nie die Rede gewesen. Auch entsprach seine Aufmachung nicht ganz derjenigen des echten Gangsters.

«Mit diesem Outfit», sagte sie, «gewinnen Sie nie.»

Zügig durchpflügte er den Eingangsbereich, ging zum Telefon und durchtrennte das Kabel. Er stieg über Herkules, der im Tiefschlaf dümmlich vor sich hinzuckte, dann sagte er: «Her mit dem Handy!»

Offensichtlich hatte sie sich geirrt. Es ging nicht um den Wettbewerb. «Ich habe kein Handy.»

«Los, rücken Sie's raus! Ich tu Ihnen nichts, wenn Sie die Klappe halten und mich in Ruhe arbeiten lassen.»

Widerwillig übergab sie ihm ihr Mobiltelefon.

Dann drängte er sie ins Schlafzimmer.

«Aber ...!», rief sie. «Was suchen Sie überhaupt? Wir haben keine Wertsachen im Haus.»

Er schob sie zum Bett. «Es wird nicht lange dauern.»

«Ich verstehe nicht.»

«Das brauchen Sie auch nicht.» Er verschloss das Schlafzimmer und liess den Schlüssel ebenfalls in seiner Hose verschwinden. Mit einer raschen Bewegung zog er ein Paar Handschellen hervor, schnappte sich ihr rechtes Handgelenk und kettete sie schneller ans Bettgestell, als sie «Pfoten weg, Sie Unhold!» sagen konnte.

Sie rüttelte an der Handschelle und schaute ihn vorwurfsvoll an. «Lassen Sie mich sofort wieder frei!» Als er keine Anstalten machte, liess sie sich entnervt auf die Matratze fallen.

«Wenn Sie schreien», knurrte er, «blas ich Ihnen das Gehirn aus dem Kopf. Obwohl das nicht allzu gross sein dürfte. Haben Sie kapiert?»

Sie nickte beleidigt.

Dann riss der Mann die Tür des Einbauschranks auf. Hardys gebügelte Hemden kamen zum Vorschein, alle in Weiss. Daneben seine Anzüge, graue, dunkelblaue und schwarze. Besonders experimentierfreudig war er noch nie gewesen, was Farben betraf. Auch sonst nicht. Er hatte keine Hobbies – ausser Kegeln und einmal im Jahr Angeln am Ägerisee –, keine Leidenschaften, geschweige denn Charaktertiefe, die zu erkunden sich lohnte. Wenn sie ihm heute abend erzählte, was sie erlebt hatte, würde ihn womöglich eine Herzattacke dahinraffen.

Julia starrte auf den Eindringling, der die Anzüge auf der Stange zur Seite schob. «Falls Sie ein Fetischist sind», sagte sie, «meine Kleider sind nebenan. Möchten Sie lieber BHs oder Höschen?» Vielleicht konnte sie ihn mit ein paar alten Fetzen abspeisen, so dass er wieder abhaute, ohne sie weiter zu belästigen.

«Behalten Sie Ihren Kram», nuschelte er in seinen Bart, während er die hintere Wand des Schrankes abklopfte. Er nahm einen Schraubenzieher aus seiner Jackentasche und begann, die Rückwand zu lösen.

Julia wunderte sich über gar nichts mehr.

Er drehte an den Schrauben herum, fluchte, als er abrutschte, dann warf er die erste in hohem Bogen hinter sich. Die zweite und die dritte folgten, die Rückwand wurde instabil, weitere Schrauben flogen auf den Teppich. Dann war er fertig. Er packte die Schrankrückwand, zerrte sie an Hardys Kleidern vorbei und stellte sie ans Fenster.

Neugierig guckte Julia in die Öffnung. Es war kohlschwarz dahinter. Staubfusseln stoben heraus, es roch nach Gips und Mörtel.

Der Mann hustete und beugte sich ins Innere. Er zündete eine Taschenlampe an und beleuchtete den Hohlraum, der sich hinter dem Schrank aufgetan hatte.

Julia lugte über seinen Kopf, konnte aber nichts erkennen. Zu gern hätte sie gewusst, was sich dort verbarg. Doch ihre aktuelle Lage liess ihr keine Bewegungsfreiheit. Der Einbrecher ging enorm selbstbewusst ans Werk; sie zweifelte keine Sekunde daran, dass er wusste, was er tat.

«Sie haben früher in dieser Wohnung gelebt?», fragte sie möglichst unverbindlich.

«Schnauze.» Seine Stimme klang gedämpft, während er irgendwo im Schein der Lampe hantierte.

«Sie haben etwas versteckt und möchten es wieder?», machte sie weiter. «Drogen? Waffen? Plutonium?»

Es rumpelte und knarrte, weitere Fusseln segelten heraus, der Mann nieste.

«Gesundheit», sagte Julia höflich.

Ein undeutliches Brummen kam zurück. Dann hievte er einen schweren Gegenstand heraus, stöhnte, als er sich den Kopf anschlug und wuchtete das Teil auf den Boden. Es war eine hölzerne Truhe voller Staub, Mauerbrocken und Mäusekötel. Er fegte den Dreck mit der Hand auf den Teppich, was Julia ein entrüstetes Schnaufen entlockte.

Doch sie wollte es nicht verderben mit ihm. «Kann ich Ihnen helfen? Möchten Sie die Kiste öffnen?»

«Lady, Sie sind mit Handschellen gefesselt. Sie werden mir bei gar nichts helfen.»

Julia lächelte ihn zuvorkommend an. «Das muss aber nicht so bleiben.»

Er verdrehte die Augen, beugte sich nochmals in den Schrank – und verschwand komplett darin. Der Hohlraum musste grösser sein als vermutet. Nun, da Julia allein im Zimmer zurückgeblieben war, rüttelte sie kräftiger am Bettpfosten und versuchte, sich zu befreien. Als das nichts nützte, erinnerte sie sich wieder an den Streit, den sie und Hardy gehabt hatten, als sie das neue Bett kauften. Sie fand das goldene Röhrengestell von Anfang an potthässlich – er bestand darauf. Natürlich war es nicht mal echtes Gold, sondern eine kitschige Nachahmung. Sie entsann sich der beiden Gewindeteile, die man hatte zusammenfügen müssen. Als gute Hausfrau wusste sie, dass alles, was ineinandergeschraubt wurde, auch wieder auseinandergedreht werden konnte. Hastig suchte sie die Rille, wo beide Teile aufeinandertrafen. Sie drückte, ruckelte und drehte. Das Verbindungsteil lockerte sich. Sie schraubte es weiter auf, bis es sich vom Hauptteil löste. Sie fuhr mit der Handschelle daran entlang – und war frei.

Etwas purzelte zu Boden. Als sie sah, was es war, riss sie die Augen auf. Mitten auf dem Teppich – soeben aus den Innereien des Bettgestells gerutscht – lag eine lange, dünne Stichwaffe. Ein Stilett.

«Nanu?», machte Julia. «Wie ist das denn hier reingekommen?»

Sie nahm die Waffe in die Hand und wendete sie hin und her. Ein schönes Stück. Der Griff war schwarz, die Klinge scharf und silbern.

Ein Fabrikationsfehler der Bettenfirma? Ein Kinderstreich ihrer Töchter? Oder etwas Schlimmeres? Sie dachte kurz an ihren Mann, dann schüttelte sie den Kopf. «Hardy und Geheimnisse? Niemals!»

Aus dem verschlossenen Zimmer konnte sie nicht flüchten. Blieb nur noch, das Fenster zur Strasse zu öffnen und laut zu schreien. Allerdings hatte der Kerl gedroht, ihr das nicht allzu grosse Hirn aus dem Kopf zu blasen. Darum liess sie das mit dem Schreien sein und machte sich daran, den Inhalt der Truhe zu erkunden.

Der Deckel war nicht verschlossen. Sie stemmte ihn hoch – und stiess einen kleinen, spitzen Schrei aus. Dicke Geldbündel lagen darin. Tausende von Euroscheinen, Dollars und englischen Pfund. Daneben zwei Pistolen, eine Schachtel Munition und etwa zwanzig Pässe und Identitätskarten, die mit einem Gummiband zusammengehalten wurden. Julia löste es und schaute sich die Ausweise an. Es waren Pässe aus Deutschland, Grossbritannien, Italien und den USA, einer stammte aus Puerto Rico, einer aus dem Libanon. Jeder lautete auf einen anderen Namen.

Und jeder zeigte das Bild ihres Mannes.

«Hardy!», entfuhr es ihr. «Was soll das?»

Aus dem Hohlraum war ein Poltern zu hören.

Schnell warf Julia die Pässe wieder in die Kiste zurück. Sie hechtete zum Bett, grabschte nach dem Stilett und hielt es hinter ihren Rücken, als sei sie noch immer ans Gestell gekettet. Der Mann kletterte ächzend aus dem Schrank. Er schleppte eine weitere Kiste heran und grinste zufrieden.

«Sind Sie fündig geworden?», fragte sie.

«Hab lange genug auf diesen Moment gewartet», antwortete er leutselig. Ein Stück seines falschen Bartes hing von seiner Wange, das rasierte Kinn kam darunter zum Vorschein.

«Ihr Mann ist nicht der, für den Sie ihn halten.»

«Tatsächlich?» Sie umklammerte eisern den Griff ihrer Waffe.

«Jetzt, da ich Gewissheit habe, dass er der Abtrünnige ist, den ich gesucht habe, muss ich ihn leider aus dem Verkehr ziehen. Und Sie auch. Das verstehen Sie sicher, nicht wahr?»

«Aber selbstverständlich», pflichtete sie ihm bei. «Sie sind vom Geheimdienst?»

Er nickte anerkennend. «Wie haben Sie das erraten?»

«Ach.» Sie winkte bescheiden ab. «Hausfraueninstinkt.»

«Ich tue es nicht gern, glauben Sie mir», fuhr der Agent

fort. «Aber es muss sein.» Er fuhr langsam mit der Hand zum Gürtel hinunter und wollte nach der Pistole greifen.

Das war der Moment, da Julias schlummernde Amazone zum Einsatz kam. Sie schnellte hervor, warf sich auf ihn und bohrte ihm das Stilett ins Herz. Es fuhr so leicht durch seinen Körper, als wäre er aus Butter. Der Mann erstarrte, blieb mit erstaunt aufgerissenen Augen stehen. Dann zog er die Stichwaffe zwischen seinen Rippen hervor. Ein Schwall Blut strömte aus der Wunde. Das Stilett fiel ihm aus der Hand, er röchelte, seine Beine knickten ein. Sein Kopf schlug auf dem Boden auf.

Julia wartete in sicherer Entfernung. Sie betrachtete seinen Brustkorb, der sich noch ein paarmal hob und senkte, kurz darauf hatte der Spion sein Leben ausgehaucht. Genau genommen war das kein Mord, nicht mal vorsätzliche Tötung, sondern Notwehr. Eigentlich schade. Als Mörderin wäre sie Al Capone irgendwie näher gewesen. Kurzerhand deklarierte Julia ihre Tat innerlich als kaltblütigen Mord. Das fühlte sich schon viel besser an.

Nun hatte sie viel zu tun. Als Erstes suchte sie den Schlüssel zur Handschelle, die noch immer an ihrem rechten Handgelenk baumelte, fand ihn und befreite sich von dem Teil. Schwungvoll warf sie es in den Schrank. Dann öffnete sie begierig die zweite Truhe.

Akten lagen darin, unzählige handgeschriebene Papiere, Computerausdrucke und Dokumente. Julia überflog sie. Von einem Agenten «HB71» war die Rede, und je länger sie las, desto klarer wurde ihr, dass damit Hardy gemeint war. «1998, Einsatz in Libyen», erfuhr sie, dann folgten weitere Jahreszahlen und Orte wie Mogadischu, Washington und Islamabad. In den letzten Jahren schienen die Einsätze vor allem im Inland gewesen zu sein. Deshalb hatte Hardy die falschen Pässe wohl nicht mehr gebraucht, und die Kisten waren verstaubt. Die Aufträge, die ihr Mann hatte ausführen müssen, drehten sich, soweit sie die Geheimdienst-Sprache verstand, um das Ausspionieren brisanter Technologien, die Entschlüsselung geheimer Akten und das Eliminieren einflussreicher Personen.

«Eliminieren!», murmelte sie tonlos.

Als sie die Seiten weiter überflog, erregte einer der Einträge ihre besondere Aufmerksamkeit: «Regelmässige Berichterstattung freitags in der Zentrale», stand dort. Und darunter «Tarnung: Kegelabend mit Freunden».

Julia war empört. Sie hatte all die Jahre geglaubt, er sei mit seinen Kumpels im Bowlingcenter gewesen – stattdessen hatte er Mordaufträge besprochen. Das war zu viel! Ihre Töchter hielten sie für eine langweilige alte Schachtel, ihr Pudel ignorierte sie, die Hamster quietschten erschreckt auf, wenn sie sie fütterte – und nun auch noch Hardy.

Plötzlich wusste sie, was zu tun war.

Sie stopfte die Akten zurück und stapelte die Geldscheine auf dem Teppich. Wenn sie es richtig überschlagen hatte, musste es sich um mehrere Millionen in internationalen Währungen handeln. Konnte sie gut gebrauchen. Übermorgen war Heiligabend. Sie würde sich einen langgehegten Wunsch erfüllen. Mit Elan wuchtete sie die beiden Kisten zurück in den Hohlraum.

Nun kam der schwierigere Teil. Der tote Kerl. Der musste weg.

Sie packte ihn an den Füssen und zog ihn zum Schrank. Die Pistole schepperte über den Boden. Julia hatte keine Ahnung gehabt, wie schwer und sperrig so eine Leiche war. Erlebte man ja nicht alle Tage. Mit Mühe gelang es ihr, den schlaffen Körper in den Schrank zu bugsieren, ihn in den Raum dahinter zu schieben und an die Mauer zu lehnen. Sein Kopf kippte zur Seite, sein Kiefer klappte auf.

Sie griff in die Hosentasche des Toten und fischte den Schlafzimmer- und den Wohnzimmerschlüssel heraus, die der Mann dort verstaut hatte. Dann packte sie die Schrankrückwand und schraubte sie wieder an. Sie verteilte Hardys Hemden gleichmässig auf der Stange und schloss die Schranktür. Mit ihrem super saugfähigen Kaltdampf-Staubsauger «Cool'n'clean» (Hardys letztjährigem Weihnachtsgeschenk) schaffte sie es, die Blutspuren auf dem Teppich komplett zum Verschwinden zu bringen. Als Letztes wischte sie die Fingerabdrücke vom Stilett, schob es wieder ins Bettgestell und drehte dieses zusammen. In etwa drei Tagen würde es hier anfangen zu stinken. Aber das war nicht ihr Problem.

In wenigen Minuten hatte sie gepackt. Die gebündelten Geldscheine, den königsblauen Pullover, die guten Schuhe, mehr brauchte sie nicht. Dann trat sie in die kalte Winternacht.

Ein paar Tage später sass sie am Tresen der «Al Capone»-Bar in der South Michigan Avenue in Chicago. Im oberen Stock hatte sie ein Zimmer gemietet. Ein junges Quartett, bestehend aus zwei Schwarzen und zwei Weissen, spielte auf der Bühne dezente Jazzmusik. Neben dem Regal mit Dutzenden von Whisky-, Rum-, Baccardi- und anderen Flaschen hing ein Plakat von Luzern. Die Kapellbrücke war darauf zu sehen. Die klassische Ansicht, vor dem Brand. Auf dem Bild stand: «We love Lucerne – our partner city». Ein wohltuender Hauch von Wehmut erfasste Julia. Sie nippte an ihrem Brandy. Schaute sich um, lauschte der Musik. Fühlte sich rundum gut. Ja, mehr als das. Sie hatte heute die Liebe ihres Lebens gefunden.

«Tiffany», murmelte sie und schaute lächelnd auf die grosse, dunkelhaarige Schönheit, die neben ihr sass. Tiffany lächelte zurück und nannte sie «Honey». Stundenlang hatten sie sich unterhalten, über Gott und die Welt geredet, Julia in ihrem holprigen Schulenglisch, Tiffany mit einem exotischen Akzent, den Julia nicht einordnen konnte. Nun würde ihr Leben endlich die Wende nehmen, die sie sich immer erhofft hatte. Einen Moment dachte sie an die Leiche zu Hause, die wohl inzwischen vor sich hinmüffelte. Es war Zeit für ihren Anruf. Sie nahm ihr neues Prepaid-Handy und wählte die Nummer der Schweizer Polizei. Als eine Dame sich meldete, teilte sie ihr mit, man solle bitte Hardy Brenners Wandschrank unter die Lupe nehmen. Und ihn selber am besten auch. Er sei nicht ganz koscher.

Die Musiker spielten «Take five» von Dave Brubeck. Der Lärmpegel schwoll an, es roch nach Anisschnaps, irgendwo klirrte Glas. Tiffany verschwand kurz Richtung Toilette. Julia summte die Melodie mit. Sie trank einen weiteren Schluck Brandy. Er schmeckte bitter und verheissungsvoll, genau so, wie Al Capone ihn genossen hätte. Sie war erfüllt von Glück, berauscht, ja richtig schwindlig. Das Luzern-Plakat verschwamm vor ihren Augen, wurde heller, greller. Farben entstanden, rot, orange, gleissend-gelb. Plötzlich brannte die Kapellbrücke. Die Flammen züngelten ums Holz, frassen sich in die Brücke, verschlangen sie. Die Hitze bahnte sich ihren Weg in Julias Kehle. Ihr Atem stockte.

In diesem Moment ertönte ein Piepsen. Julia tappte nach dem Handy und merkte zu spät, dass es dasjenige von Tiffany war. Der Geschmack von bitteren Mandeln im Brandy breitete sich in ihrem Gaumen aus.

Auf einmal verstand sie.

Tiffanys Akzent. Er war nicht exotisch. Er war schweizerisch. Julia würgte und starrte auf das SMS. Das Letzte, was sie sah, bevor sie mit dem Kopf an die lodernde Kapellbrücke schlug und vom Feuer verzehrt wurde, waren die Worte: «Geliebte Tiff, ist sie hinüber? Bitte eiligst mit dem Geld zurückreisen, Befehl von der Zentrale. Neuer Auftrag in Jordanien steht an. Heisse Küsse, Agent HB71, dein Hardy.»

SCHAFFHAUSEN

REINFALL AM RHEINFALL
HELMUT MAIER

Der Schatten wird ihn verraten. Er weiss es, seit er die Schritte hört. Langsame Schritte. Tappende Schritte. Nachtwächterschritte. Schritte, die durch den Aufgang der Burg leise zu ihm hochhallen. Begleitet vom kaum hörbaren Klimpern eines Schlüsselbundes und vom Lichtstrahl einer Taschenlampe, der über das jahrhundertealte, speckige Kopfsteinpflaster irrt und ab und zu über die Seitenwand des spiralförmigen Aufganges huscht. Vielleicht richtet sich der Strahl auch mal nach oben, an die Decke des Ganges. Hellbrauner Stein. Oder noch weiter hoch, wenn sich der Nachtwächter misstrauisch über das Steingeländer an der Innenseite der Spirale beugt und den Strahl durch die Mitte des gewundenen Aufgangs bis zum Ende der Kurven schickt. Wer unten bei der niedrigen Holztür zum erstenmal den Kopf in den Nacken legt, glaubt, in das aufgeschnittene Gehäuse einer Schnecke zu blicken. Aufgeschnitten ohne Schnecke. Also ohne Sauerei, sauber, trocken, mit klar erkennbaren Strukturen, beinahe wie ausgepinselt. Wie es sich für die Schweiz gehört.

«Reitschnecke», hat der Munotwächter noch gesagt, als sie auf der Zinne der Burg einmal mehr angestossen hatten. Nur sie zwei. Auf einem der Mäuerchen sitzend, das jede der vier Laternen umgab. Etwas verloren sassen sie da, auf dieser weiten, runden Dachfläche, die an guten Abenden auch einer Hundertschaft von Paaren genügend Platz bietet, eine Quadrille zu tanzen und sich dabei näherzukommen. Der Blick auf die Hügel des Randen ist durch eine Mauer verdeckt, die teilweise überdacht ist und sich wie ein Ring fast vollständig um die Zinne legt. Eine Trutzburg, rundum verteidigbar, weil der ganze Kanton von Deutschland umzingelt ist, auch jetzt noch, zwei Jahre nachdem der Euro abgeschafft wurde. Und wo die Deutschen nicht sind, lauern die Zürcher. Zum Glück jenseits des Rheins, aber immer noch in Reichweite der beiden altertümlichen Kanonen, für alle Fälle.

«Reitschnecke. Der Aufgang wird Reitschnecke genannt.»
Das war vor einer kurzen Ewigkeit.
Er ist nicht einmal mehr dazu gekommen, den Munotwächter nach der Bedeutung der Reitschnecke zu fragen. Pferde werden sie hier doch nicht hochgetrieben haben, damals, als die Festung noch Festung war und als Rundbau uneinnehmbar, wollte er noch sagen. Doch dann ging alles viel zu schnell. Und schon liegt da dieser verräterische Schatten. Nicht auf der Zinne, sondern darunter, in der Kasematte. In dieser riesigen Steinkuppel, die von der Zinne überdacht wird und durch die er kopflos flüchten wollte. Kasematte. Wieder so ein Wort, das die Einheimischen mit einer Selbstverständlichkeit von sich geben, als ob jeder wissen müsste, was es bedeutet. Wieder so ein Wort, das er nicht kennt und das ihm der Munotwächter nicht mehr erklären kann, weil er nur noch Schatten wirft. Ein Wort aber, das zur Burg gehört, die sie hier Festung nennen, und zu diesem gedrungenen Gewölbe unter der Zinne mit seinen Seitenarmen, durch deren Öffnungen der Wind ins Innere bläst und seinen rasenden Atem übertönt.

Die Schritte werden leiser.
Das Scheppern des Schlüsselbundes verstummt.
Das kann nicht der Nachtwächter sein.
Es gibt nur einen Wächter hier, den Munotwächter.
Doch der macht keinen Schritt mehr.

Wer kommt hier hoch?
Und warum so langsam?
So vorsichtig?
So verhalten?
Eine Pistole in der Hand?
Er zieht Bauch und Brust ein und drückt sich in eine Nische der Reitschnecke. Er spürt die Kälte der Steinquader, in deren Fugen sich Moos aus Jahrhunderten sammelt, und sucht nach einem Fluchtweg. Der Haupteingang fällt weg. Von dort hallten die Schritte in die Kasematte. Schritte, die er im letzten Moment noch hörte und die seine Bewegungen augenblicklich einfrieren liessen, bevor er sich wieder in die Reitschnecke zurückzog. Blitzschnell. Wie die Fühler einer Schnecke. Aber nicht ohne vorher den Schatten auf dem kieskalten Boden der Kasematte bemerkt zu haben. In einem der vier Kreise, die die Oberlichter durch die meterdicke Decke des Gewölbes werfen. Wie Scheinwerferkegel. Auch jetzt, nachts, weil die Laternen auf der Zinne in der Mitte der Lichtschächte angebracht sind. Gesäumt von kleinen Mäuerchen, auf denen sie soeben noch sassen und über den Gitterrost plauderten, der in Hüfthöhe unter ihnen befestigt war. Damit niemand in die Kasematte runterfalle, hatte der Munotwächter noch gelacht, dieser rothaarige Koloss. Und jetzt liegt er selbst auf dem Rost und wirft diesen Schatten. Unübersehbar, mitten in der Scheinwerferfläche des Oberlichts.
Wie ein Teil eines Puzzles. Nur viel grösser.
Zum Glück ist alles noch dran.
Ein Rumpf, zwei Arme, zwei Beine, ein Kopf.
Eine Art Blutlache. Zwar nicht rot, sondern grau. Trotzdem unübersehbar. Der Kerl mit dem Schlüsselbund musste den Schatten bemerkt haben. Sonst wären seine Schritte nicht langsamer geworden, als er sich der Reitschnecke näherte, in der er selbst sich immer weiter nach oben verkriecht, von einer

Nische in die nächste, mit einer Flasche in der Hand. Auch der Fluchtweg nach unten ist ihm jetzt versperrt. Vereitelt die Möglichkeit, zur kleinen Holztür zu gelangen, in der Hoffnung, dass sie noch offen wäre, dann schattenhaft über die Munotstiege durch den Rebberg in die Unterstadt zu huschen, an tausend Erkern vorbei durch Vordergasse, Oberstadt und Obertor in sein Quartier zu schleichen, wo er seit seiner Ankunft ein Zimmer bewohnt. Nicht viel grösser als seine ehemalige Zelle, doch weit komfortabler. Und ohne eingeritzte Namen in den Wänden.

Auch ohne seinen.

Pluto.

Sein Knastname.

Nicht nach dem Gott der Unterwelt, sondern nach dem Planeten Pluto, dem äussersten des Sonnensystems. Weil auch er sich immer am äussersten Rand bewegt und sich möglichst weit entfernt von jeder Arbeit aufhält. Auch weit entfernt von allen Menschen. Seit jeher. Arbeit liegt ihm nicht, auf Menschen hat er keine Lust. Beides ist seinem Wesen fremd. Nur versteht das niemand. Planet Pluto. Nicht der erste Übername, mit dem er aufgezogen wurde. Kinder hielten sich an kleine Reime. «Adrian – Baldrian!» war ihr Schlachtruf gewesen, nachdem ein Lehrer bei der Abschlussreinigung in einem Klassenlager geflucht hatte, dass Baldrian im Vergleich zu ihm ein Aufputschmittel sei. «Adrian – Baldrian!» hallt jetzt jeder Schritt leise die Kurven hoch. Die Flucht wird immer dringender.

In die Waffenkammer? Dann könnte er sich schlimmstenfalls mit einer Hellebarde oder einem Morgenstern verteidigen. Er rückt aus seiner Nische zur Holztür vor. Verschlossen.

Auf die Zinne?

Mit Blick auf die Laterne, unter der er soeben noch mit dem Munotwächter gesessen war? Beim zweiten Halbliter eines hier gezogenen Weins, eines Schaffhauser Blauburgunders, der besser schmeckte als gedacht. Nicht überragend, aber besser. Weniger sauer jedenfalls. Er hätte lieber ein heimisches Falkenbier getrunken. Aber Wein war unverfänglicher.

Vorsorglich hatte er sich nach der ersten Flasche noch zwei weitere besorgt und sich eine davon öffnen lassen, als er sah, dass der rundliche, aber kräftig wirkende Zinnenwirt die Holzläden seines Ausschankes schloss. Er hätte sich gerne an einen der langen Holztische auf der Zinne gesetzt, doch der Munotwächter winkte ab. Nie werde er sich an einen Tisch dieses Halsabschneiders setzen! Noch keine zwei Wochen sei der hier, und als Erstes habe ihm dieser Geizkragen gleich den Hausrabatt gestrichen. Ihm, dem Fredy Klingler! Ihm, dem Munotwächter! Nein, da setze er sich lieber zu den Laternen.

Pluto fügte sich. Die Mäuerchen, die jede der vier Laternen umringten, hatten immerhin die richtige Sitzhöhe. Die Steine waren noch warm vom sonnigen Herbsttag, auch wenn die Dämmerung schon eingesetzt hatte. Im Hintergrund ein letztes Knallen eines Holzladens, das Klirren eines Schlüsselbundes und dann die langsamen Schritte des Zinnenwirtes, der sich über die Reitschnecke auf den Heimweg in die Unterstadt machte.

«Wird Zeit, dass der geldgierige kleine Sack endlich geht», knurrte der Munotwächter. Es sei unglaublich, was sich dieser Zwerg alles herausnehme. Schon am ersten Tag habe er seine Öffnungszeiten bis 20 Uhr verlängert. Um 20 Uhr müsse aber er, der Munotwächter, die Eingänge schliessen, was nichts anderes bedeute, als dass er den Besuchern, die eben noch einen Kaffee oder halben Weissen geholt hätten, klarmachen müsse, dass sie das nicht mehr auf der Zinne trinken könnten. Was natürlich zu Reklamationen führe, aber nicht gegen den neuen Wirt, diesen feinen Herrn Winnenritz, sondern gegen ihn! Er habe ohnehin den Verdacht, dass dieser Winnenritz gegen ihn intrigiere, wo er nur könne, und ihn am liebsten weg hätte. Was ihm durchaus gelingen könnte, denn er selbst, der Munotwächter, sei auch erst seit vier Wochen im Amt, also noch in der Probezeit, und er müsse aufpassen, dass ihm kein Fehler unterlaufe. Dieser Lump von einem Wirt habe auch schon behauptet, er, der Munotwächter, habe die eine oder andere Flasche Schnaps aus dem Wirtskeller mitlaufen lassen und eines Abends die Eingänge verschlossen, wohl wissend, dass sich der Wirt noch in seinem Weinkeller neben der Kasematte befunden habe. Was barer Unsinn sei. Doch jetzt habe auch der Wirt einen Schlüssel zum Haupteingang, und er selbst habe seit heute keinen mehr zum Wirtskeller, weil dieser Halunke das Schloss habe auswechseln lassen. Was natürlich nicht sein dürfe, denn schliesslich sei er, der Munotwächter, zuständig für die Sicherheit in der ganzen Festung. Er könne sich das jedenfalls nicht weiter bieten lassen, das werde dieser Schurke schon noch sehen! Ihr Streit sei ja fast schon zum Stadtgespräch geworden. – Doch jetzt gehe er erst mal das Licht in der Reitschnecke löschen. Brauche ja keiner zu wissen, dass sie noch hier oben sässen.

Pluto hatte sich das alles anders vorgestellt. Er musterte den Turm, der die Zinne überragte und in dem der Munotwächter wohnte. Achteckig, wenn er richtig zählte. Mit Blick über den Weinberg, über die Ziegeldächer der Altstadt, über den Rhein, die Schiffländer und die Rhybadi, über den Randen und über das ganze Umland. Auf der Turmspitze das Munotglöcklein, das der Munotwächter einmal am Tag läuten musste. Von Hand. Immer um neun Uhr abends. Für fünf Minuten. Der Munotwächter hatte ihm noch das Lederband gezeigt, das nach einem Unglück bei einem Blitzschlag das ursprüngliche Drahtseil ersetzte und mit dem er das Glöcklein in Bewegung brachte.

Ein Glöcklein läuten, einmal am Tag. Das wäre etwas für ihn, für Pluto. Das würde er als Arbeit aushalten. So würde er sich seine Bewährungszeit vorstellen. Und auch die Jahre danach. Nur gab es da dieses kleine Hindernis. Die Stelle war schon besetzt. Von diesem rothaarigen Koloss. Das musste geändert werden. Darum war er hier.

Der Plan war schon in der Zelle gereift. Wobei – in der Zelle war der Plan noch grün wie eine frisch gepflückte Banane gewesen. Reifen musste er unterwegs. Immerhin hatte sich während seiner Gitterjahre draussen einiges verändert. Auch die Tropfen, von denen Koller im Knast erzählt hatte, hatten sich weiterentwickelt. Umwerfende Wirkung, hatte Koller geflüstert, als er ihm gegen eine halbe Stange Zigaretten den Namen des Dealers verraten hatte. «Vollkommen geschmacksneutral und schon nach Stunden nicht mehr nachweisbar. Kannst du in jedes Getränk reinkippen. Danach kannst du mit jedem machen, was du willst! Und das Beste: Er kann sich nachher an nichts mehr erinnern. Nicht einmal mehr an den Drink.»

Das traf sich mit Plutos Absicht. Diese Tropfen brauchte er. Nur musste er sich damit noch in die Höhle des Löwen wagen. Nach Schaffhausen. Ausgerechnet in eine Stadt, deren Name schon nach Arbeit klang. Das würde zu allem hier passen. Ausser zum Munotglöcklein, das er in Zukunft selber scheppern lassen wollte.

Jeden Abend pünktlich um neun, für fünf Minuten.

Früher das Zeichen dafür, dass die Stadttore und die Kneipen geschlossen werden mussten, wie der Munotwächter lachend erklärte, als er zurückkam, sich wieder setzte und sich durch die roten Haare strich. Kneipenschluss um neun. Das wunderte Pluto nicht. Das schaffige Volk musste früh zu Bett, vor Jahrhunderten schon, denn am folgenden Tag wurde wieder am Munot gebaut, an diesem Bollwerk hoch über den Dächern der Stadt. In Fronarbeit. Kein Lohn, nur täglich eine halbe Mass Wein, ein Brot und etwas Brei. Fünfundzwanzig

Jahre lang. Ein Vierteljahrhundert. So etwas geht in Fleisch und Blut über. Das wird man auch über Generationen nicht los. Noch heute hat er das Gefühl, dass sich die Stadt nach neun Uhr abends in ein kleines Dorf verwandle, in dem nur da und dort noch jemand anzutreffen ist. Am ehesten in der Nähe der Restaurants und Kneipen in der Unterstadt oder in der Fussgängerzone rund um die Vordergasse, den Fronwagplatz und die Vorstadt mit ihren schmucken Häusern, von denen jedes einen Namen trägt. «Zur goldenen Waage», «Zum roten Adler», «Zur blauen Lilie», «Zum Maulbeerbaum», «Zur Quittenstaude». Dazu Fassaden voller Erker und Malereien, da und dort mit verhaltenem Schalk gepaart. Ein Skelett, das in einem Erker steht. Oder eine versteckte Anspielung in einer Wandmalerei. In einer Freske glaubte er, Diogenes und sein Fass entdeckt zu haben. Ausgerechnet Diogenes, der grösste Nichtstuer vor dem Herrn, hatte es geschafft, sich unter dieses arbeitsame Volk zu mischen. So viel Selbstironie hätte er nicht erwartet, obwohl schon das Kantonswappen darauf hindeutet. Ein Schafbock, der das Schaffige von Schaffhausen verniedlichen soll. Doch Pluto lässt sich nicht täuschen. Ein Wolf im Schafspelz. Wie der Widder, der beim Museum zu Allerheiligen als dreidimensionales Stadtwappen aus dem Turm herausragt. Goldene Hörner, goldene Hufe und ein Gemächt mit einem goldenen Sack, der allen klarmacht: Wer sich mit diesem Bock einlässt, wird aus dem Vollen schöpfen. Die Häuser lassen auch keine Zweifel offen. Das war einst eine reiche Stadt. Aus dem Zufall geboren. Oder besser aus dem Rheinfall. Aus diesem natürlichen Hindernis, das von den Frachtschiffen auf dem Flussweg nicht zu passieren war. Die Waren mussten auf Karren umgeladen, der Rheinfall auf dem Landweg umgangen werden. Das sorgt für Arbeit, und wenn man dazu noch Zölle erhebt, auch für Reichtum, den man in Häuser voller Erker steckt. Nein, Pluto lässt sich nicht täuschen.

Auch nicht von den Schritten.
Jetzt nicht mehr.
Der Schlüsselbund ist der Schlüssel.
Es muss der Zinnenwirt sein.

Das gleiche Klimpern wie vor einer halben Stunde, als der Wirt sich angeblich auf den Heimweg machte und der Munotwächter ihn zu verwünschen begann, während Pluto den Turm musterte und dachte, dass er sich das alles anders vorgestellt habe. Der Munotwächter war ein leutseliger Mann, der ihm schon die halbe Schaffhauser Geschichte erzählt hatte und dem er eigentlich nichts antun wollte. Ausser den Job klauen. Doch dieser Job, das war nicht nur fünf Minuten Glöcklein läuten am Tag. Der Munotwächter sollte auch Führungen machen, manchmal drei am Tag, manchmal fünf, jede mindestens eine Stunde, und immer wieder das Munotlied vortragen. Er musste Besucher unterhalten, an zahllosen Abendveranstaltungen für Sauberkeit und Ordnung sorgen, bei Munotbällen, Konzerten und Freiluftkinos präsent sein und womöglich noch die Toiletten putzen. Nein, das hatte Pluto sich alles anders vorgestellt. Das waren ihm zu viel Arbeit und zu viele Menschen. Da würde er lieber an den Rand des Kantons ziehen, nach Bargen oder noch weiter hinaus, in das Niemandsland zwischen dem schweizerischen und dem deutschen Zoll, und von ein bisschen Kleinkriminalität leben. Irgendwelchen Kneipenbesucherinnen ein paar Tropfen in ihre Drinks mischen und ihnen dann die Handtasche klauen. So was in der Art. Aber Munotwächter werden? Das war mehr Arbeit, als er verkraftet hätte. Er hätte es wissen müssen. Schaffhausen. Das konnte nichts Arbeitsfreies bedeuten.

Ihm kamen Zweifel an seinem Plan. Im Knast hatte sich alles noch so einfach angefühlt. Den Munotwächter anfragen, ob er so etwas wie sein Bewährungshelfer werde, bei zwei, drei Treffen die Lage auskundschaften, bei ein paar Flaschen das

Vertrauen des Munotwächters gewinnen, ihm bei günstiger Gelegenheit die Tropfen ins Getränk mischen, worauf der Munotwächter nach kurzem Schwindel in Tiefschlaf fiele, das Munotglöcklein an diesem Abend stumm bliebe und der Rothaarige zum Risikofaktor würde. Denn das könnte sich die Stadt nicht leisten, einen Abend ohne das vertraute Gebimmel, einen Munotwächter, der seine heiligste Pflicht verschläft. Schon wären Zweifel an seiner Zuverlässigkeit gesät. Der Rothaarige würde sich auch an nichts mehr erinnern, wie Koller im Knast mehrfach versichert hatte. Erinnerungslücken! Das würde seine Glaubwürdigkeit vollends untergraben. Und die Gelegenheit war günstiger, als Pluto sich erträumt hatte. Der neue Wirt hatte das Ansehen des Munotwächters schon ordentlich angekratzt. Mit etwas Glück würde der Posten schneller frei, als er gedacht hätte. Einmal am Tag das Munotglöcklein läuten. Das war der Plan. Die Zweifel liessen sich beseitigen. Für den Rest der Arbeit fände sich schon eine Lösung. Oder ein Student.

Plutos Blick war vom Turm zur Laterne geglitten, dem Laternenpfahl entlang zum Gitterrost, der etwa hüfthoch im Lichtschacht angebracht war und stabil genug schien, das Gewicht von zwei bis drei Männern zu tragen.

«Sag mal, du hast mich vor Tagen angefragt, ob ich für ein paar Wochen eine Art Bewährungshelfer werden wolle», wurde er aus seinen Gedanken gerissen. «Warum ausgerechnet ich?» Der Munotwächter streckte ihm sein leeres Glas entgegen. Die erste Flasche war ausgetrunken, Pluto schenkte ihm aus der zweiten ein. Er selbst war noch nicht so weit, aber er sollte aufholen, um Vertrauen zu schaffen, gerade weil er kein guter Gesprächspartner war. Wenigstens war er auf die Frage vorbereitet.

Ein Munotwächter sei in seinen Augen eine integre Person, und er, Pluto, wolle nicht in die falschen Hände geraten. Er stände jetzt am Wendepunkt seines Lebens und habe sich entschlossen, endlich den richtigen Weg einzuschlagen. Dazu gehöre auch ein Wohnortswechsel. Schaffhausen scheine ihm irgendwie noch unverdorben, heil und friedfertig, geeignet für einen Neuanfang. Seinen Bewährungshelfer könne er nicht mitnehmen. Er suche darum jemanden, der sich vor Ort vorübergehend um ihn kümmere, bis er wisse, ob er hier Fuss fassen könne. Eine integre Person. Eine Person wie den Munotwächter.

Der Rothaarige nahm einen Schluck, nickte nachdenklich, verzog dann das Gesicht, als ob der Wein sauer wäre, nahm noch einen Schluck, wandte sich plötzlich ab, führte die Hand erst an den Hals, dann an den Mund, als ob er erbrechen müsste, begann zu zucken, stiess das Glas um, beugte sich über das Mäuerchen in den Lichtschacht, begann, mit den Beinen zu zittern, dann zu zucken, versuchte, sich auf die Seite zu drehen, verlor das Gleichgewicht und glitt mit einem Plumps auf den Gitterrost. Er zuckte und zitterte weiter, während Pluto aufgesprungen war und versuchte, ihn aus dem Schacht zu holen. Der Koloss drehte sich im Zucken auf den Rücken, Pluto sah in weit aufgerissene Augen und auf einen schäumenden Mund, der ihm etwas entgegenstöhnte, das sich wie «Wiii ... rrt ... Wein ... vgiftettt!» anhörte. Die Augen weiteten sich noch mehr, der Oberkörper bäumte sich heftig auf, ein heiseres Röcheln entrang sich der Kehle, und plötzlich fiel der Munotwächter leblos zurück auf den Rost, die Augen starr in den Nachthimmel gerichtet.

Pluto brauchte nicht den Bruchteil einer Sekunde, um zu begreifen, welche Katastrophe sich hier anbahnte und dass er für die Polizei der Hauptverdächtige wäre. Ein Mordfall, ein Knasti, keine Zeugen. Dazu die Tropfen, die nur Illegales ahnen liessen. Koller würde nicht dichthalten, der Dealer auch nicht. Es würde nichts nützen, wenn Pluto beteuerte, die

Tropfen nicht in die Flasche geschüttet zu haben. Es würde nichts nützen, wenn er die noch unversehrte Ampulle vorwiese. Sie würden ihm nicht glauben. Der Wirt würde aussagen, dass die beiden zum Schluss allein auf der Zinne gesessen seien, mit drei Flaschen Wein, eine davon leer. Es würde nichts nützen, die Fingerabdrücke auf der zweiten Flasche abzuwischen. Sie würden es als Indiz dafür werten, dass er es getan hatte, sonst wären Fingerabdrücke auf der Flasche zu finden. Entweder von ihm, vom Wirt oder vom Wächter. Aber keine Abdrücke machten nur ihn verdächtig, keinen der beiden anderen. Sie durften die Flasche nicht finden. Nicht finden würden sie sie nur, wenn er sie mitnähme.

Ohne weiteren Blick auf das Opfer packte er die Flasche, rannte Richtung Turm, hastete über vier, fünf Stufen zum Eingang der Reitschnecke und dann Kurve um Kurve hinunter zur Kasematte, wobei er sich fiebrig eine Erklärung für die Polizei zurechtlegte. Das Gespräch sei nach der ersten Flasche beendet gewesen, er habe eine der vollen Flaschen mitgenommen und die andere dem Wächter dagelassen.

Er wollte sich gerade überlegen, wie und wo er sie dem Schein nach ausgetrunken und entsorgt hätte, damit alles glaubwürdig klänge und die Flasche nicht gefunden würde, als er die tappenden Schritte aus dem Eingang der Kasematte hörte, wie eingefroren stehenblieb, sich nach kurzem Schreck wieder in die Reitschnecke zurückzog, sich Nische um Nische nach oben drückte und realisierte, dass das Klimpern, das er zu Beginn gehört hatte, vom Schlüsselbund des Wirtes stammen musste.

Einen Herzschlag später weiss er, wie er aus dem ganzen Schlamassel herauskommt. Er schleicht die letzten paar Schritte zur Zinne hoch, stellt die Flasche um die Ecke auf den Boden, dreht sich um, schreit um Hilfe, stürzt sich erneut in die Reitschnecke, schreit weiter um Hilfe und stösst in der zweiten Kurve auf den rundlichen Wirt, der wie versteinert stehenbleibt, mit der Taschenlampe in der Hand. Pluto packt ihn an den Oberarmen, schüttelt ihn, schreit ihn an, brüllt, es sei etwas Schreckliches passiert, er müsse unbedingt helfen, er zerrt und zieht den überraschten Wirt Richtung Zinne, während er ihm zuschreit, dass der Munotwächter einen Anfall erlitten habe und in den Lichtschacht gefallen sei und dass er ihn allein nicht herausholen könne und dass sie es zu zweit sicher schaffen würden und dann Ambulanz und Spital und Notaufnahme, und das würde den Wächter sicher retten.

Er zerrt den ungläubigen Wirt die letzten Treppen hoch, stösst ihn über die Zinne, schiebt den störrischen Esel Richtung Laterne, packt die noch verschlossene dritte Flasche, während sich der Wirt über das Mäuerchen beugt, sich wieder erhebt und ohne sich umzudrehen stottert, dass da nirgendwo keiner liege, was nur ein billiges Ablenkungsmanöver sein kann, doch Pluto lässt sich nicht täuschen, holt aus und weiss, dass sich alle Probleme mit einem Schlag lösen werden. Der Streit zwischen Wirt und Wächter ist schon beinahe stadtbekannt – die Befragung wird ein Kinderspiel. Der Munotwächter und er, Pluto, hätten friedlich einen Wein getrunken, als sich der Wirt dazugesellt habe. Dann seien der Wirt und der Munotwächter aneinandergeraten, es sei immer heftiger geworden, der Wächter habe nach einem kräftigen Schluck das Gesicht verzogen und den Wein des Wirts als Fusel bezeichnet, worauf es zwischen den beiden zu einem Handgemenge gekommen sei, der Wächter sei gestrauchelt, der Wirt habe das ausgenutzt und den Wächter über die Mauer in den Lichtschacht gestossen, worauf ihm, Pluto, nichts anderes übriggeblieben sei, als dem Wirt eins überzuziehen und sich durch seine Beherztheit als künftiger Munotwächter zu empfehlen. Dass der Schlag so unglücklich ausgefallen sei, dass sich der Wirt im Fallen an der zerbrochenen Flasche auch noch den

Hals aufgeschlitzt habe, sei natürlich bedauerlich, und dass der Munotwächter nicht einen Genickbruch erlitten habe, sondern vergiftet worden sei – vom Wirt vergiftet –, sei zwar schrecklich, lasse aber die Tat des Wirtes noch viel verwerflicher erscheinen, und es sei nur einer glücklichen Fügung zu verdanken, dass er, Pluto, nicht auch noch von diesem Wein getrunken habe. Das wäre dann Doppelmord gewesen, denn er habe die Flasche schon in der Hand gehabt, um sich nach diesem Schrecken einen Schluck zu gönnen. Doch genau in dem Moment hätte er sich an die Worte des Munotwächters erinnert, wonach das Glöcklein auch als Alarm geläutet werden könne, also sei er in den Turm hinaufgerannt und habe das Glöcklein wie wild geläutet, damit die Stadt und die Polizei möglichst schnell heraufeilten und ihm beiständen.

Mit all diesen Gedanken im Kopf holt er aus und will mit aller Kraft zuschlagen, als sein Herzschlag aussetzt, weil tatsächlich kein Körper mehr auf dem Gitter liegt, dafür sein Unterarm von einer eisernen Faust gepackt, herumgerissen und auf den Rücken gedreht wird. Ein Schmerz fährt in seine Schulter, ein Schlag in die Nieren zwingt ihn in die Knie, die Stimme des Munotwächters zischt ihm ins Ohr:

«Bewährungsprobe nicht bestanden, mein Lieber. Ich bin zwar ein integrer Kerl, aber ab und zu muss auch ich zur Lüge greifen, um die Wahrheit herauszufinden. Was immer ich dir über den Wirt und mich erzählt habe, war frei erfunden. Wir sind alte Bekannte. Ich habe ihn gebeten, mich heute zu ignorieren und vor neun nochmal hochzukommen, ich würde ihm dann alles erklären. Ich wollte nur testen, wo deine Schwächen liegen. Ob du mir hilfst, wenn ich hilflos auf dem Gitter liege, ob du davonrennst, oder ob du die Gelegenheit nutzt, mir den Schlüssel abzunehmen und meine Wohnung auszuräumen. Aber dass du gleich den Wirt erschlagen willst, hätte ich mir nie träumen lassen.»

BASEL

TOD IM 36ER
PHILIPP PROBST

Kurz vor der Haltestelle «Tinguely-Museum» zwängte sich eine Frau durch den vollen Bus nach vorne und begann sofort, auf den Fahrer einzureden: «Da hinten ist ein Mann, dem geht es nicht gut, der sagt nichts mehr, er blutet, ganz hinten, Sie müssen kommen, alarmieren Sie ...»

«Ganz ruhig», unterbrach Jost Eberhard die Frau. «Ein Mann ist verletzt?»

«Ja, kommen Sie.»

Jost blieb gelassen. Die Frau roch nach Bier und Rauch. Wird wohl einer besoffen sein da hinten, dachte der 53jährige Fahrer. Er fuhr den grünen Mercedes-Gelenkbus an die Haltestelle, öffnete die Türen und sicherte das Fahrzeug. Da einige Leute ausstiegen, war es nun leichter, in den hinteren Teil des Busses zu gelangen. Die Frau stürmte voran und stiess dabei grob die anderen Passagiere zur Seite. Dicht hinter ihr folgte Jost. Ab und zu bekam er eine ihrer blonden, fettigen Haarsträhnen ins Gesicht gewirbelt. Sie stanken nach Rauch. Jost hasste diese Einsätze. Er hatte «Match-Dienst». Erst hatte er die Fussball-Fans vom Basler Badischen Bahnhof ans Champions-League-Spiel zum Stadion St. Jakob gefahren, jetzt transportierte er sie wieder zurück. Die meisten trugen rot-blaue Shirts, Jacken, Schals oder Caps. Und sie tranken Bier. Schon auf der Hinfahrt am Nachmittag hatten sie gebechert, der ganze Bus roch nach Alkohol. Nach dem Spiel waren sie noch besoffener. Da es während der Fahrt ziemlich ruhig gewesen war, vermutete Jost, dass der FC Basel verloren hatte. Wenn die Mannschaft gewann, war es jeweils deutlich lauter im Bus.

Tatsächlich sass in der hintersten Reihe ein junger Mann, den Kopf gegen die Motorabdeckung auf der rechten Seite gelehnt. Was Jost sofort auffiel: Der Mann hatte dichtes schwarzes Haar, dunkle Hautfarbe, und er trug kein rot-blaues FCB-Shirt, sondern ein blau-weisses. Und am Boden, hinter den Füssen des Mannes, bildete sich eine Blutlache.

«Hallo?», sagte Jost laut.

Der Mann reagierte nicht.

Jost Eberhard stieg bei der hintersten Türe des Busses aus, spurtete nach vorne zur Führerkabine, stellte den Motor ab und drückte den Notfallknopf.

«Jost, was gibt's?», plärrte eine Stimme aus dem Lautsprecher.

«Verletzter Mann im Bus. Sieht schlimm aus.»

«Okay. Bleib, wo du bist.»

Jost schaltete den Warnblinker ein, schlüpfte in die Leuchtweste und bat die Leute via Lautsprecher, auszusteigen und zur Weiterfahrt einen der nächsten Busse zu nehmen. Dann ging er wieder nach hinten. Um den Mann hatte sich eine Menschentraube gebildet. Jost drängte die Leute zur Seite. Der Mann sass unverändert da. Die Blutlache war grösser geworden. Jost berührte ihn leicht. Keine Reaktion. Er sprach ihn an. Keine Reaktion.

«Ist ein Arzt oder sonst ein Mediziner da?», schrie er in die Menge.

«Einen Arzt, wir brauchen einen Arzt!», riefen einige Leute. Doch niemand meldete sich.

«Los, legen wir ihn auf die Seite», sagte Jost.

Er ergriff den Oberkörper, ein junger Mann in FCB-Schal

packte den Verletzten an den Füssen. Als sie ihn hochhoben, spürte Jost, wie sich seine Hand in eine offene Wunde bohrte und warmes Blut darüber lief. Zudem sah er, dass das grüne Sitzpolster blutdurchtränkt war. Jost und der junge Fan trugen den Mann hinaus. Auf dem Trottoir betteten sie ihn in Seitenlage. Jost nahm dem Helfer den FCB-Schal ohne zu fragen ab und drückte ihn auf die Wunde am Rücken des Verletzten. Jost merkte schnell, dass der Mann nicht einfach bewusstlos war. Er atmete gar nicht. Er drehte ihn auf den Rücken, bog seinen Kopf leicht nach hinten und begann, ihn zu beatmen.

Der nächste Bus fuhr an die Haltestelle, überholte Josts Fahrzeug und hielt weiter vorne an. Der Chauffeur stieg aus und schickte die Leute, die immer noch herumstanden, weg. Kurz darauf traf die Sanität ein. Jost wurde abgelöst. Dann erschienen die Polizei und die Einsatzleitung der Basler Verkehrs-Betriebe. Eine Kollegin wollte sich um Jost kümmern. Doch er lehnte ab. Er wollte alleine sein. Er setzte sich etwa 50 Meter weiter vorne auf den Boden und lehnte sich gegen eine Betonmauer. Schon immer hatte er diese Haltestelle als Basels hässlichsten Ort empfunden. Eine vierspurige Strasse unter der Autobahn, eingekeilt zwischen Lärmschutzwänden und Beton. Dunkel, laut und staubig. Doch jetzt, mit den blauen und orangen Blinklichtern der Einsatzfahrzeuge, erschien ihm dieser Unort plötzlich attraktiv und spektakulär. Passend zum Namensgeber der Haltestelle, dem Tinguely-Museum, gleich auf der anderen Seite. Auch die Skulpturen und Maschinen des Künstlers und Autorennfans Jean Tinguely blinkten und ächzten. Auch sie waren skurril und morbid. Ich sollte mit meiner Frau wieder einmal das Museum besuchen, dachte Jost.

Kurz nach Mitternacht, rund anderthalb Stunden nach den Ereignissen am Tinguely-Museum, tauchten auf Facebook und Twitter die ersten Fotos und vagen Informationen auf. Die Online-Medien hielten sich bis 1 Uhr zurück. Dann bestätigte die Polizei, dass es «in einem Linienbus der BVB zu einem Vorfall mit einer schwerverletzten Person» gekommen sei. Die Online-Journalisten stellten Fotos von Leserreportern ins Netz, auf denen der Grosseinsatz der Polizei zu sehen war. Bilder des Schwerstverletzten, die sie ebenfalls erhalten hatten, veröffentlichten sie nicht.

In den Printmedien erschien am Donnerstag noch keine Zeile dazu, da kurz nach dem Abpfiff des Spiels Redaktionsschluss gewesen war. Die Zeitungen berichteten stattdessen ausführlich über die «grandiose» Leistung des FC Basel und die «unglückliche» 0:1-Niederlage gegen den FC Chelsea, den übermächtigen Club aus London. Auch die englischen Zeitungen machten den Match gross auf, würdigten zwar das Spiel der Basler, kritisierten aber vor allem die eigene Mannschaft. Ein «ähnlich schwaches Auftreten» hätte gegen einen stärkeren Gegner fatale Folgen.

Am frühen Nachmittag informierte die Basler Staatsanwaltschaft, dass der junge Mann, ein 27jähriger Anhänger des FC Chelsea, Engländer mit Wohnsitz in Basel, seinen Verletzungen erlegen sei. Man gehe davon aus, er sei von einer «unbekannten Täterschaft» niedergestochen worden. Da die Aufzeichnungen der Überwachungskameras im Bus keinen Aufschluss über die Tat gäben, würden Zeugen gesucht. Dies löste eine Flut von Einträgen auf den Social-Media-Plattformen aus. Neben Entsetzenskundgebungen wurden gleich auch die Schuldigen genannt und verurteilt: Hooligans gehörten weggesperrt oder an die Wand gestellt. Auch Politiker äusserten sich auf Twitter und Facebook: Sie forderten härtere Massnahmen gegen Fussballrowdies.

Erste TV-Teams trafen sich bei der Haltestelle «Tinguely-Museum», filmten, wie Leute Blumen niederlegten, und interviewten sie anschliessend. Auch mehrere Reporterinnen und Reporter von Radiostationen und Boulevardzeitungen waren vor Ort. Unter ihnen Eva Salzmann von der Basler Regionalredaktion von «20 Minuten». Sie hatte den Auftrag, zusätzlich zu möglichst vielen Informationen ein Bild des Toten zu beschaffen. Dabei hatte sie noch nicht einmal seinen Namen. Allerdings bekam sie zufälligerweise mit, wie ein junger Reporter am Telefon immer wieder einen Kamal erwähnte. Sei sicher der Vorname, sprach er in sein Smartphone. «Kamal, nicht Kamel, du Depp», schrie er. Und nein, er habe keinen Nachnamen. Kurz darauf war der Kerl verschwunden.

Eva fragte sich, wo ihr Kollege diesen Namen herhatte. Sie beugte sich über die Blumen und stellte fest, dass einige mit einer Karte bestückt waren. Es war ihr zwar äusserst unangenehm, trotzdem durchwühlte sie die Sträusse und las, was auf den Karten geschrieben stand. Tatsächlich fand sie ein Kärtchen mit «We'll never forget you, Kamal». Eva zückte die Kamera und fotografierte die Karte. Als sie sich aufrichtete, wurde sie von einer jungen Frau mit den Worten «verdammtes Journipack» angepöbelt. Eva fühlte sich mies.

Doch sie hatte den Namen! Diesen gab sie an ihre Redaktion weiter. Fünf Minuten später rief ihr Chef Sven Wegmann sie an und teilte ihr mit, im elektronischen Telefonbuch gebe es zwar fünf Kamal, aber nur drei mit einem englischen Nachnamen und davon nur einen, bei dem niemand zu Hause sei. Der Tote heisse aller Wahrscheinlichkeit nach Kamal McMillan und wohne am Spalentorweg. Leider sei im Internet nichts zu finden über Kamal McMillan, das auch nur im Entferntesten mit dem FC Chelsea oder Basel zu tun haben könnte. Sie müsse also unbedingt mehr herausfinden.

Als Eva mit ihrem Roller am Spalentorweg ankam, waren bereits der junge Reporter der Konkurrenz sowie ein Fernsehteam da. Zwei Stunden später hatte sie ein Bild von Kamal

McMillan. Es zeigte ihn, zusammen mit zwei anderen Männern, an einem Quartierfest. Kamal sah gar nicht aus wie ein Engländer, sondern wie ein Inder, was den Vornamen erklärte. Er hielt eine Bierflasche in die Kamera und trug sogar das Leibchen des FC Chelsea. Das Bild hatte sie von einem Bewohner der gleichen Liegenschaft. Es war ein Handyfoto, das sie sich per MMS hatte schicken lassen. Der einzige Schönheitsfehler war: Auch der Reporterkollege und die Fernseh-Leute hatten das Foto. Der junge Kollege arbeitete für den «Blick», das TV-Team für «Telebasel». Aber damit konnte Eva leben. Wenig ergiebig waren hingegen die Aussagen des Nachbarn: Kamal habe äusserst zurückgezogen gelebt, sei aber ein angenehmer Typ gewesen. Unfassbar, was da geschehen sei. Ja, heute nacht sei die Polizei hier gewesen und habe die Wohnung versiegelt. Und ja, Kamals Mutter sei Inderin oder Tamilin, sein Vater auf alle Fälle Engländer, aufgewachsen sei Kamal in London. Die beiden anderen Typen auf dem Handyfoto seien wohl Freunde gewesen, die Kamal zum Fest eingeladen hatte. Eva schoss noch ein paar Fotos und raste danach in die Redaktion zurück.

Die Radiostationen berichteten in den Abendnachrichten über die Fakten und liessen Politiker zu Wort kommen, die endlich ein scharfes Gesetz gegen aggressive Fussballfans forderten. Der Sprecher des FC Basel verurteilte die Tat ebenso und betonte, wie viel der Club in die Fan-Betreuung investiere. Auch das Schweizer Fernsehen brachte in der Tagesschau den Fall, interviewte sogar den Sportminister, der versprach, bald ein härteres Gesetz gegen Hooliganismus vorzulegen. Da das Opfer dunkelhäutig war, wurden auf allen Kanälen auch rassistische Motive für die Tat vermutet.

Eva Salzmann begann ihren Text mit den Aussagen der schockierten Nachbarn: «Kamal war ein sehr netter Mensch.

Er trug oft das Shirt des FC Chelsea und feierte gerne mit Freunden, Kollegen und Nachbarn.» Wirklich gesagt hatte das zwar niemand, aber aufgrund des Handyfotos war dies sicher nicht falsch. Kurz bevor Eva nach Hause ging, erfuhr sie von der Chefredaktion, dass ihre Story auf Seite 1 sei. Titel: «Chelsea-Fan Kamal im Bus erstochen!» Eva freute sich.

Am nächsten Tag war die Freude verflogen. Die Konkurrenzzeitungen hatten einiges mehr zu bieten. Allen voran der «Blick»: Der smarte Reporterkollege, der schon als Erster den Namen des Toten herausgefunden hatte, lieferte etliche brisante Zusatzinformationen. Er zitierte Anhänger des FC Basel mit Sätzen wie: «Tut mir zwar leid für den Jungen. Aber die verdammten Engländer haben uns provoziert.» Und ein anderer Fan sagte laut «Blick»: «Es war schon am Mittag klar, dass Blut fliessen wird.»

Da am Samstag keine «20 Minuten» erschien, hatte Eva am Freitag frei. Trotzdem arbeitete sie und nahm sich vor, den «Blick»-Typen in der Montagsausgabe abzutrocknen. Doch sie merkte bald, dass dies nicht so einfach war: Zwar telefonierte sie den ganzen Tag herum, doch weder FC-Basel-Fans noch Offizielle des Clubs wollten noch irgendetwas zum Fall sagen. Und die Basler Staatsanwaltschaft lieferte auch keine Neuigkeiten. Den anderen Journalisten erging es allerdings nicht besser: Weder die Samstags- noch die Sonntagszeitungen konnten mit weiteren Informationen über Kamals Tod aufwarten.

Evas Vorgesetzter Sven Wegmann verlangte aber unbedingt einen Nachzug. Also ging Eva am Sonntagmittag zum Claraplatz. Dort fragte sie sämtliche Leute, die eine Uniform der Basler Verkehrs-Betriebe trugen, ob sie wüssten, wer der Fahrer des 36er-Busses gewesen sei und ob sie zum Mord in dessen Bus etwas sagen könnten. Schnell fand sie heraus, dass der Fahrer Jost Eberhard hiess, in Münchenstein wohnte und heute frei hatte. Als sie kurz darauf mit Jost telefonierte, musste sie einsehen, dass ihr der Aufwand nur wenig eingebracht hatte: Jost wusste über die Tat so gut wie nichts. Er habe nicht das Geringste bemerkt. Im Bus sei es zwar laut gewesen wie immer, wenn die Kiste voller Fans sei, aber sonst sei alles normal verlaufen. Von einer Streiterei habe er nichts mitbekommen. Trotzdem war Evas Chef begeistert, immerhin konnte er die Schlagzeile kreieren: «Trauriger BVB-Chauffeur: ‹Ich schaffte es nicht, den Toten wiederzubeleben.›»

Eva versuchte, den Text zu schreiben, brachte aber nichts Vernünftiges zustande. Der Fall war einfach nicht logisch: Ein dunkelhäutiger Fussballfan wird erstochen, und niemand bekommt die Tat mit? Eva erkundigte sich bei der Staatsanwaltschaft. Da es Sonntag war, erreichte sie Sascha Binder, den Sprecher der Staatsanwaltschaft, auf dem Handy.

«Wir können nichts dazu sagen», brummte Sascha Binder gereizt.

«Geht das immer so diskret vor sich, wenn Hooligans aufeinander losgehen?», hakte Eva provokativ nach.

«Das kann ich nicht beantworten.»

Eva überlegte kurz. Ihre Anschlussfrage war vielleicht naiv, aber als Journalistin durfte sie auch solche Fragen stellen: «Waren es denn überhaupt Hooligans?»

«Das wissen wir nicht.»

«Aber alle sind sich einig, dass ...»

«Na ja, die Medien sind sich einig, dass es Hooligans waren.»

«Dann war es eine rassistisch motivierte Tat, weil das Opfer dunkelhäutig war?»

«Das kann ich weder bestätigen noch dementieren. Wir ermitteln in alle Richtungen.»

Eva wünschte Binder noch einen schönen Sonntag und schrieb ihren Text über Buschauffeur Jost Eberhard zu Ende, ohne wirkliche News. Sie checkte den Text ins Grafikprogramm der Redaktion ein und eilte an den Spalentorweg. Es war kurz nach 17 Uhr. Immer mehr Nachbarn von Kamal kamen von ihren Wochenendausflügen nach Hause. Eva sprach alle an. Doch die meisten wollten nichts mehr mit Journalisten zu tun haben.

Eine junge Frau, die etwa gleich alt war wie Eva, sprach dann aber doch eine Weile mit ihr. Sie hiess Lara Szabo, hatte kurze dunkelblonde Haare, ein hübsches Gesicht und wohnte wie Kamal im Parterre. Kamal sei Computerspezialist gewesen und habe ihr einmal geholfen, als ihr eine fast fertige Uniarbeit plötzlich vom Laptop verschwunden sei. Kamal habe die Arbeit retten können. Lara lächelte. Aber ihr Blick war traurig. Muss ein cooler Typ gewesen sein, dieser Kamal, dachte Eva. Lara wusste auch, dass Kamal für eine kleine IT-Firma gearbeitet hatte, aber meistens bei irgendwelchen Banken beschäftigt gewesen war.

«Hatte er eine Freundin?»

«Nein!», sagte Lara sofort, korrigierte sich dann aber: «Nein, ich denke nicht, ich sah nie eine Frau bei ihm.»

Nach diesem Gespräch fuhr Eva zur Firma, bei der Kamal gearbeitet hatte. Vielleicht ist ja jemand da, obwohl Sonntag ist, sagte sich Eva. Die Compi-Freaks ticken doch ähnlich wie wir Journalisten. Die Firma hiess «It's IT» und war im Hochhaus an der Heuwaage einquartiert. Doch ob da überhaupt je jemand arbeitete, bezweifelte Eva. Die Firma hatte keinen Briefkasten und keine Klingel. Als jemand aus dem Haus kam, schlich sich Eva hinein, fand aber keine Büros mit der Anschrift «It's IT».

Um 19.03 Uhr rief Evas Chef Sven an. «Hast du ‹Telebasel› geguckt?»

«Nein, ich bin noch am Recherchieren. Die Firma, für die Kamal gearbeitet hat, ist wohl ziemlich unseriös.»

«Denke ich auch», kommentierte Sven. «Ein ehemaliger Arbeitskollege von ihm behauptet im Fernsehen, Kamal habe Bank-CDs mit Kundendaten an Steuerfahnder verkauft.»

«Scheisse!» Eva war wütend auf sich selbst.

«Nicht schlimm», sagte Sven Wegmann. «Ich habe den letzten Abschnitt deines Textes geändert und den ‹Telebasel›-Bericht zitiert. Der Typ im Fernsehen war sowieso anonym, wir wissen also nicht, ob die CD-Story stimmt.»

«War Kamal ein Datendieb?» stand am Montag auf der Titelseite von «20 Minuten». Evas Text über Chauffeur Jost war zwar noch im Blatt, allerdings um die Hälfte gekürzt. Aufgemacht war die Bank-CD-Geschichte, die der Wirtschaftsredaktor zusammengeschrieben hatte. Offenbar hatte Kamal als IT-Spezialist für einige Privatbanken gearbeitet. Der Ex-Kollege, auf ‹Telebasel› nur als Schatten sichtbar, behauptete, Kamal habe dabei geheime Daten kopiert und verkauft.

Sven Wegmann nahm Eva den Fall weg. Sie sollte sich um einen Politstreit in Binningen kümmern: Anwohner verlangten, dass am Kronenplatz-Kreisel eine Lichtsignalanlage für Fussgänger installiert werde. Der Gemeinderat war aber dagegen.

«Gott straft sofort», fauchte Eva ihren Boss an, weil sie genau wusste, dass er sie mit dieser Story in die Niederungen des Lokaljournalismus zurückversetzte.

«Eva, bei der Kamal-Story sind alle auf dem Holzweg, vergiss sie.»

«Wie meinst du das?»

«Erst ging es um Hooligans und Rassisten, jetzt um Banken-Spione. Das ist doch Quatsch.»

«Lass mich weiterrecherchieren.»

«Keine Zeit, Eva. Das ist viel zu aufwendig.»

Evas Chef hatte recht. Den ganzen Tag kamen auf allen Radio- und TV-Stationen nach den Hooligan- und Rassismusexperten nun die Bank-Fachleute zu Wort. Es gebe in der Schweiz mittlerweile so etwas wie eine Banken-CD-Mafia, die mit gestohlenen Daten viel Geld mache. Racheakte und Erpressungen seien durchaus denkbar. Am Abend in den Talkshows ging es genau gleich weiter. Und in den Zeitungen des nächsten Tages wurde das Thema noch einmal seziert, allerdings hatte kein Medium eine relevante Neuigkeit zu vermelden. Klar war nur: Kamal war Engländer mit indischen Wurzeln, sprach Englisch und etwas Hindi, praktisch kein Deutsch, lebte seit anderthalb Jahren in Basel und arbeitete tatsächlich als IT-Fachmann. Wo und bei wem, blieb aber unklar. Die Basler Staatsanwaltschaft lieferte ebenfalls keine neuen Erkenntnisse.

Am Sonntag spielte der FC Basel gegen den FC Zürich. Das Spiel verkam zur Nebensache, da das Polizeiaufgebot dermassen gross war. Die Basler Zeitung titelte am nächsten Tag: «Polizei vermiest Fussballfest». Im Text stand: «Weil die Polizei im Mordfall Kamal noch immer keine Resultate vorweisen kann, wurden gestern sämtliche Fans – Frauen, Kinder, Familienväter – zu Tatverdächtigen. Jedenfalls kam es einem so vor.» Der FC Basel gewann 1:0.

Am Mittwoch wurden die verwelkten Blumen an der Betonwand beim Tinguely-Museum von der Strassenreinigung entfernt. Eva hatte es zufälligerweise bemerkt, als sie mit ihrem Roller dort vorbeigefahren war. Sie erkundigte sich nochmals bei der Staatsanwaltschaft nach den neusten Informationen. Von Sascha Binder erfuhr sie allerdings nur, dass die Hooligan-Rassisten-Spur bis jetzt zu keinen Resultaten geführt habe. Ebenso wenig die Bankdaten-Klau-Hypothese. Binders Standardsatz: «Die Ermittlungen laufen.»

Eva versuchte, das Gespräch mit dem Sprecher der Staatsanwaltschaft in die Länge zu ziehen, um noch mehr herauszufinden. «Die Videokameras im Bus müssen doch die Tat gefilmt haben», sagte Eva und kehrte damit an den Anfang der Ermittlungen zurück.

«Das Opfer ist leider nur beim Einsteigen zu sehen», erklärte Binder: «Während der Fahrt ist die Sicht durch eine Fahne verdeckt. Das Opfer ist erst wieder zu erkennen, als es schwerverletzt ist.»

«Wurde die Fahne absichtlich vor die Kamera gehalten?»

«Ja, das kann sein. Leider ist nicht zu sehen, wer die Fahne in die Kamera gehalten hat.»

«Dann bleibt der Fall ungelöst?»

«Die Ermittlungen sind keineswegs abgeschlossen», antwortete Sascha Binder.

Nach diesem Gespräch schrieb Eva einen Artikel mit dem Titel: «Fahne verhindert Mordaufklärung!» und eroberte damit einen Aufmacher. Ihr Chef lobte sie für ihre Hartnäckigkeit. Doch Eva wollte mehr. Sie suchte das Web erneut nach dem Namen Kamal McMillan ab. Auch dieses Mal erfolglos. Das erstaunte sie nicht sonderlich, denn ihre Kolleginnen und Kollegen hatten wohl wie sie das Web schon zigmal durchforstet und nichts gefunden. Sie überlegte kurz, ob sie die Fans der FC-Chelsea-Seiten auf Facebook und Twitter checken sollte, um allenfalls einen Hinweis auf Kamal oder sonst einen in Basel lebenden FC-Chelsea-Anhänger zu finden. Doch die fast 12 Millionen «Gefällt mir»-Freunde auf Facebook und die über 1,2 Millionen Follower auf Twitter waren einfach zu viel.

Schliesslich googelte Eva alles zu den Themen «Inder», «Engländer» und anderen englischsprachigen Zuzügern in Basel. Sie landete auf mehreren Seiten für sogenannte Expatriates oder Expats: gut ausgebildete Ausländer, die in der Schweiz arbeiteten. Eva ackerte die Infos durch und blieb schliesslich an einer Universitätsarbeit hängen, die mehrere

Expats porträtierte und deren Leben in Basel analysierte: «Assimilation und Integration von Expats in Basel» lautete der Titel. Unter anderen wurde ein Engländer mit indischen Wurzeln beschrieben, Computerspezialist, der am «gesellschaftlichen Leben in Basel kaum teilnimmt». Er sitze Tag und Nacht am Computer und besuche allenfalls die Pubs in Basel, meistens, um die Spiele seines Fussballclubs, des FC Chelsea, zu verfolgen. Eva bekam einen Adrenalinstoss. Und kurz darauf einen zweiten. Verfasserin der Arbeit war eine gewisse Lara Szabo.

Es war bereits 21.43 Uhr, als Eva am Spalentorweg ankam und bei Lara klingelte. Die Haustüre surrte, Eva trat ein und traf auf Lara, die aus ihrer Wohnung gekommen war.

«Erinnerst du dich?», begann Eva. «Darf ich kurz reinkommen? Ich muss dich wegen Kamal etwas fragen.»

Um 00.37 Uhr verliess Eva die Wohnung mit äusserst zwiespältigen Gefühlen. Sollte sie die Story bringen? Die Staatsanwaltschaft informieren? Ihren Chef?

Am nächsten Morgen sprach sie sofort mit Sven Wegmann und erzählte ihm von ihrer Recherche und ihrem Gespräch mit Kamals Nachbarin. Lara habe ihr gebeichtet, dass sie eine Affäre mit Kamal gehabt und deswegen mit ihrem Freund Schluss gemacht hätte. Kamal habe sich aber nicht binden wollen, nie etwas mit ihr unternommen. Und Lara könne seit Wochen nicht mehr schlafen.

«Ist sie die Mörderin?», fragte der Redaktionsleiter.

«Was?» Eva war entsetzt. Darauf wäre sie nicht gekommen. «Kann ich mir nicht vorstellen.»

Sven Wegmann entschied, die Story zu bringen. Lara sollte allerdings anonym bleiben, und die Staatsanwaltschaft müsse befragt werden.

Eva gab sich diplomatisch und erkundigte sich bei Sascha

Binder, ob den Ermittlern bekannt sei, dass Kamal eine Affäre mit der Nachbarin gehabt habe.

«Es gibt keine neuen Informationen zu diesem Fall», sagte Binder kurz.

«Aber irgendwas Neues ...»

«Wann wollen Sie diese Geschichte bringen?», unterbrach er Eva.

«Morgen. Warum?»

«Nur so.»

«Nachbarin Lara gesteht: ‹Kamal war meine grosse Liebe!›» Mit diesem Titel sorgte Eva Salzmann am nächsten Tag für Furore. Ihr Artikel wurde überall zitiert. Sämtliche Nachrichtenportale und -agenturen berichteten über die «Spektakuläre Wende im Mordfall Kamal». Nach all den Mutmassungen stand nun plötzlich ein neues Tatmotiv im Vordergrund: das klassische Beziehungsdelikt.

Kurz vor 8 Uhr klingelte Evas Smartphone.

«Was hast du für einen Mist gebaut!», schimpfte Lara aufgebracht. «Mein Ex hat deinen Artikel gelesen und steht jetzt vor der Türe. Der dreht durch.»

«Ruf die Polizei!»

Eva hörte Gebrüll. Dann brach die Verbindung ab.

Als sie beim Spalentor ankam, war das ganze Quartier abgesperrt, es wimmelte von Polizisten. Sie zückte ihren Presseausweis. Doch sie wurde nicht an den Spalentorweg durchgelassen.

Sascha Binder und der Polizeichef informierten die Medien am Nachmittag an einer Konferenz: Es sei ein Mann festgenommen worden, der eine junge Frau bedroht habe. Zudem werde er verdächtigt, an der Bluttat im 36er-Bus vor einigen Wochen beteiligt gewesen zu sein. In diesem Zusammenhang sei ein zweiter Mann in U-Haft genommen worden. Man habe gegen beide Tatverdächtige wie auch gegen die junge Frau schon länger ermittelt. Durch einen Medienbericht sei der Erfolg der Ermittlungen beinahe vereitelt worden. Man hätte sowieso heute zugeschlagen, auch wenn der Hauptverdächtige das Opfer nicht attackiert hätte. Man müsse von Glück reden, dass es nicht zu einer weiteren Bluttat gekommen sei.

Eva zweifelte zwar an dieser Darstellung, sagte aber nichts und kritzelte alles in ihren Notizblock.

In den darauffolgenden Tagen wurden in allen möglichen Medien immer neue Details bekannt, die zusammen mit den bisherigen Berichten und den offiziellen Communiqués schliesslich ein vollständiges Bild der Tragödie ergaben: Tommy S., Laras Ex-Freund, gehörte tatsächlich einer radikalen FC-Basel-Fangruppe an. Er gestand, Kamal erstochen zu haben. Er habe ihn bloss erschrecken wollen. Weil der Bus aber zu schnell in eine Kurve gefahren sei, sei Kamal in sein Messer gefallen. Tatmotiv: Eifersucht. Er habe es nicht verkraften können, dass sich Lara in ihren Nachbarn verliebt hatte. Mehrere seiner Hooligan-Freunde distanzierten sich von ihm und behaupteten, sie seien nur dabei gewesen, weil sie geglaubt hätten, man wolle dem FC-Chelsea-Fan einen Schrecken einjagen. Auf dieser Version beharrte auch der zweite Mann, der in Haft sass, Ömer Z. Er war der Fahnenträger der Hooligans, der während der Tat die Bus-Kamera verdeckte. Er war aber auch der Schattenmann, der auf «Telebasel» Kamal Bankdaten-Klau vorgeworfen hatte. Dies sollte von der Hooligan-Gruppe ablenken, sagten die anderen Mitglieder in diversen Medien. Tatsächlich war Ömer Z. ein Arbeitskollege von Kamal. Und tatsächlich hatte Kamal Daten kopiert. Dies bestätigte die Staatsanwaltschaft. Allerdings waren sie veraltet und deshalb wertlos.

Ömer Z. kam mit einer bedingten Strafe davon, Tommy S. kassierte 8 Jahre Haft wegen Totschlags. In den Medien wurde das Urteil als mild kommentiert.

Lara Szabo schloss ihr Studium ab und zog von Basel weg. Eva hatte noch einige Zeit Kontakt mit ihr, später bekam Eva nur noch via Facebook mit, dass Lara offenbar Lehrerin geworden war.

Eva reduzierte ihr Pensum bei «20 Minuten» und begann, Geschichte zu studieren.

Chauffeur Jost Eberhard fuhr weiter Bus. Zu Match-Diensten wurde er nie mehr eingeteilt.

RHEINTAL

REGENBOGENWOLKEN
ALICE GABATHULER

Ihr Vater hatte ihr von gelben Postautos erzählt, von grantigen Fahrern mit zerfurchten Gesichtern, unzimperlich in der Wortwahl, harsch im Umgang. Sie fuhren nicht nach Geschwindigkeitslimiten, sondern nach Gefühl, wie sie sich auch sonst auf ihr Gefühl, ihren gesunden Menschenverstand und sich selbst verliessen. Von «denen da oben» hatte ihnen auf jeden Fall keiner etwas zu sagen. Man hatte seinen Stolz, seinen sturen Grind und den Föhn, bei ihnen im Rheintal.

Das Postauto, in das Pippa an diesem heissen Sommertag steigt, ist nicht gelb, und es ist auch nicht wirklich ein Postauto, sondern ein blau-weisser Linienbus. Der Fahrer jedoch ist genauso wortkarg wie in den Schilderungen ihres Vaters, aber die wenigen Satzfetzen, die er von sich gibt, deuten auf eine österreichische Herkunft hin. Und die Frauenstimme, die die Haltestelle ab Band ankündigt, klingt so unbeteiligt und neutral wie überall in der Schweiz. Statt eines Billetts mit dem Namen einer Station gibt es eins mit Zonen. Ob das schon vor dreizehn Jahren so gewesen war, damals, als ihr Vater seine alte Heimat besucht hatte?

Pippa hat es nie erfahren, denn ihr Vater ist nicht zurückgekommen. Sie hat gewartet. Tag für Tag, Woche um Woche, Monat um Monat, Jahr um Jahr. In ihrer kindlichen Phantasie sah sie ihn am Fenster eines gelben Postautos, wie er zu ihr hinausschaute und ihr winkte. Ein wenig traurig, als wüsste er, dass es ein Abschied für immer war. Pippas Mutter hatte ihr nie erklärt, warum er weggeblieben war, aber sie las ihr jeden Monat aus seinen Briefen vor, die er aus den verschiedensten Ecken der Welt schickte. Darin schilderte er die Orte in den buntesten Farben – nur ein Ort blieb schwarz. Der, in dem die Antwort wohnte, warum jemand, der ihr versprochen hatte, die Sterne vom Himmel zu holen, die Ecken dieser Welt seinem Stern zu Hause vorzog.

Als Pippa in die Oberstufe kam, kappte ihr Vater die Verbindung ganz. «Du bist jetzt alt genug, dir die Sterne selber vom Himmel zu holen», schrieb er. An diesem Tag schloss sie ihren Kuschelbär, an dem so viele Erinnerungen hingen, für immer in einer grossen Truhe im Estrich weg.

Pippa setzt sich auf einen der hinteren Plätze. Ihr scheint, der Bus rase etwas zu schnell durch die Dörfer, fast wie in den Erzählungen ihres Vaters. An den Haltestellen bremst der Fahrer so hart ab, dass sie auf dem Sitz nach vorne rutscht. Bei der Post steigen zwei ältere Frauen ein. Während die eine die Billette bezahlt, mustert die andere Pippa unverhohlen. Die beiden haben noch nicht Platz genommen, als der Bus mit einem heftigen Ruck anfährt.

«Typisch», zischt die eine laut.

Mit verkniffenen Gesichtern hangeln sie sich an Sitzlehnen und Haltestangen entlang, um schliesslich ein paar Reihen vor Pippa Platz zu nehmen. Sofort stecken sie ihre Köpfe zusammen und beginnen, leise zu tuscheln. In ihrem Gespräch geht es offensichtlich um Pippa, denn die Frauen drehen sich mehrmals zu ihr um.

Pippa öffnet ihre Tasche und zieht den iPod heraus. Dabei streift sie mit der Hand den Briefumschlag, der sie hierher gebracht hat, zurück an den Ort, in dem ihr Vater seine Kindheit verbracht hat.

Ich weiss, wo dein Vater ist.

Nur dieser eine Satz stand in dem Brief. Unter den wenigen Worten befand sich keine Unterschrift, sondern eine Mailadresse.

Ein Spinner, hatte sie gedacht, einer, der sich einen Scherz mit ihr erlaubte, einer, der nach all den Jahren zufällig über die Geschichte ihres Vaters gestolpert war und jetzt seine Spiele mit ihr trieb. Niemand wusste, wo ihr Vater war. Die Polizei hatte ihn gesucht. Später, nachdem ihre Mutter den ersten Brief erhalten hatte, wurde die offizielle Suche nach ihm eingestellt. Ihre Grosseltern engagierten einen Privatermittler, doch ihr Vater blieb verschwunden. Die Briefe waren sein einziges Lebenszeichen, und irgendwann erklärte jemand Pippas Mutter, dass es eben Menschen gab, die nicht gefunden werden wollten, aus was für Gründen auch immer.

Pippa stopft sich die kleinen Stöpsel in die Ohren. Kurz danach liefert Amy MacDonald den Soundtrack zu einer vorüberziehenden Landschaft. «Where you gonna sleep tonight?» Pippa weiss es nicht, aber genau wie im Song ist es nicht wichtig.

Nach drei Tagen, in denen sie den Brief herumtrug, schrieb sie dem Spinner, von einer Mailadresse, die sie nur für ihn eingerichtet hatte, eine, die sie jederzeit wieder löschen konnte.
Was willst du?
Dir sagen, wo dein Vater ist.
Das kannst du mir auch schreiben.
Nein, ich will es dir erklären.
Wer bist du?
Das erkläre ich dir, wenn wir uns sehen.

Es waren kurze, knappe Sätze gewesen, in denen weder der andere noch sie etwas von sich preisgegeben hatten. Sie nahm an, dass es ein Mann war. Frauen kommunizieren anders, dachte sie. Oder gar nicht mehr. So wie ihre Mutter. Sie weigerte sich, über ihren Mann zu sprechen, der sie zurückgelassen hatte. «Mit einem kleinen Kind, einfach so. Wie diese Typen, die schnell mal Zigaretten holen gehen und dann nicht mehr zurückkommen.»

Pippas Vater war keine Zigaretten holen gegangen. Er hatte ein Klassentreffen besucht, ein Stück über Oberschan, dem Ort, zu dem Pippa jetzt unterwegs ist.

«Ist Mama auch von dort, wo du herkommst?», hatte Pippa ihn gefragt.

«Nein, Mama habe ich in der Stadt kennengelernt.»

«Hast du sie nie mitgenommen?»

Es war, als schöbe sich eine dunkle Wolke vor sein Gesicht, als er ihr antwortete: «Ins Wartau? Doch. Einmal.» Er zögerte. «Ich glaube, es hat ihr nicht gefallen.»

Pippa dachte, dass es ihr vielleicht auch nicht gefallen hätte bei diesen seltsamen Postautofahrern.

Am nächsten Tag wollte sie es genau wissen und fragte ihre Mutter. Und dann passierte etwas Seltsames. Auch vor das Gesicht ihrer Mutter schob sich eine Wolke, eine richtig dunkle, aber über den Augen lag ein Regenbogen. Ein trauriger Regenbogen.

Heute sieht Pippa keine Wolken oder Regenbogen mehr. Nur Gesichtsausdrücke. Als auf dem Bildschirm die Haltestelle, die ihr der Fremde in seiner letzten Mail angegeben hat, ganz nach oben rückt, drückt Pippa auf den Halteknopf. Kurz danach legt der Fahrer eine Vollbremsung hin. Die Türen öffnen sich. Das ist die letzte Chance, die Vergangenheit ruhen zu lassen. Pippa könnte sitzen bleiben, weiterfahren, die ganze Geschichte vergessen.

Doch sie steigt aus. Noch nie hat sich fester Boden unter den Füssen so fremd angefühlt wie nach dieser halsbrecherischen Fahrt ins Ungewisse. Es hilft auch nicht, dass der Föhn, dieser berüchtigte Rheintaler Wind, an ihr zerrt, durch ihre Haare fegt und ihre Kleider aufplustert.

«Den Föhn muss man aushalten können», hatte ihr Vater gesagt. «Manche Leute bekommen davon Kopfschmerzen, den anderen bringt er die Nerven durcheinander, und wenn er ganz wild wütet, verknoten sie sich an den falschen Enden.»
«Tut das weh?», hatte sie gefragt.
«Was?»
«Knoten in den Nerven.»
«Nein, aber man tut dann manchmal Dinge, die man nicht tun sollte.»
«Erzähl dem Kind nicht immer solchen Unsinn», sagte ihre Mutter, und da war wieder dieser Regenbogen vor ihren Augen gewesen, kein fröhlicher, sondern ein trauriger.

Während der Föhn ihre Tasche mitzureissen versucht, erinnert sich Pippa genau an das Gesicht ihrer Mutter, doch in der Erinnerung ist es kein trauriges Gesicht, sondern es liegt eine geheimnisvolle Melancholie darin. Nur, damals, als Kind, kannte Pippa dieses Wort noch nicht. Da war es eine Regenbogenwolke, hinter der ihre Mutter verschwand.

Pippa greift nach dem verrutschten Träger ihrer Tasche und zieht ihn zurück auf ihre Schulter.

Um zwei bei der Seilbahnstation, hat er geschrieben.

Wie erkenne ich dich?

Du wirst es wissen, wenn du mich siehst.

Pippa hat niemandem erzählt, was sie vorhat. Weil sie weiss, dass alle ihr davon abgeraten hätten. «Viel zu gefährlich, das ist bestimmt ein Perverser, einer, der junge Frauen in eine Falle lockt, geh nicht zu ihm in die Wohnung, du kennst doch die Geschichte von dem Au-pair-Mädchen ...» Nein, all das hat sie sich selber gesagt, das brauchte sie nicht auch noch von anderen Leuten zu hören.

Sie glaubt zu spüren, wie der Föhn ihre Nervenenden falsch verknotet. Ihr Vater hat recht gehabt: Das tut nicht weh. Aber es lässt einen Dinge tun, die man besser nicht tun sollte. Und so geht sie weiter, statt umzukehren und nach Hause zu fahren.

Zur Seilbahnstation ist es nicht weit. Es ist auch nicht schwierig, den Fremden zu erkennen, denn er ist der Einzige, der dasteht und auf jemanden zu warten scheint. Er ist jung, in ihrem Alter, vielleicht etwas älter. Als er sie sieht, bleibt er reglos stehen. Er winkt nicht, er gibt ihr kein Zeichen, aber sie fühlt seinen Blick auf sich und sucht den seinen. Er soll nicht denken, dass sie sich vor ihm fürchtet.

Sie kommt ihm näher. Jene Nervenenden, die noch nicht verknotet sind, flattern wie die Fahne vor einem der Häuser, an dem sie vorbeigekommen ist.

Ja, sie erkennt ihn, obwohl sie ihn noch nie gesehen hat. Es sind die Augen. Seine Augen sind ihre Augen. Dasselbe tiefe Blau, dieselben langen, dunklen Wimpern. Pippa versteht das nicht. Ihr Vater war ein Einzelkind, es gibt keine Cousins und Cousinen. Auch von unehelichen Kindern war nie die Rede gewesen. Und wenn ihr Vater nach dem Klassentreffen hier geblieben wäre und eine neue Familie gegründet hätte, dann müsste der Fremde viel jünger sein.

«Ich bin Elias», stellt er sich vor, und es klingt, als hätte er diesen Satz lange geübt. Vielleicht hat er noch mehr solcher Sätze, aber für den Moment scheint ihm dieser eine zu reichen. Wortlos dreht er sich um und geht zum Eingang der Seilbahnstation. Es gibt keinen Schalter, an dem man ein Billett kaufen könnte, es ist auch niemand da, der das Einsteigen überwacht. Pippa hat Bilder von der Bahn im Internet gefunden, eine kleine rote Gondel mit weissem Schriftzug. In Wirklichkeit ist sie noch kleiner, als sie auf den Bildern wirkt.

Sogar hier drin, in diesem kühlen Betonbau, lässt der Föhn die Gondel leicht hin und her schwingen. Pippa bleibt stehen. «Ich möchte da nicht einsteigen», sagt sie.

«Dein Vater ist damit hochgefahren. Ich dachte, du willst wissen, wo er ist.»

Was hat denn das eine mit dem anderen zu tun, denkt sie. Bestimmt wartet er nicht oben in der Bergstation auf sie, das ist nur in der Traumwelt kleiner Mädchen möglich, und ihre Traumwelt liegt zusammen mit ihrem Kuschelbär in einer Truhe im Estrich.

«Du kannst es mir auch hier sagen.»

«Nein.»

«Ich fahre nicht mit.»

«Dein Entscheid.»

Sie ist nicht sicher, ob in seinem Tonfall Erleichterung oder Enttäuschung liegt.

«Du hast keine Ahnung, wo er ist.» Ihre Stimme zittert.

Er schaut sie aus diesen irritierend vertrauten Augen an. «Wir sind zusammen hochgefahren, er und ich. Er hat mir von dir erzählt.»

«Du lügst», sagt sie unsicher.

«Dein Bär, ohne den du nicht schlafen konntest, hiess einfach nur Bär.»

Bär. Weich war er gewesen, und vom vielen Waschen waren seine Augen stumpf geworden. Nachdem Vater weg war, durfte ihn ihre Mutter nicht mehr waschen, weil Bär nach Vater roch. Ganz lange noch, aber nicht mehr, als er für immer in der Truhe verschwand.

«Du konntest den Schnee riechen, bevor er fiel, und von allen Lollies mochtest du die mit Erdbeergeschmack am liebsten.»

Elias geht zur Gondel und drückt einen Knopf. Die Tür öffnet sich, und er tritt einen Schritt zur Seite. Es ist eine Einladung, die Pippa annehmen oder ablehnen kann.

Einen Augenblick lang riecht sie Schnee und den künstlichen Geruch der Erdbeerlollies. Die Hand ihres Vaters legt sich auf ihre Schulter. Sie fährt herum, aber es war nur der Wind, der sich an sie gedrückt hat. Trotzdem glaubt sie, ihren Vater zu spüren. «Such nach mir», scheint er ihr zu sagen.

Als Pippa an Elias vorbei in die Gondel geht, berühren sich ihre Körper. Hitze schiesst durch Pippa hindurch, unmittelbar gefolgt von einer eisigen Kälte.

In der Gondel ist nichts mehr fest, alles schwankt. Schnell lässt sich Pippa auf die Sitzbank fallen, die mit dem Ausblick nach vorn. Nicht zurückschauen, beschwört sie sich, du hast dich entschieden.

«Wir haben Glück», sagt Elias. «Wäre der Wind ein bisschen stärker, würde der Betrieb eingestellt.»

Er drückt auf einen grün leuchtenden Knopf. Die Tür schliesst sich, aber die Gondel fährt nicht los.

«Es dauert eine Weile, bis sie sich in Bewegung setzt», erklärt Elias. «Manchmal denken ahnungslose Touristen, sie hätten etwas falsch gemacht, und drücken nochmals auf den Knopf.» Ein Lächeln schleicht sich in sein ernstes Gesicht. «Dann fährt sie los, nur um ein paar Meter weiter oben stillzustehen. Dort hängt man dann ziemlich lange, bis alles wieder in Ordnung ist.»

Vielleicht sollte sie doch besser aussteigen. Pippa steht auf, doch in diesem Moment fährt die Bahn an.

«Bei normalem Wetter geht es 12 bis 15 Minuten», hört sie Elias sagen. «Bei Föhn kann es schon mal eine halbe Stunde sein. Und es schaukelt ziemlich heftig.» Er legt eine kleine Pause ein, in der er sie fast ein wenig amüsiert beobachtet. «Aber dein Vater hat gesagt, dass du mutig bist und dass dir das gefallen würde.»

Es gefällt Pippa nicht, aber es ist zu spät, die Dinge zu ändern, und sie will sich vor Elias keine Blösse geben. Also sitzt sie da und wartet, was er ihr zu sagen hat. Sie wartet vergeblich. Er schweigt. Es gibt nur das Rauschen und Pfeifen um sie herum und das wilde Klopfen ihres Herzens, von dem sie hofft, dass nur sie es hören kann. Der Föhn hat seinen Spass mit der Gondel, die wankend wie ein betrunkener Matrose dem Himmel entgegenfährt. Unaufhaltsam steuern sie auf den ersten Mast zu. Kleine Rollen, über die das Seil führt. Viel zu klein. Die Aufhängung der Gondel wird nicht halten, nicht bei diesem Wind, sie wird ausklinken, und die rote Blechbüchse wird in die Tiefe fallen.

Pippa schliesst die Augen, hört ein ratterndes Geräusch, als die Bahn den Mast passiert, dann schwingt die Gondel heftig vor und zurück. Der Magen hängt flau irgendwo an einer falschen Stelle in ihrem Körperinnern, Nervenenden treffen funkend aufeinander. Aber die Gondel hängt fest am Seil, und das Seil liegt straff über den Rollen.

Sie sind immer noch Spielball der Fliehkräfte, als Elias endlich weiterredet. «Alle waren schon oben bei uns, nur dein Vater kam später. Meine Eltern wussten, wie gerne ich mit der Seilbahn fahre, und schickten mich ihm entgegen. Ich habe auf ihn gewartet. Dort, wo ich vorhin auf dich gewartet habe. Es war fast wie heute. Heiss und Föhnwetter. Dein Vater kam mit dem Bus, wie du. Er sah mich und blieb stehen, als hätte ihn der Blitz getroffen. Er schaute mich an, wie du mich angeschaut hast. Es war, als ob sich eine Wolke vor sein Gesicht schieben würde.»

Bär. Schnee. Lollies. Und jetzt die Wolke. Pippa springt auf, was die Gondel weiter ins Wanken bringt. «Hör auf!», ruft sie. «Mit wem hast du gesprochen? Wer hat dir all die Dinge über mich verraten?»

«Dein Vater», antwortet Elias verwirrt. «Das habe ich dir doch gerade gesagt.»

«Hat er dir auch das mit der Wolke erzählt?» Ihre Augen suchen die Lüge in den seinen, aber sie finden keine.

«Welche Wolke?», fragt er.

Eine Böe erfasst die Gondel. Sie tanzt viel zu hoch über einer grünen Wiese. Pippa drückt ihre Tasche fest an sich, wie damals Bär.

«Ich habe das so gesehen, als Kind», sagt Elias unsicher. «Wolken vor Gesichtern, wenn jemand traurig war. Das ... Das ist ... vielleicht ein wenig seltsam und kindisch, aber so war es.»

Pippa sitzt mitten in einem Sturm, im Zentrum, dort, wo nichts mehr schaukelt, keine Nervenenden mehr aufeinandertreffen, wo es völlig still ist. Dort, wo das grosse Geheimnis liegt, der Kern, der sich nur zeigt, wenn man die Sturmhülle durchbrochen hat.

Pippa hat sie durchbrochen. Mit absoluter Gewissheit weiss sie, dass Elias nichts von ihren Wolken gewusst hat.

Weil er seine eigenen hatte.

Zwei Kinder.

Die gleichen Wolken.

Die gleichen Augen.

«Woher das Kind bloss diese Augen hat!», hört Pippa eine Stimme aus der Vergangenheit.

«Du bist mein Bruder», flüstert sie.

Einen Augenblick lang ist es ganz still. Dann setzt das Schaukeln wieder ein. Pippas Magen fällt an seinen Ursprungsort zurück. Sie verlassen den Kern des Sturms und rasen wieder in die tobende Hülle. Wie breit sie wohl ist? Zu breit, um jemals wieder hinauszukommen? Pippa schliesst die Augen und sieht Regenbogenwolken.

Nach einer endlos langen Zeit geht die Fahrt zu Ende. Als Pippa aussteigt, ist nichts mehr, wie es einmal war. Der feste Boden unter den Füssen hat plötzlich etwas furchteinflössend Starres an sich. Das Gehen fällt Pippa schwer. Nur am Rande bekommt sie mit, wie Elias Münzen in einen Ticketautomaten wirft, wie der Automat Jetons ausspuckt, wie Elias ihr erklärt, dass sie damit durch die Drehtür gehen kann. Erst als er ihr einen der Jetons in die Hand drückt und seine Finger ihre Haut berühren, wird sie in die Realität geschleudert. Der Aufprall ist hart und schmerzhaft. Pippa wankt. Elias hält sie fest und lässt sie erst los, als sie ihm sagt, es gehe schon wieder, sie käme klar, alles in Ordnung, aber in ihr drin schreit eine Stimme, dass nichts in Ordnung ist.

Sie verlassen die Station und folgen eine Weile der Bergstrasse. An einer Gabelung biegt Elias in einen Waldpfad ein. «Keine Angst», sagt er, «ich tu dir nichts», und wie bei der Begrüssung klingt der Satz, als hätte er ihn unzählige Male geübt. Pippa glaubt ihm. Er wird ihr nichts tun. Elias ist nicht ihr Feind. Ihr Feind ist die Angst davor, was er ihr verraten wird.

Der Pfad ist zu schmal, um nebeneinander zu gehen. Elias lässt Pippa vor und geht hinter ihr, während er ihr seine Geschichte zu Ende erzählt. «Dein Vater war sehr nett zu mir. Er erzählte mir von dir. Ich fragte, ob er dich beim nächsten Mal mitbringen würde. Da wurde er eine Weile ganz still und sagte dann, dass das wohl nicht gehe. Ich zeigte ihm den Weg zu Papas Hütte. Die Feier war schon voll im Gang, und ich freute mich auf eine Grillwurst, so sehr, dass ich nicht mitbekam, wie die Begrüssung ausfiel. Beide liessen sich nichts anmerken, aber nach einer Weile verschwanden sie nach draussen. Ich schlich ihnen hinterher. Sie verzogen sich hinter den Heuschober, wo dein Vater direkt zur Sache kam. Er unterstellte meinem Vater, mit deiner Mutter gev ... geschlafen zu haben.»

Es wird still hinter Pippa. Hohes Gras kitzelt ihre Beine, kleine Äste, die in den Pfad ragen, verfangen sich in ihren Haaren. Sie geht ein bisschen schneller, als könne sie vor dem, was jetzt folgt, davonlaufen.

«Mein Vater stritt es zuerst ab», fährt Elias stockend fort. «Bis dein Vater ihm die Sache mit deinen Augen erzählte, von denen er jetzt mit Sicherheit wusste, woher du die hast. Dann tat mein Vater etwas Schreckliches. Er lachte. So richtig fies. Sagte deinem Vater, er solle besser auf seine Frau aufpassen. Es ihr richtig besorgen, dann brauche sie keinen anderen.»

Elias verstummt. Diesmal bleibt Pippa stehen. «Deshalb ist er nicht zu uns zurückgekommen», sagt sie, ohne sich zu Elias umzudrehen. Sie will nicht, dass er die Gefühle von ihrem Gesicht ablesen kann. Gewitterwolken. Düstere, dunkle Gewitterwolken. Ohne Regenbogen. «Er wollte uns nicht mehr sehen. Meine Mutter nicht, weil sie ihn betrogen hatte, und mich nicht, weil er in meinen Augen immer nur den anderen gesehen hätte.»

Aber ich war seine Tochter!, schreit es in ihr. Für mich war er mein Vater. Man streicht nicht einfach sechs Jahre aus seinem Leben und tut, als hätte es die nie gegeben. Man lässt sein Kind nicht zurück. Vernünftige Menschen reichen die Scheidung ein, regeln das Besuchsrecht und kommen irgendwann, wenn die Wunden verheilt sind, wieder miteinander klar.

In Pippa explodiert die Wut. Die Schreie drängen aus ihr hinaus, sie rennt los, ihre Füsse fliegen über den weichen Waldboden. «Verräter!», heult sie wie ein verletztes Tier, «uns einfach zu verlassen, weil deine Frau einen schwachen Moment hatte!» Vor ihren Augen treiben Regenbogenwolken.

Sie wird langsamer. Ihr Vater muss die Wolken auch gesehen haben. Diese Sehnsucht nach etwas, das man nicht haben kann. Es war nicht einfach nur die Lust gewesen, die seine Frau in die Arme eines anderen getrieben hatte, sondern mehr. Das muss die Hölle für ihn gewesen sein. Genug, um für immer wegzugehen.

Keuchend bleibt Pippa stehen. Ihr Puls rast, auf ihrer Haut liegt ein feuchter Film. Sie wartet auf Elias, der sich ihr zögernd nähert.

«Wo ist er hingegangen?», fragt sie.

«Nirgendwohin», sagt Elias so leise, dass sie glaubt, sie hätte ihn vielleicht falsch verstanden.

«Nirgendwohin?», fragt sie. «Wie ... Was ... Du meinst, er ist noch hier? Aber ... Wie ...?»

«Dein Vater hat sich auf meinen Vater gestürzt. Sie haben gekämpft. Ganz kurz. Zwei, drei Schläge, mehr nicht. Dein Vater ging zu Boden und stand nicht mehr auf. Mein Vater machte einen Scherz, sagte etwas von Schwamm drüber, längst gegessen, aber dein Vater blieb liegen.»

Es ist die Art, wie Elias es erzählt. Pippa weiss, was jetzt kommt. Sie hat es in Filmen so gesehen, hat es in Büchern so gelesen. Aber das waren Geschichten. Erfundene Geschichten. Im richtigen Leben passiert so etwas nicht. Es passierte nicht ihrem Vater.

«Er hat uns Briefe geschrieben», flüstert sie. «Jeden Monat einen. Meine Mutter hat mir alle vorgelesen.»

«Die waren von meinem Vater.» In Elias' Augen stehen Tränen. «Er übte stundenlang, bis er die Schrift deines Vaters täuschend echt kopieren konnte. Mit dem ersten fuhr er nach Italien, später fand er andere Wege, sie euch aus aller Welt zukommen zu lassen.»

Nein, das darf nicht sein. Das kann einfach nicht sein! Verzweifelt sucht Pippa nach einer anderen Erklärung.

«Vielleicht ... Vielleicht hat dein Vater nur geglaubt, dass mein Vater tot ist. Er hat ihn liegenlassen, und irgendwann ist mein Vater zu sich gekommen. Er ist abgehauen und ...»

«Nein», unterbricht Elias sie. «Dein Vater ist tot.»

«Woher willst du das wissen?», schreit sie ihn an. «Du warst ein Junge. Du hast nur gesehen, wie zwei Männer sich geprügelt haben und einer liegenblieb. Das ist alles.» Sie hämmert ihre Fäuste gegen seine Brust. «Alles. Alles. Alles.»

Elias weicht zurück. «Es tut mir leid», stammelt er. «Ich hätte dir nicht schreiben sollen. Es war ein Fehler. Ich bring dich zurück.»

«Du bist krank», entfährt es Pippa. «Du bist so was von krank. Weiss dein Vater, was für eine Show du hier gerade abziehst?»

«Es tut mir so leid.» Elias macht einen Schritt auf sie zu. «Ich hätte das nicht tun sollen.»

«Weiss er es?» Pippa spuckt ihm die Frage ins Gesicht. «Weiss er, dass sein Sohn ihn gerade zum Mörder gemacht hat?»

«Hör auf!», fleht Elias. «Geh nach Hause und vergiss diesen ganzen Mist.»

«Einfach so, ja? Ich spaziere ins Wohnzimmer und rufe ‹Hey Mam, bin wieder da. Hab übrigens heute meinen Bruder kennengelernt. Du weisst schon, den Sohn von deinem Liebhaber. Ach ja, bevor ich es vergesse, dein Mann ist seit dreizehn Jahren tot, und seine Briefe kamen aus dem Regenbogenland.›»

«Bitte!» Elias streckt seinen Arm nach ihr aus. «Das ist nicht lustig.»

Pippa packt den Arm und zieht Elias dicht an sich heran, so dicht, dass ihre Körper sich beinahe berühren. «Nein, das ist nicht lustig. Warum tust du mir das an? Warum sagst du mir, du weisst, wo er ist, und tust mir dann all das an?»

«Es ist nicht mehr wichtig.»

«Für mich schon.»

Sie hört, wie sein schneller, stossender Atem sich verlangsamt und dann ruhig wird. Elias ist jetzt dort, wo sie vorher in der Gondel war. Im Kern des Sturms. Sie kann es fühlen.

«Dein Vater ist bei meinem.»

Bevor Pippa ihn fragen kann, was er damit meint, befreit er sich von ihr und rennt von ihr weg.

Sie folgt ihm, auch als er den Pfad verlässt und im Wald verschwindet, stolpert über Wurzeln und Steine, rutscht auf Moos aus und rappelt sich wieder hoch. Selbst als sie glaubt, nicht mehr zu können, rennt sie weiter.

Auf einer kleinen Lichtung verlangsamt er sein Tempo. Sie sieht, wie er zu einem uralten Baum hingeht und sich mit beiden Händen daran abstützt.

«Alles. Alles. Alles», bricht es aus ihm heraus, als sie ihn eingeholt hat. «Oh, nein! Alles war nicht alles. Für mich fing es erst an. Ich hatte eine ungeheure Angst vor der Polizei, die kommen und meinen Vater verhaften würde. Doch es kam niemand. Ich schlich mich in den Schober und suchte nach deinem Vater. Er war verschwunden. Alles ist gut, dachte ich. Er ist nicht tot. Er ist nach Hause gegangen. Es war aber nicht gut.» Elias wischt sich über die Augen. Sein Kinn zittert. «Mein Vater veränderte sich. Er zog sich tagelang in sein Arbeitszimmer zurück, vernachlässigte die Arbeit, redete kaum mehr mit meiner Mutter. Dann war dein Vater in den Nachrichten, und mein Vater fuhr nach Italien. Als er zurückkam, war er ein Fremder. Wir verloren den Hof. Meine Mutter hielt es irgendwann nicht mehr aus. Sie verliess ihn. Mich nahm sie mit. Mein Vater hat sich nie mehr bei uns gemeldet. Vor ein paar Wochen ist er gestorben. Hat sich umgebracht. Er hinterliess mir einen dicken Briefumschlag. Stand eine Menge drin. Auch sein letzter Wunsch. Er wollte neben deinem Vater begraben werden. Ich habe ihm seinen Wunsch erfüllt.»

Immer wieder hat Elias abgebrochen, nach Worten gesucht. Jetzt, am Ende seiner Geschichte, löst er erschöpft seine Hände vom Baum, und Pippa entdeckt zwei eingeritzte Buchstaben.

Ein frisches S.

Ein altes, kaum mehr erkennbares R.

R für René. Pippas Vater, der nicht ihr Vater gewesen ist.

«Wie hiess er?», fragt sie.

«Stefan.»

Elias zieht einen zusammengefalteten, zerknitterten Briefumschlag aus seiner Hosentasche. «Für dich. Von ihm. Ich habe ihn nicht geöffnet.»

Ihre Hände berühren sich. Pippa greift nicht nach dem Umschlag, sondern nach der Hand. Der Umschlag fällt zu Boden. Die Hände greifen ineinander und halten einander fest.

LAUSANNE

MORD IN DER KATHEDRALE
ANNE CUNEO
(Deutsch von Erich Liebi)

«Das ist fast des Guten zu viel, Machiavelli!»

Ich bin gerade damit beschäftigt, die Schnürsenkel meiner Joggingschuhe fester zu binden, sehe auf und direkt in die grauen Augen von Kriminalinspektor Jean-Marc Léon. Ich bin fast jeden Morgen unten am See am Joggen. Falls auch Léon diese Art von Leibesübung pflegt, worauf sein sportlicher Körperbau schliessen lässt, dann bestimmt nicht in Vidy. Denn hier begegnen wir uns nur, wenn er vertraulicher mit mir reden will, als dies in meiner Agentur oder auf dem Kommissariat möglich ist. Meistens bin ich nicht sehr begeistert, wenn ich ihn sehe, schliesslich bin ich Fachfrau für Buchprüfungen und nicht Kriminalistin.

Bei meinen Buchprüfungen kommt es vor, dass ich die Polizei in der Person von Jean-Marc Léon brauche, um Antworten auf gewisse Fragen zu bekommen. Beispielsweise dann, wenn ein Klient etwas vor mir verbergen möchte, aber dennoch eine Buchprüfung braucht. In einem solchen Fall scheint es angebracht, sich an eine kleine Agentur zu wenden, die – vermeintlich – nicht in der Lage ist, vertiefte Recherchen anzustellen. Fällt die Wahl auf mich, macht der Klient seine Rechnung allerdings ohne den Wirt, das muss ohne falsche Bescheidenheit gesagt sein. Woran es liegt, weiss ich eigentlich nicht, aber ich rieche faule Tricks schon auf hundert Meter gegen den Wind.

Wenn Léon mich braucht, dann meistens, wenn ihm die Dienstvorschriften im Weg stehen, um verdeckt ermitteln zu können. Wir kennen uns schon seit unserer gemeinsamen Jugendzeit, und er weiss sehr wohl, dass ich eigentlich nicht Nein sagen kann, denn ich liebe es, Kriminalistin zu spielen. Allerdings habe ich es in der Regel mit finanziellen Verwicklungen zu tun, wenn aber Léon mich ruft, sind Verbrechen jeder Art im Spiel, gelegentlich auch Mord. Und heute ...

«Treiben Sie neuerdings Sport, Léon, oder sind Sie nur hier, um mir guten Tag zu sagen?»

«Sie wissen ja selber, dass ich zu dieser frühen Stunde hier unten am See nur anzutreffen bin, wenn ich Sie suche.»

«Ich bin unverschämt genug, das anzunehmen. Was, verehrter Freund, kann ich für Sie tun?»

Er druckst nicht lange herum. «Ich habe eine Leiche am Hals.»

«Ja und?»

«Ich weiss nicht, wer es ist. Er trägt einen Trainingsanzug. Keinerlei Ausweise. Bis heute abend weiss ich auch ohne Sie, wer er ist. Aber falls Sie ihn kennen, ginge es schneller.»

«Zur Abwechslung!» Einmal schleppte mich Léon bis nach Zürich, um einen unbekannten Toten zu identifizieren, der ausser meiner Visitenkarte nichts auf sich trug. «Und ausgerechnet ich?»

«Ich habe ihn gesehen, als er bei Ihnen aus dem Haus kam.»

«Bei mir???»

«Bei der Agentur eigentlich. Ich habe Pascal besucht, Sie wissen schon, den jungen Musiker, der über Ihrer Agentur wohnt und letztes Jahr auf Drogen war. Ich schaue ab und zu bei ihm vorbei, um sicher zu sein, dass man ihn nicht wieder auf die schiefe Bahn bringen will.»

«Aber in der Agentur sind Sie nicht gewesen?»

«Doch, doch, ich habe kurz hereingeschaut, Sophie hat mir gesagt, Sie seien nicht da.»
«Und Sie meinen also, der Tote sei bei uns gewesen?»
«Bei Pascal war er nicht, ich habe ihn gefragt.»
Ich werfe einen Blick auf die Uhr.
«Es ist noch nicht neun, Sophie ist noch nicht im Büro, wenn er bei uns gewesen ist, weiss sie ganz genau, wer er ist. Darf ich jetzt mit meinem Jogging weitermachen?»
Abgesehen von sporttauglichen Schuhen trägt Léon Stadtkleidung, aber er ist viel besser in Form als ich. An diesem Morgen beweist er es mir wieder einmal: Ich jogge, und er spaziert neben mir her. Er ist stämmig, muskulös, agil, ein Athlet halt.
Wir gehen gemächlich hinauf zu mir nach Hause und setzen uns zum Frühstück. Punkt neun Uhr sagt er: «Los jetzt, rufen Sie Sophie an.»
Sophie ist meine Partnerin und Sekretärin. Und unglaublich tüchtig. Ganz im Gegensatz zu mir läuft bei ihr immer alles exakt nach der Uhr, während ich in meinem ungeregelten Leben beim Arbeiten nie auf die Zeit achte. Aber Sophie hat Prinzipien, zum Beispiel ist sie morgens Punkt neun Uhr und keine Minute früher im Büro. Und sie geht wieder um Punkt fünf Uhr, keine Minute später. Ich rufe sie an.
«Erinnern Sie sich an den Tag, als mich Léon besuchen wollte und ich nicht da war?»
«Ja, das muss vor etwa zehn Tagen gewesen sein. Warten Sie, ich habe es irgendwo notiert.»
«Hatten wir gerade dann weiteren Besuch?»
«Wenn mich meine Erinnerung nicht täuscht, habe ich gerade einen Kerl weggeschickt, der wollte, dass wir seine Frau beschatten.»
Wir weisen grundsätzlich alle ab, die von uns die Bespitzelung von Ehegatten verlangen.

«Hat er seinen Namen genannt?»

«Warten Sie, ich glaube, auch seinen Namen habe ich aufgeschrieben.»

Da soll sich noch jemand darüber wundern, dass ich an Sophie hänge wie eine Klette. Sie schreibt alles auf und erinnert sich an alles. Durchs Telefon ist ein Blättern zu hören. «Diese Person nannte sich Blanc. Sagte er mir, er kenne Sie? Ich glaube ja.»

Ich legte mit einem Seufzer auf.

«Also gut, Léon, dann schauen wir uns diese Leiche an, wie es scheint, hat sie mich gekannt.»

«Nach Ihnen!», sagt er und steht auf. Wie eine Katze, die die Maus wittert.

Mit der Metro fahren wir vom Boulevard de Grancy unterhalb des Bahnhofs zur Esplanade bei der Kathedrale hinauf. Seit die Metro endlich ihren Namen verdient und von Ouchy bis oben an den Stadtrand führt, hat sich unser Alltag verändert. Für einen Weg, der früher beschwerlich war und eine Stunde dauern konnte, brauchen wir jetzt nur noch ein paar Minuten, und meist ist es ganz komfortabel. Auch wenn man stehen muss und eingequetscht ist wie Sardinen in der Dose, ist dies nur halb so schlimm, denn in nur wenigen Augenblicken ist man bereits an seinem Bestimmungsort angelangt.

An der Haltestelle «Bessières» steigen wir aus, überqueren die gleichnamige Brücke und kommen zur Kathedrale. Beim Eingang zum Glockenturm hält ein Polizist Wache.

«Herr Kommissar, Madame.»

«Ist Michaud oben?»

«Nein, Herr Kommissar, er sucht nach einem Zeugen, er wird gleich wieder da sein.»

«Danke!»

Wir steigen die zweihundertvierundzwanzig Stufen hoch, die uns dem Himmel und dem Paradies näherbringen sollen, und stehen auf der oberen Turm-Plattform. Ich bin in der für solche Anstrengungen üblichen Verfassung: Feuer in den Lungen, schmerzende Muskeln und die Augen von Schönheit geblendet. Die Aussicht von hier oben raubt Ihnen den Atem, wenn Sie noch welchen haben. Der See, die Alpen, der Himmel. Bei sehr schönem und sehr klarem Wetter kann man in sechzig Kilometern Distanz sogar den Genfer Jet d'eau sehen, wenn man weiss, wo genau man hinschauen muss. Tausende Touristen kommen Jahr für Jahr hierher, und ausgerechnet diesen Ort hat sich der renommierte Schauspieler Julien Dupuis – ich erkenne ihn sofort – zum Sterben ausgesucht. Wobei das Wort «ausgesucht» vielleicht ... Selbst umgebracht hat er sich jedenfalls nicht. Der Gerichtsarzt raucht, an die Balustrade gelehnt und in Gedanken versunken, eine Zigarette.

«Mit einem stumpfen Gegenstand gegen die Schädelbasis», sagt er statt einer Begrüssung. «Ein Schlag von unten nach oben. Nicht sehr heftig, aber exakt am richtigen Ort. Der Mann war sofort tot, möglicherweise wurde er überrascht, aber er muss die Person, die ihn getötet hat, gekannt haben. Etwa vor fünfzehn Stunden.»

«Wer hat ihn gefunden?»

«Der Wächter.»

Die Kathedrale von Lausanne ist die letzte Kirche in der Schweiz mit einem Wächter. Seit über sechshundert Jahren waltet er seines Amtes, früher musste er bei einem Brandausbruch Alarm schlagen, heute ist er nur noch Staffage. Aber trotz seiner Nutzlosigkeit ist die ganze Stadt auf die Barrikaden gegangen, als man ihn abschaffen wollte. Der Wächter auf dem Turm der Kathedrale ist den Lausannern ans Herz gewachsen. «Hört, ihr Leut' und lasst euch sagen ...» Wir alle kennen seinen nächtlichen Ruf. In schlaflosen Nächten schätzt man ihn ganz besonders.

«Aber ...»

«Ich weiss, was Sie mich fragen wollen, Marie. Michaud hat mit den Leuten geredet, die tagsüber auf die Kirche aufpassen. Wir werden gleich sehen, ob sie sich an unseren Mann erinnern. Und bevor Sie mich das fragen – der Glockenturm wird um 17.30 Uhr geschlossen, der Wächter kommt um zweiundzwanzig Uhr und bleibt bis vier. Gestern abend war nicht der Amtsinhaber da, sondern einer seiner Stellvertreter. Er entdeckte die Leiche ganz zufällig bei Dienstschluss um vier Uhr. Nun, kennen Sie den Toten?»

«Nicht persönlich, und soviel ich weiss, hat auch er mich nicht gekannt, sein Name ist auf jeden Fall nicht Blanc, er heisst Julien Dupuis. Wenn er es wirklich ist, ist er Schauspieler und hat gelogen. Gehen Sie nie ins Theater, Herr Kommissar?»

Er sieht mich schief an.

«Meinen Sie wirklich, wenn ich ihn auf der Bühne gesehen hätte, wäre ich zu Ihnen gekommen?»

«Ach, man kann nie wissen ... Möchten Sie, dass ich Sophie frage, ob sie ihn kennt?»

«Tun Sie das.»

Ganz und gar unsensibel wie ich bin, mache ich mit meinem Mobiltelefon ein Foto des Toten und sende es Sophie. Zehn Minuten später ist die Antwort per SMS da: «Bestätigt: Es ist Blanc. Wollte seine Frau beschatten lassen. Unangenehmer Typ.»

Léon sucht per Mobiltelefon Dupuis' Adresse. «Na so was, er wohnt hier gleich um die Ecke.»

«Was heisst hier gleich um die Ecke? Sophie hat mir übrigens gerade bestätigt: ‹Herr Blanc› war wirklich Julien Dupuis. Ich frage mich, wie er es sich als Schauspieler vorgestellt hat, sich hinter einem falschen Namen zu verstecken.»

«Gleich um die Ecke liegt seine Wohnung: Cité-Devant.»

«Ach, wie herzig, in den ehemaligen Räumen der Polizei.

Euch hat man ans Ende der Welt verjagt und aus euren Büroräumen Luxuswohnungen gemacht. Ich bin begeistert.»

«Sagen Sie bloss nichts, ich auch, ich wäre viel lieber in der Altstadt geblieben. Sie können gehen, Marie, herzlichen Dank und ...»

«Nichts da, lieber Herr Kommissar. Sie haben mich in diese Sache hineingezogen, und jetzt bleibe ich. Ganz abgesehen davon, dass ich ja seine Frau kennen könnte und ich ...»

«Der Ehepartner gehört meist zu den wichtigsten Verdächtigen und ich ...»

«Ich komme mit. Wenn ich die Frau nicht kenne, verschwinde ich wieder.»

Er verdreht die Augen, seufzt, gibt dem Gerichtsarzt mit einer Geste zu verstehen, dass er keine andere Wahl hat, und bricht auf. Ich folge ihm.

Beim Ausgang stossen wir auf Michaud, den Assistenten des Kommissars. «Die Damen glauben, alle, die auf den Turm gestiegen sind, seien auch wieder heruntergekommen, und sagen aus, sie hätten nur Gruppen und Familien gesehen. Ich habe das Kommen und Gehen ein bisschen beobachtet, es ist kein Problem, unbeachtet hineinzukommen.»

«Wissen Sie, wo der Wächter ist?»

«Der von heute nacht? Ein Student, er ist gerade in einer Vorlesung, hat aber versprochen, am Mittag wieder hier zu sein. Ich kümmere mich um ihn.»

Léon geht in Richtung des ehemaligen Polizeikommissariats, das man in ziemlich teure Wohnungen umgebaut hat. Wir läuten bei Dupuis. Die Frau, die uns öffnet, ist sehr elegant und sehr hübsch. «Sie wünschen?»

«Kommissar Léon, Kriminalpolizei. Frau Machiavelli, Ermittlerin. Wir möchten mit Frau Dupuis reden.»

«Frau Martine Cordier, meinen Sie? Sie ist nicht da, ich kümmere mich um ihren Sohn.»

«Ihr Mann ...»
«Ihr Mann? Nein, ihr Lebensgefährte, Julien Dupuis ...»
«Sein Zivilstand wird mit ‹verheiratet› angegeben, eine Frau ist hier, und Sie erwähnen ein Kind, weshalb ich angenommen habe ... Wann kommt sie zurück?»
«Ich weiss es nicht genau, sie sprach von zwei, drei Tagen und ...»
«Und Sie, wer sind Sie?»
«Ich bin Marianne Vaucher, Martines Zwillingsschwester. Mein Mann ist der Kardiologe Docteur Vaucher.»
Hinter ihr wird behutsam eine Türe geöffnet, und ein paar sehr junge graue Augen mustern uns. Ein kleiner Junge schlüpft heraus, sieben oder acht Jahre alt. «Marianne, was ist?»
Die junge Frau dreht sich um und läuft zu ihm. «Tobias! Ich habe dir doch gesagt, du sollst im Bett bleiben», sagt sie mit sanfter Stimme. Und zu uns: «Er ist krank, deshalb hat ihn seine Mutter nicht mitgenommen.»
«Und wo ist sie?»
«Sie hat Proben. In ... Paris. Gestern abend ist sie abgereist.»
Weder Léon noch mir ist ihr Zögern entgangen.
Sie verschwindet mit dem Kind, man hört Gemurmel und die hohe Kinderstimme, dann kommt sie zurück. «Bitte, Herr Kommissar, machen Sie mir nicht noch mehr Angst, was ist meiner Schwester passiert?»
«Ihrer Schwester soweit ich weiss nichts. Deren Lebensgefährte jedoch ... Sie haben doch gesagt, er sei ihr Lebensgefährte?»
«Julien und Martine leben seit drei Jahren zusammen, sie ist alleinerziehende Mutter und wartet darauf, dass Juliens Scheidung rechtskräftig wird, um ihn zu heiraten. Oder auch nicht.»

«Warum? Gibt es Probleme?»

«Sie verstehen sich ja ganz gut, aber ich mag Julien nicht. Martine und ich sind eineiige Zwillinge, da kann es sein, dass die eine mit ihren Gedanken die andere beeinflusst.»

«Und warum mögen Sie ihn nicht?»

«Er ist ein Dreckskerl. Was ist, habt ihr ihn verhaftet?»

«Wir haben ihn nicht verhaftet.» Léon wirft einen Blick auf die Tür des Kinderzimmers und vergewissert sich, dass sie wirklich zu ist. «Er ist tot.»

Sie ist vor Schreck wie gelähmt und starrt uns an.

«Tot? Aber ... Was ist geschehen?»

«Jemand hat ihm den Schädel eingeschlagen. Oder um ganz genau zu sein: Man hat ihm einen gut gezielten Schlag versetzt. Er wurde umgebracht.»

«Im Streit?»

«Der Gerichtsmediziner hat keine Spuren weiterer Gewalteinwirkung gefunden. Wie kann ich Ihre Schwester erreichen?»

«Im Moment kann ich Ihnen das leider wirklich nicht sagen, ich kann Sie benachrichtigen, sobald sie mich angerufen hat.»

Nach einigen weiteren Wortwechseln, dem Austausch von Telefonnummern und E-Mail-Adressen gehen wir. Im Treppenhaus greift Léon sofort zu seinem Mobiltelefon.

«Michaud? Wo sind Sie? Ach, Mist ... Nein, nein, befragen Sie den Wächter, ich kümmere mich darum.» Er bricht die Verbindung ab und stellt eine neue her. «Bornand? Ist die Leiche schon weg? ... Nein, nichts, warten Sie auf die Leichenbestatter.» Wieder beendet er das Gespräch. «Verdammt, sie ...»

«Sagen Sie mir, was los ist, Léon, vielleicht kann ich Ihnen helfen.»

«Ich habe zu wenig Leute, verdammt, ich ...»

«In fünf Minuten kommt die nette Frau Vaucher mit dem kleinen Jungen herunter und wird uns, das sag ich Ihnen, direkt zu ihrer Schwester führen. Denn Sie glauben so wenig wie ich, dass sie in Paris am Proben ist.»

Er seufzt. «Sie sind scharfsichtiger, als Ihnen guttut, Marie.»

«Zu scharfsichtig für Ihre Seelenruhe, meinen Sie. Ich mache Ihnen einen Vorschlag.» Es folgt ein weiterer Seufzer, und einmal mehr verdreht er die Augen. «Sie koordinieren, und ich ermittle. Ich folge Frau Vaucher, die, wenn wir recht haben, in drei Minuten hier zur Türe herauskommt.»

«Gleich dort hinten ist der Polizeiposten, ich könnte ...»

Die Cité ist Fussgängerzone, aber Taxis sind zugelassen. Ich unterbreche Léon, als sich ein Taxi von der Rue de l'Université her nähert. «Halten Sie das Taxi auf, bis ein zweites für mich da ist. Oder für uns, wie es Ihnen lieber ist.»

Sein mörderisch eisiger Blick lässt keinen Zweifel aufkommen, dass er es nicht liebt, Anweisungen zu bekommen. Aber er tut wortlos, worum ich ihn gebeten habe, das Taxi hält in unserer Nähe. Ein paar Minuten später kommt ein zweites; das erste fährt weiter zum Haus der Dupuis.

«Sie rufen mich jede Viertelstunde an, Machiavelli.»

«Einverstanden.»

Schon wählt er eine Nummer. «Docteur Monnier? Wann wissen Sie die genaue Todeszeit?»

Der andere scheint ihm etwas zu erklären, was Léon ganz in Anspruch nimmt, denn er dreht mir den Rücken zu und führt das Gespräch fort, ohne sich noch um mich zu kümmern. Ich steige ins zweite Taxi und plaziere den Gemeinplatz: «Folgen Sie diesem Wagen so unauffällig als möglich.»

Kurz darauf kommt Marianne mit Tobias heraus, sie sieht sich ängstlich um und steigt in ihr Taxi. Léon wartet im Schatten einer Toreinfahrt, bis sie weggefahren sind, dann stürzt er ins Haus – ich mache jede Wette, dass er die Tür zur Dupuis-Wohnung mit seinem Einbrecherwerkzeug öffnet. Ich weiss, dass Léon manchmal solche Sachen macht, auch wenn er nie jemandem etwas davon erzählt. Er löst nur deshalb so viele Fälle, weil er nötigenfalls zu unkonventionellen Mitteln greift. Er liebt das Ermitteln so sehr, dass er neulich eine Beförderung ausgeschlagen hat, weil ihn der neue Posten den ganzen Tag an den Bürotisch gefesselt hätte. Er muss draussen sein.

Das hatte überraschende Folgen: Seine Frau, die seit Jahren auf die Beförderung gewartet hat, weil das Leben einer Polizistengattin nicht einfach ist, hat ihn erst erpresst und dann verlassen: «Dein Job oder ich!»

Léon weiss sehr wohl, was eine Erpressung ist, selbst wenn die allerbesten Beweggründe oder Liebe dahinterstecken: Wenn man einmal nachgibt, folgt bald darauf die nächste. Er entschied sich, Kriminalkommissar zu bleiben, und seine Frau reichte die Scheidung ein. Er scheint darunter zu leiden, sie sind ein harmonisches Paar gewesen und haben zwei Kinder. Aber er spricht nicht darüber und beisst stattdessen die Zähne zusammen.

Während ich über die Wechselfälle in Léons Leben sinniere, führt uns das Taxi, das wir verfolgen, in einen westlichen Vorort von Lausanne, nach Renens, zu einem der Häuschen, die uns daran erinnern, dass hier früher ein Dorf für kleine Leute war. Heute ist alles industrialisiert, die Hütte, vor der das Taxi hält, will nicht recht in den Rahmen der modernen Gebäude ringsum passen.

Mein Taxifahrer kassiert mit der Bemerkung «Ich liebe es, Sherlock Holmes zu spielen!» Ich lasse es bei einem Lächeln bewenden und sehe gerade noch, wie eine weisshaarige Frau vorsichtig die Türe öffnet und mit einem Freudenausbruch Marianne und Tobias begrüsst. Und jetzt, im hellen Tageslicht sehe ich erst, was ich im Halbdunkel der Wohnung in der

Cité nicht wahrgenommen habe: Tobias hat überall blaue Flecken – im Gesicht, auf den Unterarmen und, wenn ich mich nicht irre, auch an den Beinen.

Ich überlege mir in aller Kürze folgende Möglichkeiten: Dupuis hat das Kind geschlagen, Martine hat sich dazwischengestellt, Dupuis ist einem Unfall zum Opfer gefallen. Oder aber Martine misshandelte das Kind und Dupuis ...

Früher hatten alle diese Häuschen einen Garten. Jetzt ist nur noch Beton überall, zum Beispiel der Parkplatz für das Bürohaus nebenan. Ich frage mich, ob ich von dort ins Innere des Häuschens sehen könnte, aber es ist ein bisschen zu hoch. Die Abschrankungen der Parkfelder sind da wie gerufen, ich klettere auf eine hinauf. Doch was ich sehe, ist so schrecklich, dass ich beinahe wieder hunterfalle. Durchs Küchenfenster ist eine Frau zu erkennen, die sich mit den Ellbogen auf dem Tisch abstützt, ihr Gesicht ist so angeschwollen, dass die Augen kaum zu sehen sind.

Ich steige hinunter und rufe Léon an.

«Nun?»

«Martine sitzt in der Küche ... wahrscheinlich ihrer Mutter, unübersehbar schwer misshandelt. Auch das Kind hat blaue Flecken, im Tageslicht sind sie gut zu sehen.»

«Meinen Sie, dass ...?»

«Wenn es sich hier nicht um einen Fall berechtigter Notwehr handelt, fresse ich einen Besen.»

«Gut, ich schicke die ...»

«Nein, Sie schicken gar niemanden, ich mache das.»

«Aber Sie sind nicht ...»

«Pech für Sie, Léon, Sie hätten mich ganz einfach nicht in diese Sache hineinziehen sollen, ich hab's Ihnen ja gesagt, und darum gebeten hab ich Sie auch nicht. Ihre Flucht bedeutet, dass sie nicht mit der Polizei reden will. Es ist eine geschlagene Frau, Léon.»

«Na und?»
«Geschlagene Frauen sind oft der Auffassung, sie seien an allem schuld, aus diesem Grund wählen gewaltbereite Männer instinktiv Frauen aus wie sie. Sie ist wahrscheinlich überzeugt davon, es sei alles ihre Schuld.
«Dafür gibt es die Sozialdienste.»
«Später! Lassen Sie mich jetzt machen, bitte, Léon.»
«Das darf ich gar nicht, aber ... gut, tun Sie's. Aber wenn Sie mich bis in einer halben Stunde nicht angerufen haben, schicke ich die Kavallerie.»
«Schön haben Sie das gesagt. Also dann, ciao.»
Ich läute. Auf dem Klingelschild steht «Cordier». Drei lange Minuten vergehen, bis die Dame mit den weissen Haaren die Türe öffnet. «Ja?»
Ich stemme mich mit meinem ganzen Gewicht gegen die Türe, um eingelassen zu werden. Und ich erkläre: «Frau Cordier, lassen Sie mich herein, ich weiss, dass Ihre Tochter in der Klemme ist, bitte glauben Sie mir, ich kann ihr helfen.»
Sie mustert mich verblüfft. «Wer sind Sie?»
«Marie Machiavelli, Buchprüfungsexpertin, zufällig bin ich mit dem Kriminalkommissar zusammengewesen, der Julien Dupuis' Leiche gefunden hat. Ich versichere Ihnen, ich kann Ihnen helfen. Aber sie darf sich nicht verstecken, man muss sehen, dass sie sich hat wehren müssen.»
Frau Cordier ist starr vor Schreck, möchte etwas sagen, bringt aber kein Wort heraus. Dann wird die Glastür, wahrscheinlich jene zur Küche, heftig aufgestossen.
«Was soll denn ...» Marianne bleibt abrupt stehen. «Was tun Sie denn hier? Sag nichts, Mama, das ist ein Bulle.»
«Nein, ich bin kein Bulle. Ich habe es geschafft, dafür zu sorgen, dass der Bulle, wie Sie sagen, nicht hier aufkreuzt. Aber ich bin Ermittlerin und weiss mit der Polizei umzugehen. Ihre Schwester ist brutal geschlagen worden, sie muss sich zeigen.»

Ich dränge die beiden Frauen auseinander und betrete die Küche. Martine, sie ist es in der Tat, sitzt zusammengesunken am Tisch und schluchzt. Tobias kauert wie ein gejagtes Wild zwischen zwei Möbelstücken. Ich hätte doch die Sozialdienste kommen lassen sollen, ich fühle mich der Lage nicht gewachsen. Als ich versuche, Martine zum Aufstehen zu bewegen, schnellt sie plötzlich zurück und stösst einen Schmerzensschrei aus.

«Martine, Sie müssen sich hinlegen, Sie müssen ins Krankenhaus.»

«Ich ...»

«Ich habe meinen Mann angerufen», sagt Marianne. «Er kommt mit der Ambulanz seiner Klinik.»

Ich rufe meinen Anwalt Pierre-François Clair an. Er ist ein Mann mit einem grossen Herzen, verfügt über alle möglichen Ressourcen und handhabt sie in seinem Beruf ebenso unkonventionell wie Léon die seinen. Und er fürchtet sich vor niemandem. Vier verängstigte Augenpaare verfolgen jede einzelne meiner Handlungen.

«Pierre-François, das ist die Lage», sage ich ohne Einleitung. Und schildere ihm, wo ich bin und warum.

«Bleibt, wo ihr seid, ich komme. Kannst du fotografieren?»

«Ja, warum?»

«Mir ist es lieber, wenn es jemand macht, den sie kennen. Und du bist zugelassene Anwältin, das gibt den Fotos mehr Beweiskraft. Ich bringe eine Kamera mit. Gib mir die Nummer dieses Docteur Vaucher.»

«Die Nummer Ihres Mannes!», sage ich zu Marianne.

Sie diktiert sie, und ich gebe sie weiter, lege auf und wende mich an die Frauen. «Sagen Sie mir bitte, was geschehen ist.»

Martine schluchzt, ihre Mutter und ihre Schwester weinen, Tobias' vor Schrecken weit aufgerissene Augen bleiben trocken.

«Frau Cordier?»

Mutter Cordier schneuzt sich. «Er sah so lieb aus, war nett, ein hübscher blonder junger Mann, ein Sonnenstrahl. Aber er war ein Psychopath. Seine gewalttätige Natur verbarg er hinter einer Maske von Liebenswürdigkeit, er führte alle hinters Licht. Wenn Sie nicht mit ihm zusammenleben, merken Sie von allem nichts. Er hat Martine zu schlagen begonnen, zuerst ein wenig, dann ein wenig mehr, es wurde sehr schwierig, aber Martine ...»

«Sie ist völlig willenlos geworden», ergänzt Marianne. «In diesem letzten Jahr hat er sie überwachen lassen, auch sie ist Schauspielerin; wann immer sie eine Rolle bekommen hat, hat er sie geschlagen, bis sie wieder abgesagt hat. Sie ist apathisch geworden und hat alles mit sich machen lassen.»

«Und dann hat er den Fehler gemacht, auch Tobias zu schlagen.»

«Ist Tobias sein Sohn?»

Martine verneint mit einem Kopfschütteln. Sie hat noch kein Wort gesagt.

«Der Vater von Tobias ist gestorben, noch bevor Martine und er geheiratet haben», sagt die Mutter.

«Und was ist geschehen, als Dupuis den Kleinen geschlagen hat?»

«Martine ist aus ihrer Apathie aufgewacht und hat zurückgeschlagen, um ihren Sohn zu beschützen.»

«Hat sie ihn getötet?»

«Er war betrunken», sagt Marianne heftig. «Sie hatte ihm gerade gesagt, dass sie ihn verlassen werde. Da zwang er sie, auf diesen Turm zu steigen, der Mann war krank, das sag ich Ihnen. Er wollte das Kind hinunterwerfen, um sie zu bestrafen.»

«Waren sie allein?»

«Ja, es war, kurz bevor der Turm geschlossen wurde», erklärt Martine leise und mit rauher Stimme.

«Und dann?»

«Ich wollte ihn daran hindern, wir schlugen aufeinander

ein, aber er war stärker als ich ... Er stiess mich gegen die Brüstung und wollte ...» Ihre Stimme geht im Schluchzen unter.

Tobias schiesst plötzlich auf und stürzt auf seine Mutter zu, umklammert ihre Taille, ihr Gesicht ist schmerzverzerrt. «Er wollte Mama töten. Da nahm ich einen Stock und schlug zu», stösst er mit kristallklarer Stimme hervor.

«Tobias! Hören Sie nicht auf ihn, hören Sie nicht auf ihn, ich war's, ich ...»

Der Schrecken lähmt mich. Dieser arme kleine Junge ... Und dieser Dreckskerl Dupuis! Mir kommen die Tränen, aber glücklicherweise läutet es, Pierre-François, Docteur Vaucher und die Ambulanz sind da.

Wer Pierre-François für einen Witzbold hält, ist selber schuld, er ist ein grosszügiger Mensch und ein tüchtiger Anwalt. Aber jetzt wirkt er erhaben. Er versteht augenblicklich die Körpersprache von Martine und Tobias – es ist ihm alles klar. Docteur Vaucher kümmert sich um Martine Cordier, eine Pflegerin kommt mit einem Arztkoffer und mit Infusionsbesteck, die Sanitäter stellen sich beim Eingang auf, Pierre-François nimmt sich Tobias an, zieht ihn von seiner Mutter weg, nimmt ihn in seine Arme und spricht leise mit ihm.

Er reicht mir die Fotokamera. Martine macht abwehrende Bewegungen, aber es gelingt mir, sie zu beruhigen. «Martine, es muss sein. Vor allem, wenn Sie sagen, dass Sie es waren ... Die Fotos werden nicht veröffentlicht, und Sie brauchen keine Angst mehr zu haben. Das Ungeheuer ist tot.»

«Ich bin Anwalt», sagt Pierre-François.

«Ich weiss nicht, ob wir Sie bezahlen können.»

«Reden Sie jetzt bitte nicht über Geld», antwortet Pierre-François.

Docteur Vaucher schaltet sich ein: «Nein, meine kleine Martine, im jetzigen Augenblick geht es wirklich nicht um Geld.»

«Erzählen Sie mir lieber, was geschehen ist», insistiert Pierre-François. Und mich fragt er: «Weiss Léon Bescheid?»

«Er erwartet meinen Anruf.»

«Sag ihm, er solle kommen.» Dann wendet er sich an die drei Frauen, den Arzt und die Pflegerin. «Wir haben eine Viertelstunde Zeit, um uns auf die offizielle Version der Ereignisse zu einigen.»

Als Léon und Michaud läuten, liegt Martine bereits in der Ambulanz, man hat ihr am Unterarm eine Infusion gesteckt, die Schmerzmittel machen sie groggy, ein Glück!

«Hier, Herr Kommissar, die Adresse meiner Klinik. Sie muss als Notfall eingeliefert werden», sagt Vaucher, «es könnte innere Verletzungen gegeben haben, Knochenbrüche, eine Hirnerschütterung …»

«Das ganze schreckliche Programm, nicht wahr. Was ist mit Ihrer Pflegerin?»

«Sie untersteht dem Arztgeheimnis.»

«Sehr gut. Dann fahren Sie», sagt Léon und steckt die Visitenkarte der Klinik ein.

Die Ambulanz fährt mit heulender Sirene ab.

Aber Pierre-François wartet nicht, bis jemand die erste Frage stellt. «Haben Sie gesehen, in welchem Zustand sich diese arme Frau befindet, Herr Kommissar? Sie hat sich gewehrt, und dabei ist ihr Mann unsanft auf der Balustrade gelandet. Verstehen wir uns?»

Der kleine Tobias will etwas sagen, aber Pierre-François drückt ihn an sich, streicht ihm sanft übers Haar und wiederholt: «Verstehen wir uns?»

Léon sieht sich im Zimmer um, fixiert Michaud mit einem Blick, dieser macht eine kaum wahrnehmbare Kopfbewegung und Léon nickt: «Wir verstehen uns.»

Wir lassen Marianne, ihre Mutter und Tobias in Pierre-

François' Obhut. Ich mache mich auf den Weg Richtung Bahnhof, aber Léon meint: «Wir bringen Sie in die Stadt, Marie. Anschliessend fahren wir zu dieser Klinik.»

«Danke.»

Er steigt ins Auto.

Während gut der Hälfte des Weges sagt er kein Wort. «Es gibt viel zu tun», sagt er schliesslich, «damit sich der kleine Junge von seiner Heldentat erholt. Und wenn es fehlschlägt, hat dieser Drecksterl von Dupuis sterbend ein unschuldiges Leben zerstört.»

«Vielleicht fangen wir damit an, nicht darüber zu reden.»

«Wir reden nicht darüber, nicht wahr, Michaud?» Dieser drückt mit einer Geste sein Einverständnis aus. «Mir lag nur daran, meine kleine Marie, Sie wissen zu lassen, dass ich kein Dummkopf bin.»

«Das versteht sich von selbst, Herr Kommissar.»

Wir sind im Flon, der Wagen hält vor dem Haus, wo sich meine Agentur befindet, Léon steigt aus, kommt auf die andere Seite und öffnet die Türe für mich.

«Danke, Léon», sage ich beim Aussteigen.

«Ich danke Ihnen, Marie.» Er kehrt auf die Fahrerseite zurück und sagt über die Kühlerhaube seines Wagens hinweg zu mir: «Ich hasse Vergewaltiger, ich hasse Gewalt an Frauen, und ich hasse Leute, die Kinder quälen. Auf Wiedersehen.»

Er steigt in seinen Wagen und fährt davon.

Ich gehe in mein Büro hinauf und sage mir, dass ich Léon exakt dafür so verehre, selbst dann, wenn er mir auf die Nerven geht.

STANS

HELM – IN BLAU
ANDREA WEIBEL

«Nun bist du also von der weiten Welt in den toten Winkel der Schweiz gekommen», sagte Sandra.

«Ach was!» Alma machte eine wegwerfende Handbewegung.

Mit einem versonnenen Lächeln setzte sich Sandra an den Tisch.

«Genau so beschreiben böse Zungen das Nidwaldnerland. Hier kann es richtig gefährlich werden.»

Am Küchenfenster stehend, schüttelte Alma resolut den Kopf. Das Haar fiel ihr in engen Spiralen über den schmalen Rücken. Seltsam, dachte Sandra, dass eine Frau wie Alma über die körperliche Kraft verfügt, um alte Menschen zu betreuen. Durch den Türspalt beobachtete sie ihren Schwiegervater, der im Nebenzimmer murmelnd die Zeitung las. Almas Augen ruhten auf den schroffen Felsen des Brisen.

«Als ich damals in St. Gallen überraschend Eszter traf, die ich von Budapest her kenne, erzählte sie, sie habe zuerst in einem Club in Zürich gearbeitet und ein paar Wochen später als Pflegerin angefangen. Obwohl sie sich immer noch fremd fühle in der Schweiz, sei das Leben hier so ruhig und unaufgeregt, dass sie wohl bleiben werde. Wenn diese Beschreibung auf die Ostschweiz zutrifft, wird es in Stans nicht anders sein.»

Alma füllte einen Krug mit Wasser und setzte sich zu Sandra.

«Dann erwähnte Eszter den Namen eines Mannes aus Stans, der eine Pflegerin suche. Und sie sagte, dass es dort, in

Stans, hohe Berge gebe und einen blauen See, sie habe einmal eine Postkarte von dort erhalten, eine richtig kitschige.»

«Und ich dachte, dass Balthasars rauher Charme dich betört hat», erwiderte Sandra.

«Nicht sein Charme, seine Offenheit hat mich entwaffnet. Als ich mich bei ihm vorstellte, sagte er noch unter der Tür: ‹Ich bin 78jährig und suche eine Frau, die mir vorliest und nicht der Meinung ist, Dada sei ein Partylokal oder ein neuer Drink. Den Hintern abwischen, kochen und putzen müssen Sie nicht, das besorgt Frau Amstad aus Dallenwil. Aber meine Hand halten, wenn ich mich vor der Dunkelheit fürchte, das wäre auch eine Ihrer Aufgaben in diesem Haus. Denn die Nidwaldner Frauen sind eher praktisch veranlagt.› Diese Direktheit hat mir gefallen.»

Im Abendlicht, das den Dingen die Konturen nahm, warfen Almas beinahe durchsichtige Wimpern graue Schatten auf ihr ebenmässiges Gesicht. Wie ein kunstvolles Häkelmuster schienen sich ihre Sommersprossen über die hohe Stirn, das runde Kinn und gar über die volle Oberlippe auszubreiten.

«Balthasar hatte immer seine liebe Mühe mit den Innerschweizer Frauen», fuhr Sandra etwas leiser fort. «Walthers Mutter hat sich von ihm getrennt und ist nach Obwalden gezogen, als die beiden kaum drei Jahre verheiratet waren. Es war ein Skandal. Stell dir vor, Stans in den 1970er-Jahren, das Leben war noch immer durchtränkt vom Katholizismus, und allein der Gedanke, dass eine Frau einen Mann verlassen könnte, war eine Ungeheuerlichkeit. Zudem waren die Leute misstrauisch, weil Balthasar mit seiner Kunsthandlung zu Geld kam.»

«Hatte er andere Frauen?»

Sandra zögerte und fuhr flüsternd fort:

«Im Sommer ist Balthasar mit dem Buben jeweils nach Kalabrien gefahren. Walther hat mir schon vor unserer Ehe erzählt, sein Vater habe dort eine Freundin gehabt. Eine gewisse Giuliana, die dem Buben über den Kopf gestreichelt und ihn ‹principino› genannt habe. Als Walther dann fünfzehn oder sechzehn war, wollte er nicht mehr mit seinem Vater verreisen. Ich glaube, er mochte diese Giuliana nicht. Du kennst ihn ja. Alles Fremde ist ihm suspekt, und dies erst recht, wenn es weiblich ist.»

Alma atmet schwer. Im Zimmer in ihrer Pension riecht es nach staubigem Dachboden und kaltem Rauch, obwohl sie in diesem Haus noch nie jemanden mit einer Zigarette angetroffen hat. Schon wieder hat sie von Edith Angeli geträumt, von ihrem Gesicht, das an eine zerknüllte Papiertüte erinnerte, von den knorrigen Händen und den ausgeprägten Adern, die wie kleine Schlangen über ihren Körper krochen.

«Edith Angeli ist tot», flüstert Alma. Nie mehr ihren Speichel wegputzen, der aus den Mundwinkeln quillt, nie mehr mitten in der Nacht Palatschinken zubereiten. Alma steigt aus dem Bett, öffnet das Fenster. Kaum ein Geräusch ist zu vernehmen, aber die Ruhe hier ist eine andere als in den Donau-Auen, es ist, als ob die behäbigen Häuser die Luft anhielten und die Menschen an den Fenstern ihre Nasen plattdrückten. Mücken fliegen Kreise unter der Strassenlaterne, wie Planeten, die sich endlos um die Sonne drehen. Ediths Diamantring liegt zwischen Almas Kleidern im Schrank. Sie holt ihn hervor, lässt sein Feuer aufblitzen im Licht der Nachttischlampe. Ich sollte mich nach der Arbeit nicht sofort aufs Bett legen, denkt Alma. Gewöhnlich wacht sie vor Mitternacht wieder auf, findet dann kaum mehr Schlaf, schlendert durch das stille Dorf, spricht mit den Katzen, schaut hoch zum Stanserhorn, dessen beleuchteter Gipfel wie eine Schaufensterauslage präsentiert wird. Vielleicht, denkt Alma, wollen die Menschen beweisen, dass sie es geschafft haben. Oder sie fürchten die

Dunkelheit, besonders die bedrohliche dort oben, wo sich ein letzter Berggeist herumtreiben könnte. So lange der Berg ins Licht getaucht ist, verschwindet er nicht, denkt Alma. Das wird es sein.

Sie legt den Ring zurück und trinkt am altmodischen Waschbecken ein Glas Wasser. Heute, als sie vor dem Eindunkeln unter die Decke kroch, wollte sie von Wien träumen; aber sie schafft es nie, ihre Träume zu manipulieren. Kommt der Schlaf über sie, bewegt sie sich in den engen Gassen Budapests oder in St. Gallen, sie träumt von Menschenmengen in Zügen und welkenden Gärten. Ein Gemurmel treibt sie erneut ans Fenster. In Begleitung einer anderen Frau steht Balthasars Nachbarin an der Hausecke. Die Kirchenchorprobe hat lange gedauert, denkt Alma. Obwohl die Worte der Frauen aus gesungenen, runden Lauten bestehen, reissen sie hässliche Löcher in die Nacht. Alma weiss, dass sie gemeint ist. Sie schliesst das Fenster.

Die Kundin sass unter der Trockenhaube und blätterte in einer Frauenzeitschrift.

«Was macht die kleine Wienerin?», fragte sie.

«Alma?»

«Na, eine andere Wienerin haben wir hier nicht, oder?»

Sandra hatte eine böse Antwort auf der Zunge, aber sie hielt sich zurück. In fünf Minuten erwartete sie die nächste Kundin, bis dahin musste sie sich wohl oder übel mit Frau Murer unterhalten. Schliesslich kam diese schon seit sechs Jahren regelmässig in «Sandys Frisiererei», um ihr graues Haar färben zu lassen.

«Mein Schwiegervater mag sie. Früher hat sie in Wien Psychologie und Kunst studiert.»

Unbeirrt fuhr Frau Murer fort:

«Hat sie dir erzählt, dass ihr ungarischer Freund sie verlassen hat, nachdem ihr schon der zweite Patient unter den Händen weggestorben war? Dem Mann war es nicht mehr ganz geheuer mit ihr. Übelnehmen kann man ihm das nicht. Ich meine, wenn so gestorben wird im Umfeld der Freundin, kann einem schon mulmig werden. Da wohne ich doch lieber neben einem Spukhaus, obschon das Rumoren der Geister mich auch schon um den Schlaf gebracht hat.»

«Wer hat dir diesen Unsinn erzählt?»

Frau Murer zog die Unterlippe zwischen ihre Zähne und fächelte sich mit der Zeitschrift Luft zu.

«Na?», wiederholte Sandra und kontrollierte die Temperatur unter der Haube.

«Sie trinkt manchmal zu viel, die kleine Wienerin. Fünf Bätziwasser sollen es gewesen sein an Dominiks Geburtstag, zu dem sie eingeladen war. Das lockerte ihre Zunge. Aber sie hat noch ganz andere Laster. Das erkennt man unschwer an den durchsichtigen Blusen, die sie trägt. Die sind vielleicht gut für die Grossstadt, aber doch nicht für Stans. Ist es nicht seltsam, dass eine Frau, die ihre Reize so schamlos präsentiert, alte Männer pflegt?»

«Ich finde, dass sie sich ganz normal kleidet», sagte Sandra.

«Hast du sie schon gefragt, weshalb sie nur ein paar Monate in St. Gallen geblieben ist?»

«Es ist ja nicht verboten, die Stelle zu wechseln», erwiderte Sandra etwas zu laut.

Ihre Zunge fühlte sich an, als ob die Mundhöhle zusammengeschrumpft wäre. Der ständige Föhnwind machte sie durstig.

«Natürlich nicht», erwiderte die andere und dehnte ihre Worte wie einen geschmeidigen Brotteig. «Nur seltsam, dass die Dame ihren Wohnort nach dem Tod ihres Arbeitgebers fluchtartig verlassen hat, meinst du nicht? Meinen Schwiegervater würde ich ihr nicht anvertrauen.»

Sandra öffnete die Ladentür, um etwas Luft hereinzulassen. Die grünen Bergrücken umzingelten das Dorf. Sandra seufzte.

Es war Almas erster Ferientag seit ihrer Ankunft in Stans. Nur widerstrebend hatte ihr Balthasar zugestanden, an zwei aufeinanderfolgenden Tagen freizunehmen. Sie musste dringend ein paar persönliche Dinge erledigen und wollte in Luzern gutes Schuhwerk kaufen, damit sie an einem Mittwoch – dann übernahm Walthers Schwester jeweils den Dienst – von Melchsee-Frutt zum Engstlensee wandern konnte. Im Gegenzug hatte sie eingewilligt, für Balthasar Unterwäsche und drei Flaschen Amaretto zu besorgen, denn Träsch und Bätziwasser vernebelten nur den Kopf, hatte der Alte gesagt, und wenn sie seinen Alkohol in Stans kaufe, wisse es sowieso das ganze Dorf.

In der «Frisiererei» wurde Alma von Barbara Trachsler begrüsst, die in einem dunkel gefärbten Hochdeutsch erklärte, Sandra komme später, weil ihre Tochter von einem Hund gebissen worden sei. Alma nahm auf einem Sessel mit einem knautschigen, roten Kunstlederbezug Platz und fixierte ihr Spiegelbild. Prüfend hielt die Coiffeuse eine von Almas Haarsträhnen gegen das Licht und zupfte daran.

«Welchen Wunsch darf ich Ihnen erfüllen?», fragte die junge Frau, während sie Alma den Frisiermantel umlegte, der sich auf den nackten Armen kühl anfühlte und einen unangenehmen Schauder verursachte. Es kitzelte ein wenig, als Frau Trachsler mit gespreizten Fingern zart von der Kopfmitte durch das Haar fuhr.

«Sandra meinte, etwas Farbe würde mir stehen.»

«Allerdings», erwiderte die junge Frau. «Ihr Haar ist, nun – eigentlich fast farblos.»

Alma schluckte.

«Früher war ich dunkelblond, aber mit zwanzig hatte ich schon die ersten grauen Haare.»

«Tja, da müssen wir etwas Mut beweisen.»

Nach einer kurzen Besprechung legte Frau Trachsler los. Als Sandra knapp zwei Stunden später das Geschäft betrat, war das Haarfärbemittel bereits ausgewaschen. Sandras Anblick erfüllte Alma mit Erleichterung. Sie lachte laut und nervös, wie damals als kleines Kind, als sie im Prater endlich die Gondel des Riesenrads verlassen konnte. Sandra machte erst mal Kaffee. Kurz nachdem Almas Haar gekämmt war, verschwand Sandra mit ihrer Angestellten im kleinen Raum neben der Toilette. Ein paar Gesprächsfetzen im Nidwaldner Dialekt, ein aus urtümlichen Lauten gewobener Teppich, dessen Motive Alma nur verschwommen erkennen konnte, drangen an ihr Ohr, dann ein sich überschlagendes Lachen. Der Kaffee schmeckte süss und stark. Lächelnd lehnte sich Alma zurück, dann eilte Frau Trachsler grusslos an ihr vorbei aus dem Geschäft.

«Ich fürchte», sagte Sandra zerknirscht, «da ist etwas schiefgelaufen mit deinem Haar.»

Der Kamm in ihrer Hand zitterte.

«Wir sollten das Resultat erst beurteilen, wenn das Haar trocken ist, aber ich glaube, dass sich Frau Trachsler in der Farbwahl vertan hat. Ein so helles Rot ist für dich nicht geeignet.»

Alma versuchte, sich auf eine Zeitschrift zu konzentrieren, während Sandra ihr das Haar schnitt und föhnte. Es wird schon nicht so schlimm sein, dachte Alma. Meist ist es nicht so schlimm, wenn man sich erst daran gewöhnt hat. Dann sah sie die Frau im Spiegel, die ihr fremd war. In einem schmutzigen Ockergelb, durchwoben von rosaroten Strähnen, fielen ihr die Locken ins Gesicht. Als ob es noch eines Beweises bedurft hätte, dass die bleiche Person mit den starren Augen wirklich sie war, strichen ihre Finger in einem sanften Bogen über ihre Stirn.

«Ich kann es mir nicht erklären», sagte Sandra mit matter Stimme. «Barbara ist sonst wirklich gut im Färben. Ich weiss nicht, was in sie gefahren ist. Es muss – ein dummes Missverständnis sein.»

Dann schlug sie vor, am nächsten Tag nochmals zu färben, in einem dunklen Braunton, der die gelben Partien überdecken sollte. Alma konnte nicht warten. Fast fünf Stunden, nachdem sie das Geschäft betreten hatte, verliess sie es mit kribbeligen Beinen. Sie blinzelte. Ihre Locken lagen eng am Kopf, einzelne Kringel wippten auf der Stirn. Vom Duft der Shampoos und Spülmittel war ihr ein wenig schwindlig geworden. Oder vom Föhn, der immer noch durch die Gassen fegte. Sie war erschöpft.

Alma steht am geöffneten Fenster. Die kühle Luft, die nach dem Auflösen der Verkehrsströme Richtung Luzern und ins Engelbergertal nach nichts riecht, streicht über ihre Wangen. Seit einem Monat wohnt sie nun schon in Balthasars Haus, ganz oben unter dem Dach, in einem geräumigen Zimmer mit einem wunderhübschen Kachelofen, an den Wänden eine vergilbte, einst rosafarbene Tapete, gegenüber der Tür ein schweres Bett mit Intarsien im Kopfteil. Wenn sie sich aus dem Fenster lehnt, kann sie einen Blick auf den Dorfplatz erhaschen, auf eines der zahlreichen Gasthäuser, die dort die Strasse säumen. Vor der Eingangstür lamentieren ein paar Männer, die Hemden bis zum Bauch aufgeknöpft, in den Händen ein Bierglas. Stans liegt nicht im toten Winkel, denkt Alma, hier bläst der Wind jedes Geheimnis an den Stammtisch.

Als sie den Bankbeamten Anfang Woche gefragt hat, wie sie ihre 400 000 Franken sinnvoll anlegen könne, begann er zu stottern. Dann verschwand er im hinteren Teil des Büros und holte eine Broschüre über das «clevere Anlegen», die er ihr mit finsterer Miene und der Andeutung eines Kopfschüttelns zuschob, als ob sie ihn gebeten hätte, ihr Geld in den Menschenhandel zu investieren. Was sind in diesem Land schon 400 000 Franken, denkt Alma. Sie überlegt, ob sie sich unten am Platz einen Obstler genehmigen soll. Früher hat sie nie gebrannte Wasser getrunken, aber seit sie richtig Geld hat, braucht sie manchmal einen leeren Kopf. Je mehr ich besitze, denkt Alma, umso schwerer werden meine Gedanken. Sie sinken tief in mich hinein, füllen alle Hohlräume, wollen sich nicht mehr auflösen. Nur die leichten, die schönen Gedanken fliegen einfach fort.

Wenn Balthasar – wie heute – stumm dasitzt und hinaus auf die Gasse starrt, stellt sie sich ihre Rückkehr nach Wien vor. Mit ihrem altmodischen Kunstlederkoffer wird sie in Zürich am Bahnhof stehen, wie eine Touristin einsteigen und einfach heimfahren, vielleicht wird sie vorher nur zum Spass am Briefkasten eine Postkarte einwerfen. Sie muss sich noch überlegen, an wen sie ihre Grüsse senden wird. Heftig und schmerzhaft, als ob es für sie unerreichbar wäre, freut sie sich darauf, hinter dem Stephansdom ein Eis zu essen. Aber exakt an diesem Punkt ihrer Vorstellung, wenn sie an das Eiscafé denkt und an das letzte Mal, als sie dort vor ihrer Abreise nach Budapest einen Eisbecher bestellte, werden ihre Gedanken flockig. Die Fortsetzung dieser Episode löst sich auf wie Federwolken im Höhenwind, und sie weiss, dass es niemals mehr sein wird wie damals. Zu lange ist es her, zu viel liegt dazwischen. Alma starrt auf die Männer vor der Gaststube, die sich zuprosten. Mit zwei Fingern ziept sie an einer Locke, bis es weh tut.

Auch Balthasar zupfte daran, als sie von der «Frisiererei» zurückkam. Dann schüttelte er den Kopf und sagte, Alma müsse die Trachsler verklagen, heute noch, er werde sie begleiten. Als sie immer wieder versicherte, dass es sich um ein Missgeschick handle, hat er ihr das Zimmer unter dem Dach angeboten und eine Gehaltserhöhung in Aussicht gestellt, weil es nicht sein könne, dass eine echte Wienerin in der Heimat des Balthasar Achermann so behandelt werde.

Alma steht am Fenster, überlegt. Dann schlüpft sie in das neue Kleid, das sie in Luzern gekauft hat, und steckt sich den Ring an den Finger. Der tiefrote Lippenstift steht keiner besser als ihr. Sie braucht nicht in den Spiegel neben der Tür zu schauen, sie weiss, dass sich hier keine traut, so auf die Gasse zu gehen. Sie holt die schwarzen Pumps aus dem Schrank und schleicht, in jeder Hand einen hochhackigen Schuh, auf nackten Füssen aus dem Haus. Das Volk, denn so nennen sie sich, diese tapferen Nidwaldner, die einst Napoleon nicht scheuten und jetzt erleichtert sind, dass es nichts mehr gibt, wofür es sich zu sterben lohnt, kennt mich nicht, denkt Alma.

Balthasar war schon wieder eingenickt, als Alma ihm vorlas. Da er ihr verboten hatte, ihn beim Schlafen zu betrachten, zog sie sich mit einem Buch ins Zimmer nebenan zurück. Diesmal vernahm sie das Geräusch, bevor Walther das Zimmer betrat. Er besass einen Schlüssel zum Haus seines Vaters. Noch immer hatte Alma sich nicht daran gewöhnt, dass er manchmal wie ein wendiger Zwerg, den sie bisher ohne bösen Willen übersehen hatte, vor ihr stand oder ihr im schummerigen Treppenhaus entgegenkam, wenn sie in ihrem Zimmer etwas holen wollte. Nachdem sie einmal heftig zusammengezuckt war, hatte er beschwichtigend erklärt, dass er seinen Vater nicht erschrecken wolle mit dem durchdringenden Ton der Hausglocke. Ausserdem sei der Alte letztes Jahr, als er dem Postboten die Tür öffnen wollte, auf den Fliesen ausgerutscht, und einen weiteren Sturz gelte es zu vermeiden. Alma nahm die Füsse vom Sofa und richtete ihre Augen auf das Buch. Walther nickte ihr zu.

«Schläft er?», fragte er.

«Heute ist er nach dem Mittagessen schon eingenickt.»

«Was liest du ihm denn vor? Das muss ja eine langweilige Geschichte sein.»

Sie zeigte ihm das Buch, eine Darstellung der abendländischen Kultur.

«Na, da würde ich auch einschlafen», spottete Walther und setzte sich ihr gegenüber.

Sie beachtete ihn nicht weiter und wandte sich wieder ihrer Lektüre zu.

«Hast du diese Blumen in die Vase gestellt?», fragte er mit scharfer Stimme.

«Ich habe sie am Mittwoch oberhalb von Melchsee-Frutt gefunden. Sie sind schön, nicht?», fragte Alma.

Er stand auf, liess sich neben ihr nieder und packte sie so heftig am Arm, dass sie aufschrie.

«Willst du mich verarschen oder was? Du weisst doch, was das für Blumen sind?»

Sie rückte von ihm ab, schüttelte den Kopf.

«Das ist der Blaue Eisenhut, ein hochgiftiges Gewächs. Fünf Gramm der Wurzel genügen, um einen alten kranken Mann ins Jenseits zu befördern.»

Sie schnellte hoch, machte ein paar Schritte zur Tür und stiess flüsternd hervor:

«Ich befördere keine alten Männer ins Jenseits. Sie gelangen nämlich ganz von selbst dorthin. Aber ich mag diese Blumen. Dagegen ist nichts einzuwenden, oder? Und überhaupt, weshalb weisst du denn, dass diese blaue Blume so giftig ist?»

Walther war ebenfalls aufgesprungen.

«So was lernt man hier in der Schule. Soll ich dir sagen, was im ganzen Dorf Tischgespräch ist? Die Frau, die du in Ungarn gepflegt hast, starb kurz nach deinem Stellenantritt.

In St. Gallen war es nicht anders, habe ich recht? Wie viel haben sie dir vererbt, diese Alten? Und was hat Balthasar mit seiner verdammten, kindischen, altmodischen Grossherzigkeit dir schon geschenkt? Er hat noch zahlreiche wertvolle Bilder oben, die er bisher weder verkaufen noch ausstellen wollte.»

Sie musste nach Atem ringen, um ihn zu unterbrechen.

«Er kann ja wohl mit seinen Bildern machen, was er will.»

Diese Wendigkeit hätte sie ihm, dem stämmigen kleinen Mann mit dem dichten Haar, das ihm wie ein Pelz in die Stirn zu wachsen schien, nicht zugetraut. In zwei Schritten stand er neben ihr, packte sie am Hinterkopf und griff in ihre Locken, als ob er Karotten aus dem harten Boden ziehen wollte. Alma ruderte mit den Armen.

«Was hat er dir geschenkt. Was?»

Sie blinzelte, Tränen brannten in ihren Augen.

«Ein Bild von Max von Moos. Sonst nichts. Ich schwör's.»

Abrupt liess er ihren Lockenschopf los. Sein Atem klebte an ihrem Nacken, seine Lippen an ihrem Hals.

«Du bezahlst dafür. Jetzt. Der Alte schläft, den weckt nicht mal ein PC-7 im Tiefflug. Und ich sage niemandem etwas von dem von Moos.»

«Wem solltest du etwas sagen? Ausserdem ist das Bild ein Geschenk», presste sie zwischen ihren zusammengebissenen Zähnen hervor, während seine Finger Muster auf ihre Arme, dann auf ihre Brust zeichneten.

«Vielleicht Sandra. Oder der Polizei? Was denkst du, wem sie glauben? Jeder Innerschweizer weiss, was ein von Moos wert ist, und Vater hat noch eine ganze Reihe wertvoller Bilder oben, die nur ein Verrückter wie er einfach so verschenkt. Zudem bezahlt er dir einen Lohn nach hiesigen Verhältnissen, und dann wohnst du erst noch gratis unter seinem Dach. Denkst du wirklich, dass das niemandem auffällt?»

«Du spinnst», stiess sie hervor und versuchte, sich loszumachen.

«Nur einmal, Schneewittchen. Dann gehört dir das Bild. Komm schon. Du schläfst doch sowieso mit dem halben Dorf.»

Er glotzte wie ein Fisch, packte sie fester, hatte jedoch ihre Locken endlich losgelassen. Sie gab sich einen Ruck, drehte sich um und zog seinen Unterkörper an sich heran.

«Einmal», flüsterte sie, «nur damit ich weiss, aus welchem Holz du geschnitzt bist.»

Morgen, denkt Alma, muss ich schon wieder zur Bank. Drei Hunderterscheine und einen Zwanziger hat sie Walther aus der Geldbörse stibitzt. Das Geld will sie nicht auf sich tragen, es ist eklig. Walther war so damit beschäftigt, seine Socke zu finden, die sie hinter den Ofen geschoben hatte, dass sie sich problemlos um den Inhalt seiner Taschen hatte kümmern können. Glaubte der Mann wirklich, sie mache es gratis und franko, weil er eine leere Drohung ausgestossen hatte? Unwillig schüttelt sie den Kopf. Dann erst öffnet sie den Briefumschlag, der heute mit der Post gekommen ist. Der handschriftliche Brief stammt von einer Frau namens Luisa Vetsch. Sie sei eine entfernte Verwandte des verstorbenen Franz Vetsch, den Alma in St. Gallen drei Monate lang gepflegt habe. Sie, Frau Vetsch, werde nicht zögern, die Polizei zu kontaktieren, wenn Alma die Erbschaft nicht zurückzahle. Es gebe da einen Zeugen, der gesehen habe, wie Alma dem Franz regelmässig auf unsittliche Art zu Diensten gewesen sei, so dass der Franz nicht anders gekonnt habe, als ihr das Geld zu überschreiben. Langsam lässt Alma den Brief sinken. Sie hat den Franz nicht gemocht, seine kalten grauen Augen mit dem von roten Äderchen durchzogenen Augenweiss, vor dem sie sich ekelte, so wenig wie sie Edith Angeli gemocht hat, die spuckende Frau in Budapest, mit ihrer ewigen Leier von den bösen Zigeunern und ihrer unstillbaren

Lust nach süssen fetten Speisen. Aber, denkt Alma, ich habe mich angestrengt, habe getan, was in meinen Kräften stand, um den beiden das bisschen Leben, das am Ende bleibt, so angenehm wie möglich zu gestalten, um die letzte Sehnsucht dieser Menschen, die einst jung und hoffnungsvoll waren, die ein gutes Leben führen wollten, bevor alles anders kam, nicht zu enttäuschen. Nein, denkt sie, daran ist nichts Falsches. Es ist ebenso unmöglich, solche Menschen zu lieben, wie es unmöglich ist, einem Mann wie Walther mit Respekt zu begegnen. Vielleicht ist es mein Problem, denkt Alma, dass ich die Geschehnisse wie einen Sturmwind auf mich zubrausen lasse, bis ich keine Luft mehr kriege und um mich schlage, statt von der blauen Blume zu lernen, dass man hier nicht Lippenstift, sondern besser einen Helm trägt. Warum, denkt Alma, als sie im Bett liegt und horcht, ob Walther zurückkehrt, fahre ich nicht weg, an einen stillen Ort in einer weiten Ebene, so spiegelblank wie der Schnaps im Glas?

Walther weigerte sich, die Tür zu Almas Zimmer gewaltsam zu öffnen, obschon Sandra darauf beharrte. Die sei bestimmt nach Wien abgehauen, sagte er. Um ihn zum Schluss nochmals zu ärgern, habe sie die Tür abgesperrt und schon wieder diesen verfluchten Eisenhut in die venezianische Vase gestellt. Mit verkniffenen Lippen liess er die Blumen mitsamt der rübenförmigen Knolle, die an einer der Pflanzen hing, im Abfallsack verschwinden. Dann machte er sich auf, um im «Wilhelm Tell» ein Bier zu trinken. Schliesslich, nachdem Sandra in der Küche Almas Handtasche mit ihren Papieren gefunden hatte, holte Balthasar das Brecheisen aus dem Keller, fluchend, weil das Mädchen abgeschlossen hatte, wo in seinem Haus doch noch nie etwas gestohlen worden sei. Er liess es sich nicht nehmen, schwer atmend selbst Hand anzulegen. Auf dem Nachttisch lag ein Apfel, halb gegessen nur. Das Glas war leer getrunken, der Rest der Gemüsesuppe im Teller von einer Haut überzogen. Es roch streng nach Erbrochenem, oberhalb des Betts zitterte der Schatten eines Nachtfalters auf der Tapete. Balthasar und Sandra fassten sich an den Händen und näherten sich in steifen Schritten dem Bett. Wie ein bläulich schimmernder Helm legte sich das Haar der Toten um das kindlich runde Gesicht.

LOMMISWIL

DINOSAURIERSTEAK
PETER HÄNNI

«Dann hau doch ab ... blöde Zicke!» Martin Graber hatte Mühe, sich auf den Beinen zu halten. «Weisst ja nicht, was du verpasst», grölte er, während er mit glasigen Augen der Rothaarigen hinterherstierte, die – unter Absingen wüster Lieder und auch nicht mehr ganz sicher auf den Beinen – den Schotterweg hinuntertrippelte. Es war Vollmond, er konnte gut beobachten, wie sie auf die Jagdhütte unten am Waldrand zusteuerte. Und als sie dort ankam und die Eingangstür öffnete, dröhnte Ballermannmusik zu ihm hoch, deren Echo von der steilen Felswand hinter ihm zurückgeworfen wurde. Einen Moment stand er unschlüssig da, dann torkelte er wieder hinter den Holzstoss, wo er sich mit der Rothaarigen hatte vergnügen wollen. Umständlich begann er, an seinem Hosenschlitz herumzunesteln. Mit der linken Hand stützte er sich vornüber am Holzstoss ab, mit der rechten versuchte er, seinem nicht enden wollenden Harnstrahl eine vernünftige Richtung zu geben, was ihm nur teilweise gelang. Und noch während ihm die letzten Reste seines Blaseninhalts auf die Schuhe tropften, hörte er hinter sich das Knacken von trockenen Zweigen. «Hast es dir wohl anders überlegt, hä?», lallte er, ohne sich umzudrehen. Dann knackte es ein zweites Mal.

«Und gibt es dort auch richtige Dinosaurier?», fragte Sarah, während sie sich an den Jackenzipfel ihres Vaters klammerte und sich den Waldweg hochziehen liess.

«Lass das.» Leicht unwirsch, weil zum wiederholten Mal, löste Patrick Ziegler die kleine Hand von seiner Jacke. «Ich muss doch schon Tobi und den Rucksack tragen.»

Sie überholte ihn, blieb vor ihm stehen und streckte ihre Ärmchen in die Höhe. «Ich will auch!»

«Nein, Sarah. Du bist ein grosses Mädchen und kannst selber gehen.»

«Aber ich bin erst sechs!»

«Es ist nicht mehr weit. Schau ... dort vorn ... wo der Wald aufhört.»

«Gibt es dort richtige Dinosaurier?»

«Nein, Schätzchen. Es gibt keine richtigen Dinosaurier mehr. Aber Fussspuren von Dinosauriern.» Er trat mit Absicht in die feuchte Erde am Rand des Weges. «Siehst du, so wie diese hier.»

«Die ist nicht von einem Dinosaurier.»

«Nein, aber dort vorn hat es welche von richtigen, grossen Dinosauriern.»

«Aber du hast gesagt, es gibt keine richtigen Dinosaurier.»

«Jetzt nicht mehr, aber früher, vor vielen, vielen Jahren, da gab es noch welche.»

«Ich will einen richtigen Dinosaurier sehen», sagte sie trotzig und blieb stehen. «Mamma und Reto zeigen mir immer richtige Tiere. Ich habe Löwen und Tiger gesehen.»

«Ja, das ist toll ... ganz toll! Aber komm jetzt!» Er streckte ihr die Hand entgegen. «Und danach machen wir ein schönes Picknick.»

Minuten später zweigten sie vom Weg ab und stapften den kurzen Pfad zur hölzernen Besucherplattform hoch, dem Ziel ihres kleinen Ausfluges. Am Fuss der Treppe blieb Patrick

Ziegler stehen. «So, Sarah. Du kannst schon mal hochsteigen. Aber sei vorsichtig! Nicht auf das Geländer klettern, hörst du!» Während Sarah die Stufen hochhüpfte, hob er den kleinen Tobias aus der Bauchtragetasche und stellte ihn behutsam auf den Boden. «Schön stehenbleiben, Tobi!» Dann setzte er den Rucksack ab und lehnte ihn an einen Treppenpfosten. Mit einem Taschentuch wischte er sich das Gesicht trocken. «Komm, kleiner Mann», sagte er, nachdem er das Taschentuch verstaut hatte. Er nahm Tobias auf den Arm. «Jetzt gehen wir mal schauen, was Sarah macht.»

«Papi!»

«Ich komme, Schätzchen!»

«Wurde der Mann dort unten von einem Dinosaurier tot gemacht?»

Die Zufahrt zum stillgelegten Steinbruch oberhalb Lommiswils, einer kleinen Solothurner Gemeinde am Südfuss des Juras, war eigentlich nur für land- und forstwirtschaftliche Zwecke gestattet. Doch offenbar galten die Vorschriften bei einem Leichenfund nicht, denn als Klaus Rohrbach und Irina Salvi dort eintrafen, hatten sie Mühe, einen freien Platz für ihren Dienstwagen zu finden. Rohrbach stellte das Fahrzeug etwas unterhalb des Steinbruchs am Wegrand ab, stieg aus und wartete, bis seine Kollegin die dunkelblonden Haare zu einem Pferdeschwanz zusammengebunden und ihre zierlichen Ballerinas gegen robusteres Schuhwerk getauscht hatte. Nach einem kurzen Fussmarsch stiessen die beiden auf einen Pulk Menschen, die, wie Rohrbach meinte, hier gar nichts zu suchen hatten.

«Bitte lassen Sie uns durch», brummte er, «wir sind von der Polizei.»

Man machte ihnen Platz, und die zwei uniformierten Kollegen liessen sie unter dem Absperrband durch, ohne nach ihren Dienstausweisen zu fragen. Solothurn war nicht sehr gross, man kannte sich.

«Dort lang.» Einer der Uniformierten zeigte auf einen Durchgang in der Umzäunung, die den Steinbruch vor unbefugtem Betreten schützen sollte. «Dann nach rechts.»

«Sicher wieder so ein Idiot, der in Sandalen in der Wand herumgekraxelt ist, um versteinerte Schnecken oder Haifischzähne zu suchen», murrte Rohrbach, sobald sie ausser Hörweite der Gaffer waren. Nachdem sie die Umzäunung passiert hatten, gelangten sie auf eine flache Geröllhalde. Wie Störche staksten sie über das Gestein, zwischen kniehohen, kantigen Felsbrocken hindurch. Als sie die Leiche erblickten, blieben sie wie angewurzelt stehen.

«Ich sage es nicht gern», meinte Salvi nach einem langen Seufzer, «aber diesmal liegst du womöglich falsch!»

Die steile, hoch aufragende Felsplatte mit den Dinosaurierspuren war fast so gross wie zwei Fussballfelder. Der Tote lag am Fuss dieser Platte, ziemlich genau gegenüber und unterhalb der Besucherplattform. In Rückenlage, mit ausgebreiteten Armen und zur Seite gekipptem Kopf sah er aus wie ans Kreuz genagelt. Er war vollständig bekleidet, aber sein Hosenschlitz war offen. Und es war ziemlich eindeutig, was dort herauslugte. «Heilandsack», polterte Rohrbach und schüttelte ungläubig den Kopf. Zögerlich setzten sie sich wieder in Bewegung.

«Augenblick noch!» Einer der in weisse Overalls gekleideten Männer hob Halt gebietend die Hand. «Wir sind gleich so weit.»

Während Rohrbach und Salvi warteten, entdeckten sie Walter Aebi, den dienstältesten Amtsarzt des Kantons Solothurn. Er hockte halb versteckt hinter einem mannshohen Felsbrocken und war mit dem Ausfüllen eines Formulars beschäftigt.

«Salü Walter», rief Rohrbach.

Aebi blickte hoch. «Klaus! Irina! Ihr seid also die Glücklichen.»

«Na ja, wenigstens mal was anderes. Hast du schon etwas zu berichten?», fragte Rohrbach.

«Impressionsfraktur am Okziput. Zu Deutsch: ein eingeschlagener Hinterkopf.»

«Von einem Sturz?», wollte Salvi wissen.

«Wohl kaum. Sieht eher nach einem Schlag mit einem kleinflächigen, stumpfen Gegenstand aus. Ein Hammer. Oder etwas Ähnliches.»

«Ein Fossilienhammer?»

«Gut möglich.» Er zeigte in die Richtung des Leichnams. «Aber das ist definitiv nicht der Tatort.»

Salvi und Rohrbach schauten gleichzeitig die Felsplatte hoch.

«Sicher nicht», sagte Aebi, der ihre Gedanken erriet. «Wenn er von dort oben runtergestürzt wäre, müsste er zusätzliche Verletzungen haben. Abschürfungen, zerschlissene Kleider. Aber ausser dem Kopf scheint alles an ihm intakt.»

«Und wann ...?»

«Vor sechs bis zehn Stunden ... aber da müssen die Rechtsmediziner ran. Mehr kann ich nicht sagen.»

«Und was ist mit seinem ... seinem Ding da?», fragte Salvi.

Aebi zuckte die Schultern. «Entweder hat es den armen Kerl beim Pinkeln erwischt. Oder bei einem Nümmerchen.»

«Oder jemand hat es rausgeholt und will uns damit etwas sagen», ergänzte Rohrbach.

Salvi schob ihre Sonnenbrille in die Stirn und starrte angestrengt auf den Leichnam. «Gerade viel scheint es aber nicht zu sein, was uns dieser Jemand sagen will.»

Rohrbach warf ihr einen tadelnden Blick zu, den sie mit einem Augenzwinkern quittierte. Dann wandte er sich an die Männer in den Overalls. «Wie alt sind die Spuren?»

«Etwa 145 Millionen Jahre», antwortete der eine. «Genaueres kann man nicht ...»

«Sehr witzig! Aber eigentlich meinte ich ihn.» Er zeigte auf den Kollegen, der gerade damit beschäftigt war, am Boden einen Gipsabdruck anzufertigen.

In der «Tanegg», unten in Lommiswil, waren die Tische für das Mittagessen gedeckt. Aber obschon es schon Viertel nach zwölf war, herrschte nicht viel Betrieb. Draussen auf der Terrasse turtelte ein junges Pärchen in Wanderbekleidung, drinnen am Stammtisch sassen drei ältere Herren, denen Rolf Blaser gerade eine weitere Runde Bier servierte.

«Nimmst du auch eines?», fragte Röbu, ein pensionierter Bauer aus dem Dorf.

«Lieber ein Kafi», meinte Blaser. «Ich habe es nicht so schön wie du, muss noch ein wenig arbeiten.»

«Äh, Chabis! Ausser uns ist eh niemand da. Komm, sauf jetzt ein Bier mit uns!»

«Meinetwegen. Aber nur eines.» Blaser schlurfte zum Buffet, zapfte sich eine Stange und kehrte zum Stammtisch zurück. Er prostete seinen Gästen zu und bedankte sich bei Röbu, dann nahm er einen kräftigen Schluck. Als er sich den Schaum aus dem angegrauten Schnauz wischte, flog die Tür zur Gaststube auf. Willy, der Jäger, platzte herein.

An diesem Tag lief nicht viel in den Büroräumen der Suissurance. Die meisten Mitarbeiter hatten am Vorabend am Betriebsfest in der Lommiswiler Jagdhütte teilgenommen – es war spät geworden. Das Personal hatte den Wunsch geäussert, dass das Fest nicht an einem Freitag oder Samstag stattfinden solle, damit das Wochenende nicht tangiert würde. Jetzt hatten sie den Salat! Arbeiten statt ausschlafen! Nach einem solchen Gelage! Aber am Morgen waren sie alle mehr oder weniger pünktlich und in einigermassen passablem Zustand aufgetaucht. Alle – bis auf den Chef!

Die Besprechung mit den wichtigen Firmenkunden sollte in Kürze beginnen, sie waren schon vollzählig im Sitzungszimmer versammelt.

«Hei, Schatz!» Pedruzzi, der Stellvertreter des Chefs, stand in der Tür des Sekretariats. «Hat er sich endlich gemeldet?»

Nina Sutter schüttelte den Kopf, was sie sogleich bereute. In ihrem Schädel dröhnte es, als befände sich darin ein Wäschetrockner.

«Gopferdammisiech!» Pedruzzi schlug mit der flachen Hand gegen den Türrahmen. «Was soll ich jetzt machen? Hast du eine Kopie seiner Präsentation?»

«Ich muss nachschauen.» Sie strich sich eine rote Haarsträhne aus dem Gesicht und begann, mit der Computermaus zu hantieren. «Nicht die definitive Fassung. Aber einen der letzten Entwürfe. Willst du ihn auf einem Stick?»

«Ja, aber beeil dich! Und versuch weiter, ihn zu erreichen.» Dann klingelte das Telefon.

Rohrbach und Salvi hatten den Tatort inspiziert und anschliessend das weitere Vorgehen mit der diensthabenden Untersuchungsrichterin abgesprochen. Martin Graber hiess der Tote. Er war 38 Jahre alt, ledig, wohnhaft in Lommiswil und parteiloses Mitglied des Gemeinderates. Seine in Bettlach lebenden Eltern waren bereits von zwei Kollegen der Kriminalabteilung und einem Care-Team aufgesucht und befragt worden. Grabers Lebensgefährtin weilte in Australien, die Eltern hatten sie benachrichtigt. Als nächstes wollten Rohrbach und Salvi zur Solothurner Niederlassung der Suissurance fahren, die Graber als Generalagent geleitet hatte. Aber mittlerweile war es schon zwei Uhr nachmittags, es war heiss, ihre Kehlen waren im Steinbruch staubig geworden, und sie hatten Hunger.

«Gehen wir was essen?», fragte Irina Salvi. «Unten am Weg, bei der Bahnstation, hat es ein gemütliches Restaurant mit einer wunderschönen Gartenterrasse.»

«Die ‹Tannegg›, ich weiss», sagte Rohrbach. «Ich war mal dort zum Kegeln.»

«Du kegelst?» Auf Salvis Gesicht machte sich ein schelmisches Grinsen breit. «Der Bungee-Jumper und Gleitschirmflieger Klaus Rohrbach kegelt? Werden wir langsam alt, mein Herr?»

«Einmal in zehn Jahren», verteidigte sich Rohrbach. «Ist übrigens gar nicht so einfach ... man muss schon ziemlich ...»

«Schon gut.» Salvi hob beschwichtigend die Hände. «Vor mir brauchst du dich nicht zu rechtfertigen.»

Zehn Minuten später setzten sie sich in der «Tannegg» unter einen schattenspendenden Baum. Irina Salvi bestellte einen gemischten Salat, Rohrbach einen Wurst-Käse-Salat. Und gemeinsam entschieden sie sich für einen Liter Mineralwasser.

«Sind Sie der neue Wirt?», fragte Rohrbach, als Rolf Blaser das Wasser brachte.

«Der bin ich. Aber neu ist übertrieben. Es sind jetzt schon gut zwei Jahre.» Er setzte eine gespielt vorwurfsvolle Miene auf. «Sie waren wohl länger nicht mehr hier?»

«Ja, leider.» Rohrbach sah sich um. «Schade eigentlich ... wenn man diese schöne Terrasse sieht ... so ruhig ... man sollte öfters kommen!» Zustimmung heischend sah er seine Kollegin an.

«Unbedingt!», meinte Salvi und nickte eifrig. Dann sah sie unschuldig zu Blaser hoch. «Sagen Sie, kann man hier eigentlich auch kegeln?»

Blaser bekam nicht mit, dass Rohrbach resigniert den Kopf schüttelte, und bejahte die Frage. Dann beugte er sich vor und fuhr in verschwörerischem Ton fort: «Sie sind doch von der Polizei, oder?»

«Sieht man uns das an?», fragte Rohrbach.

«Nein, überhaupt nicht. Aber Ihrem Wagen.» Er zeigte auf den Parkplatz. Die blaue Lampe haftete noch immer auf dem Dach. «Schreckliche Sache, das mit dem Herrn Graber.»

Rohrbach und Salvi wechselten einen erstaunten Blick. «Hat sich aber schnell herumgesprochen», meinte Rohrbach leicht verärgert.

«Einer meiner Gäste ... ein Jäger.» Er zeigte nach drinnen. «Er war heute morgen oben und hat es uns erzählt.»

«Ach ja? Was denn?»

«Eben, dass der Herr Graber ... dass er tot ist. Wahrscheinlich ermordet.»

«Und was noch?»

«Nichts.»

«Ist er noch da, dieser ... Herr Jäger?»

«Ja.»

«Könnten Sie ihn bitte fragen, ob er sich einen Moment zu uns setzen würde?»

Der Jäger hiess Metzger. Das machte ihn in den Augen von Vegetarierin Salvi doppelt unsympathisch, wie Rohrbach zu wissen glaubte. Ein untersetzter Mittfünfziger war er, der Willy Metzger, mit grauem Haarkranz, rosigem Vollmondgesicht und mit Wangen, die von einem Netz feinster Äderchen gezeichnet waren. Gekleidet war er wie ein typischer Waidmann: Alles an ihm war dunkelgrün oder braun.

Martin Graber habe die Lommiswiler Jagdhütte für das Betriebsfest seiner Firma gemietet. Die Rückgabe sei für morgen vereinbart worden, aber er, Metzger, sei schon heute oben gewesen, um sich ein Bild vom Zustand der Hütte zu machen. Eine «huere Moorerei» habe er dort vorgefunden! Und als er wieder ins Dorf runtergefahren sei, habe er in der Nähe des Steinbruchs einen völlig verwirrten Mann getroffen, der mit zwei kleinen Kindern auf die Polizei gewartet habe. Er, Metzger, habe sofort gesehen, dass es sich beim Toten um Graber handelte. «Und wer räumt jetzt die Hütte auf?», hatte er am Schluss noch gefragt.

Nachdem Rohrbach mit den Kriminaltechnikern telefoniert und ihnen den Tip gegeben hatte, zwischen der Jagdhütte und den Dinosaurierfährten nach dem eigentlichen Tatort zu suchen, war er mit Irina Salvi nach Solothurn gefahren, zum Sitz der Suissurance. Die Stimmung dort war sehr gedrückt. Kein Wunder, angesichts der Ereignisse! Aber nachdem sie die meisten Mitarbeiter befragt hatten, waren sich Rohrbach und Salvi nicht mehr sicher, wie viel davon Trauer war – und wie viel Kater. Die Betriebsfeier musste eine sehr feuchtfröhliche Angelegenheit gewesen sein, und Graber – wenn er noch unter ihnen weilte – würde wohl den schlimmsten Hangover haben von allen. Irgendwann habe man ihn letzte Nacht sogar an die frische Luft eskortieren müssen, weil er über Übelkeit geklagt und kaum noch habe gehen können.

Mit Nina Sutter, Grabers persönlicher Sekretärin, hatten sie noch nicht sprechen können. Sie war jedesmal, wenn sie es versucht hatten, von einem Weinkrampf geschüttelt worden. Aber mit ihr mussten sie unbedingt reden! Mit ihr und mit Claudio Pedruzzi. Der hatte zwar nicht an der Feier teilgenommen, aber als Grabers Stellvertreter verfügte er zweifellos über nützliche Informationen.

«Wollen wir noch einmal einen Anlauf nehmen?», fragte Rohrbach wenig später. Nina Sutter schneuzte sich geräuschvoll und nickte tapfer. Dann begann er mit der Befragung. Er ging sehr behutsam vor, was ihm angesichts Sutters äusserer Erscheinung nicht schwerfiel. So behutsam, dass Salvi, die ihm gegenübersass, sich mehrmals veranlasst sah, ihre Rehaugen zu verdrehen.

«Wie wir hörten, haben Sie Ihren Chef noch nach draussen begleitet, weil er so be ... weil ihm unwohl war?»

Sie nickte. «Er bat mich darum.»

«Wann war das?»

«Weiss ich nicht so genau. Irgendwann nach Mitternacht.»

«Sind Sie in der Nähe der Hütte geblieben?»

Sie schüttelte den Kopf. «Er wollte ein wenig weg vom Zeug. Es sei ihm peinlich, wenn die anderen ihn so sehen würden.»

«Weg vom Zeug?», fragte Irina Salvi dazwischen.

«Ja. Wir sind ein paar Meter gegangen, Richtung Steinbruch.»

«Wohin genau?»

«Zu einem grossen Platz. Irgendwo oberhalb der Hütte.»

«Und wie lange sind Sie dort geblieben?»

«Ich ... nicht lange ... fünf, zehn Minuten vielleicht.»

«Und Ihr Chef?»

«Der blieb länger.»

«Sie liessen ihn allein zurück?» Rohrbach verzichtete darauf anzufügen: «In seinem Zustand?»

Nina Sutter nickte.

«Und Sie gingen zurück zur Hütte?»

Wieder ein Nicken.

«Haben Sie ihn danach noch einmal gesehen?»

Ihr «Nein» war nur ein Flüstern und ging nahtlos in einen neuen Weinkrampf über.

Nachdem Pedruzzi sich ein paar Minuten um die junge Frau gekümmert hatte, die er zu Rohrbachs Verärgerung ständig mit «Schatz» anredete, konnten sie auch ihn befragen. Pedruzzi hatte nicht am Betriebsfest teilnehmen können, weil er als Vorstandsmitglied an der Generalversammlung seines Fussballclubs mitwirken musste. Eigentlich habe er später noch dazustossen wollen, aber die Generalversammlung habe sich in die Länge gezogen, weshalb er direkt nach Hause gegangen sei. Zu den gestrigen Ereignissen könne er demnach keine Angaben machen.

«Toter Gemeindepolitiker im Lommiswiler Steinbruch», lautete am nächsten Tag eine Schlagzeile in der Tagespresse. «Mysteriöser Leichenfund bei den Dinosaurierfährten», eine andere. «Mord bei Lommiswiler Dinosaurierfährten», titelte das Gratisblatt «20 Minuten», und der «Blick» verkündete: «Grausamer Mord im Reich des Tyrannosaurus Rex». Auch in Radio und Fernsehen wurde landesweit über das Ereignis berichtet. Nirgends erwähnt wurde jedoch, dass die Kriminaltechniker mittlerweile den mutmasslichen Tatort entdeckt hatten. In der Nähe der Jagdhütte, hinter einem Holzstapel. Eine Blutlache, Spuren von Urin und – in Wurfweite entfernt in einem Gebüsch – einen Hammer mit eingetrocknetem Blut und daran festklebenden Haaren. Ferner zwei guterhaltene Schuhabdrücke, Grösse 44, identisch mit jenen bei den Dinosaurierfährten – mit Sicherheit nicht vom Opfer stammend.

Rohrbach und Salvi trafen gegen neun Uhr in der «Tannegg» ein. Ein Kaffee und ein Gipfeli sollten es sein, bevor sie sich ein Bild vom Tatort und von der Jagdhütte machen wollten. Anders als bei ihrem letzten Besuch war die Gaststube ziemlich voll und dies, obschon es noch früher Morgen war. Auch die Terrasse war bereits gut besetzt. Rohrbach bangte ernsthaft um sein Gipfeli. Der Jäger, der Metzger hiess, war auch schon da. Er sass allein an einem Tisch und winkte sie herbei, als er sie erblickte.

«Haben Sie den Mörder schon gefasst?», fragte er, noch bevor sie sich gesetzt hatten.

«Nein», sagte Rohrbach, während er das Brotkörbchen auf dem übernächsten Tisch anstarrte.

«Wenn Sie mich fragen ... es war sicher einer von denen, die mit ihm oben in der Hütte waren.»

«Ja ... vielleicht ...» Ein schlaksiger junger Kerl fischte soeben ein Gipfeli aus dem Körbchen. Dabei war sein T-Shirt schon mit Brösmeli übersät!

«Sonst treibt sich um diese Zeit ja niemand dort oben herum.»

«Wir ermitteln noch, Herr Metzger», sagte Salvi. «Deshalb möchten wir uns ja die Hütte ansehen.»

Der Schlaks hatte noch einen vollen Mund, als er mit seinen Spinnenfingern wieder ins Körbchen griff. «Herr Wirt!», rief Rohrbach durch die Gaststube. «Können wir auch etwas bestellen?»

«Was darf's denn sein?», fragte Blaser wenig später.

«Zwei Kaffee. Und Gipfeli!»

«Uh ...» Blaser sah sich um. «Heute sind so viele Leute da ... weiss nicht, ob es noch welche hat.»

Rohrbach machte eine diskrete Kopfbewegung in Richtung des Schlaks.

«Oh! Ja ... mal sehen ...», meinte Blaser und ging davon.

«Oder jemand, der mit Grabers Politik nicht einverstanden war. Von denen gibt es einige in Lommiswil!»

«Mist!», knurrte Rohrbach, als Blaser nach einem Blick in das Körbchen die Schultern zuckte.

Metzger hatte nicht übertrieben. In der Hütte war tatsächlich eine «huere Moorerei»: überall leere Flaschen und Gläser, schmutziges Geschirr, Essensreste auf den Tischen und am Boden, überquellende Aschenbecher, Glasscherben.

«Das war kein Fest!», sagte Irina Salvi. «Das war eine Schlacht!»

Sie schauten sich lustlos um, in der festen Überzeugung, dass die Lösung des Rätsels nicht in dieser Hütte zu finden war.

«Wer räumt die Schweinerei jetzt auf?», begann Metzger erneut zu jammern. «Morgen ist die Hütte wieder vermietet.»

«Ich weiss gar nicht, was Sie haben», sagte Salvi und zeigte lächelnd auf den Schrank, den sie eben geöffnet hatte. «Die Pfannen und das Kochgeschirr sind ja noch sauber.»

«Wo waren Sie eigentlich vorgestern abend?», fragte Rorbach unvermittelt.

«Ich?» Metzger schaute verdutzt drein. «Ich ... Sie fragen nach meinem Alibi?»

«Ja.»

«Ha! Das glaub ich nicht ... zu Hause war ich. Allein!»

«Und was haben Sie gemacht ... zu Hause ... allein?»

«Weiss ich nicht mehr ... bis acht habe ich mir sicher die ‹Tagesschau› angesehen. Das mach ich immer. Danach ...» Er kratzte sich nachdenklich am Hals. «Genau! Die Flinten habe ich gereinigt!»

«Was denn sonst!», spöttelte Salvi.

«Jawoll! Und nach der Sportsendung, so gegen Viertel vor elf, bin ich ins Bett.»

«Das heisst, Sie waren in dieser Nacht nicht mehr hier oben?»

«Sicher nicht!»

Während Metzger begann, fluchend und mit spitzen Fingern den Müll einzusammeln und in einen Kehrichtsack zu stopfen, machten sich Rohrbach und Salvi auf, den Tatort oberhalb der Hütte zu inspizieren. Eine Dreiviertelstunde später waren sie alle wieder auf dem Weg zurück ins Dorf. Unterwegs kamen sie bei den Saurierfährten vorbei und trauten ihren Augen nicht. Rohrbach schätzte, dass dort mindestens fünfzig Personen herumlungerten. Einige diskutierten angeregt, andere fotografierten, und nicht wenige glotzten mit ihren Feldstechern in Richtung des Leichenfundortes.

«Unglaublich», knurrte Rohrbach. «Wie die Aasgeier.»

Unten, bei der «Tannegg», war es noch schlimmer. Nicht

nur der Parkplatz des Restaurants war komplett überstellt, auch bei der angrenzenden Bahnstation war alles voll. Sogar in der ungemähten Wiese waren Autos parkiert. Im Restaurant selber und auf der Terrasse standen die Gäste herum, weil alle Sitzplätze besetzt waren.

«Armer Kerl», fand Salvi, als sie Blaser im Tempo des Gehetzten und mit einem übervollen Serviertablett zwischen den Stühlen und Tischen herumwieseln sah.

«Was hat die Überprüfung von Pedruzzis Alibi ergeben?», fragte Rohrbach am nächsten Morgenrapport.

«Wir sind noch nicht ganz durch», antwortete ein junger Kollege. «Bis kurz nach elf ist es wasserdicht, danach wird es schwierig. Ich habe noch nicht alle Zeugen erreicht.»

«Okay. Bleib dran – das hat Priorität!»

Das Blut, welches man am mutmasslichen Tatort und am Hammer gefunden hatte, stammte definitiv vom Opfer. Ebenso die Haare am Hammer. In Grabers Blut hatten die Rechtsmediziner einen Alkoholgehalt von 2,1 Promille gefunden, im Magen Reste von Kalbfleisch, Rösti und grünem Salat. «Züri-Gschnätzlets», meinte Rohrbach lakonisch. Wenig später erteilte er den Kriminaltechnikern den Auftrag, Metzger aufzusuchen und sich dessen Schuhe und das Waffenarsenal anzuschauen. «Den Durchsuchungsbefehl bekommt ihr in der nächsten halben Stunde. Vergleicht die Schuhe mit den Abdrücken aus dem Steinbruch und versucht herauszufinden, wann seine Gewehre das letztemal gereinigt wurden.» Dann beendete er den Rapport.

«Ich muss noch kurz telefonieren», sagte er zu Salvi, während sie zurück zu ihren Büros marschierten. «Danach will ich noch einmal in die ‹Tannegg›.»

«Hast du schon wieder Lust auf Gipfeli?»

Eine halbe Stunde später bot sich ihnen das gleiche Bild wie am Vortag: kein freier Parkplatz, ein übervolles Restaurant und ein gehetzter Wirt, der aber mittlerweile auf die Unterstützung von zwei jungen Serviererinnen zählen konnte. «Schau dir das Menü an», raunte Salvi und zeigte auf eine schwarze Schiefertafel, die beim Eingang zur Terrasse stand. «Dinosauriersteak ... Coupe T. Rex ... mit oder ohne Rahm ...»

Rohrbach sah hin, reagierte aber nicht. «Weisst du noch, was du gestern in der Hütte zu Metzger gesagt hast?», fragte er stattdessen.

Salvi runzelte die Stirn.

«Die Pfannen und das Kochgeschirr sind ja noch sauber, hast du gesagt.»

«Ja ... und?»

«Die haben dort oben Züri-Gschnätzlets gegessen – aber offenbar nicht selber gekocht. Nun frage ich mich ...»

«Woher das Essen kam», fiel Salvi ihm ins Wort.

Rohrbach nickte. «Herr Blaser!» Er winkte den Wirt zu sich.

«Hätten Sie einen Moment ...»

«Ist gerade ziemlich ungünstig.» Blaser machte eine ausladende Geste.

«Ja ... das sehe ich. Nur eine Frage: Sie haben nicht zufällig an jenem Abend das Essen für Herrn Graber und seine Gäste zubereitet?»

«Äh ... doch.»

«Hier gekocht und dann zur Hütte gebracht?»

«Ja ... warum ...»

«Und nachher alles wieder abgeholt?»

«Ja. Aber ich muss mich jetzt wirklich um meine Gäste kümmern.» Dann hetzte er davon.

Salvi sah Rohrbach fragend an.

«Er war oben!», knurrte Rohrbach. «Der Kerl war oben!»

«Schon. Aber wieso sollte er ...?»

«Sieh dich doch um! Dinosauriersteak ... Coupe T. Rex ... seit dem Mord ist die Beiz doch eine Goldgrube!»

«Du meinst ... aber das ist doch kein Mordmotiv! Höchstens für einen schlechten Krimi!»

«Was, schlechter Krimi? Nichts, schlechter Krimi! Wenn einer kurz vor dem Konkurs steht! Ich habe heute morgen ein wenig rumtelefoniert. Blaser hat die ‹Tannegg› vor zwei Jahren in gesundem Zustand von seinem Vorgänger übernommen. Jetzt steht er zwei Millimeter vor dem Abgrund. Zum drittenmal, notabene. Er hat schon zwei andere Restaurants runtergewirtschaftet.»

Salvi schüttelte ungläubig den Kopf.

«Komm mit!», sagte Rohrbach. Sie gingen ins Restaurant. Blaser stand am Büffet und tippte strahlend auf der Kasse herum. Rohrbach stellte sich neben ihn.

«Nicht jetzt», raunzte Blaser, ohne seine Tätigkeit zu unterbrechen.

«Welche Schuhgrösse haben Sie, Herr Blaser?»

Der Wirt drehte sich um und schaute Rohrbach verwundert an. «Vierundvierzig. Aber wieso zum Teufel wollen Sie das ausgerechnet jetzt wissen?»

DIE RUSSIN
JUTTA MOTZ

Sie lag bewegungslos in der Ecke ihrer Küche. Der lauwarme, dickflüssige Saft auf ihrem Gesicht war ihr eigenes Blut, das langsam antrocknete. Der metallische Geruch des Blutes ekelte sie. Die Augen hielt sie geschlossen. Nur nicht bewegen.

«Steh auf, du russische Schlampe! Mach den Dreck weg.»

Sie rührte sich nicht. Sie hörte ihn hin und her laufen, im Arbeitszimmer packte er seine Mappe, die Tür fiel zu, der Schlüssel wurde gedreht. Nachdem er den Schlüsselbund eingesteckt hatte, ging er in den Korridor. Sie hörte das Klappern der Kleiderbügel, als er seine Jacke vom Haken nahm. Die Wohnungstür fiel krachend ins Schloss. Er ging in seine Bank zur Arbeit.

Sie bewegte sich immer noch nicht. Wie lange sie so lag, wusste sie nicht, vermutlich hatte sie für kurze Zeit das Bewusstsein verloren. *Ich muss es irgendwie zum Arzt schaffen.* Sie überlegte. Langsam zog sie erst das eine, dann das andere Bein an, lag nun gekrümmt halb auf dem Rücken, halb auf der linken Seite. Sie verharrte kurz, dann drehte sie sich etwas weiter, so dass sie ganz auf die Seite zu liegen kam. Schon bei der kleinsten Veränderung schoss ihr ein stechender Schmerz in den Kopf. Ihr war schwindlig, und sie musste warten, bis die Übelkeit abgeflaut war. Sie stellte die rechte Hand auf den Boden und versuchte, den Kopf zu heben. Der heftige Schmerz erstreckte sich vom linken Ohr zur Stirn. Sie zog die linke

Hand unter dem Körper hervor und schob den Arm nach oben. Ihr Kopf sank auf den ausgestreckten Oberarm. Es dauerte mehrere Minuten, bevor sie es erneut wagte, sich hochzustemmen. *Ich muss es bis zum Arzt schaffen, irgendwie. Ich darf nicht auf dem Weg zusammenbrechen, ich darf nicht wieder im Krankenhaus landen.*

Wie viel Zeit vergangen war, konnte sie nicht abschätzen. Sie hob, gestützt auf die rechte Hand, wieder den Kopf. Endlich konnte sie den rechten Fuss aufstellen. So gelang es ihr ganz langsam, sich aufzurichten. Sie musste innehalten, denn ihr wurde wieder schwindlig, und sie lehnte sich vornübergebeugt an die Wand. So blieb sie eine Weile stehen, rang erschöpft nach Atem.

Sie wischte das Blut nicht aus dem Gesicht. So, wie sie war, wollte sie beim Arzt erscheinen. Im Flur stand ihre Handtasche, die hängte sie über die rechte Schulter, tastete sich zur Wohnungstür und trat ins Treppenhaus. Der alte Michel, der geile Bock, der sie immer beobachtete, würde durch seinen Spion sehen, wie sie langsam, ein wenig torkelnd und mit blutverschmiertem Gesicht die Treppe hinabstieg, sich am Geländer haltend. Auf der Strasse wandte sie sich nach rechts. Drei Häuser weiter war die Praxis eines Allgemeinmediziners. *Bis dahin muss ich es schaffen! Ich muss durchhalten, ich darf nicht ohnmächtig werden.*

Sie begegnete zwei Hausfrauen mit Migrostüten, die ihre Unterhaltung abrupt unterbrachen, ihr nachsahen. Eine stellte den Sack hin, machte ein paar Schritte auf sie zu und zeigte mit der Hand auf das nächste Haus, wo der Arzt seine Praxis hatte. Die hilfsbereite Frau klingelte und sprach in das Mikrophon oberhalb des Summers: «Hier ist ein Notfall. Die Frau kommt mit dem Lift.» Die Fremde wartete, bis sich die Lifttüren hinter ihr schlossen; der Aufzug glitt zum zweiten Stock.

Endlich beim Arzt! Die Sprechstundenhilfe hielt ihr die schwere Tür auf, dirigierte sie sofort in einen Untersuchungsraum und half ihr auf die Liege, deckte sie zu. Beruhigendes Gemurmel. Ermattet von der Anstrengung fiel sie in einen leichten Dämmerschlaf. Plötzlich sah sie über sich das besorgte Gesicht des Arztes. *Ich darf nicht ohnmächtig werden. Sonst lässt er mich ins Krankenhaus bringen.*

Der alte Arzt zog Handschuhe an, untersuchte die drei Wunden im Gesicht und am Ohr, dann spürte sie mehrere Einstiche von der örtlichen Betäubung. Das Desinfizieren und das Nähen nahm sie nur noch im Halbschlaf war.

«Sie bleiben hier eine Weile ruhig liegen.» Dann fragte er spöttisch: «War es diesmal wieder die Treppe oder der Küchenschrank?»

«Velo», war alles, was sie stammeln konnte. «Bin über den Lenker gefallen.»

Der alte Arzt lächelte, drehte ihre unverletzten Handflächen nach aussen. «Velo diesmal! Na, wenigstens das ist neu. Das ist der erste Velounfall in meiner dreissigjährigen Praxis, bei dem weder die Handflächen noch die Knie verletzt sind.»

Die Sprechstundenhilfe war mit einem Formular ins Behandlungszimmer getreten. Sie hatte die letzten Worte des Arztes gehört.

«Was soll ich schreiben, Frau Bauer?» Der Arzt sah sie fragend an.

«Sturz vom Velo», wiederholte die junge Frau.

Die Zeit drängte. Zwar hatte sie alles vorbereitet, doch sie konnte nicht ahnen, dass sie zwei Stunden beim Arzt zubringen würde. Immer wieder war sie in eine Art Halbschlaf gesunken.

Ihre alte Einkaufstasche war schnell gepackt. Sie nahm nur wenig mit, zwei alte Blusen, einen verwaschenen Pullover, alte

Jeans. Unterwäsche zum Wechseln. Keine Kosmetika, keine Zahnbürste, nicht mal ihre Haarbürste oder den Kamm. Dann zog sie sich frisch und sauber an, die blutige Kleidung legte sie in einen Plastiksack und steckte ihn in der Kammer hinter den Tiefkühler.

Es war so einfach gewesen, ihn heute morgen zu reizen. Eine Bemerkung über seine Tennisfreunde und seine Liebedienerei beim Chef hatten genügt, um ihn aus der Fassung zu bringen. So sehr, dass er unkontrolliert auf sie eingeschlagen hatte.

Das grösste Problem stellte ihr verpflastertes Gesicht dar. Sie lief Gefahr, dass sich jemand an sie erinnern könnte, behauptete, sie gesehen zu haben. Deshalb kämmte sie die Haare nach vorne, stülpte sich eine alte, dunkle Wollmütze über. Nur das grosse Pflaster über der Braue war noch nicht verdeckt. Da die Sonne schien, konnte sie es hinter ihrer Sonnenbrille verbergen. Ihre Schweizer Identitätskarte liess sie in einer Schublade in der Küche. Einen Schweizer Reisepass besass sie nicht. Ihr Mobiltelefon warf sie gegen die Wand, wo es aufbrach und in drei Teilen auf den Boden splitterte.

Ihm zuliebe hatte sie ihren zweiten Vornamen Anna als ihren richtigen Vornamen in die Heiratsurkunde und in die neue ID eintragen lassen. Anna Bauer, das klang schweizerisch. Nichts Russisches dürfe an ihr sein, verlangte er.

Mit seiner Bankkarte hatte sie vor einigen Tagen zweimal 1000 Franken an verschiedenen Automaten abgehoben. Sie hatte ein Shirt mit Kapuze getragen wie die jungen Leute heute. Den Kopf hatte sie gesenkt, so dass ihr Gesicht für die Kamera nicht zu sehen war. Den Verlust der Karte würde er heute abend bemerken, wenn er das wöchentliche Wirtschaftsgeld für sie abheben wollte.

Ich muss mich beeilen, ich muss weg von hier. Sie wischte ihre Fingerabdrücke von seiner Bankkarte, dann zog sie ihre Lederhandschuhe an und steckte die Plastikkarte in die Tasche ihres alten Mantels. Den hatte sie schon gestern aus dem Keller geholt, aus dem Schrank mit dem alten Russenkrempel, wie er ihre Sachen nannte. Alles Kleidungsstücke, die sie nicht mehr anziehen durfte, seit sie mit ihm verheiratet war. Sie suchte noch eine dicke schwarze Hose und ein paar Lederschuhe hervor, die sie ebenfalls getragen hatte, als sie vor Jahren aus St. Petersburg nach Zug in die Schweiz gereist war. Sie, die Germanistikstudentin. So voller Hoffnungen, voller Pläne. Ein sechsmonatiger Aushilfsjob bei einer Schweizer Bank. Wie sie von den Kolleginnen beneidet worden war wegen der schönen Reise. Gleich nach dem Studium, solch eine tolle Chance!

Auf der Bank hatte sie ihren Mann, den Ressortleiter, kennen- und lieben gelernt. *Ja, ich habe ihn geliebt, damals. Bevor er begann, mich zu schlagen.* Sie wollte wirklich bei ihm bleiben. Jedesmal versicherte er ihr, dass es nicht wieder vorkomme, dass es ihm leid tue, dass er so unter Druck, unter Stress stehe, dass er deshalb leicht ausraste. Dann lag er vor ihr auf den Knien. Sie verzieh ihm. Jedesmal. Aber die Liebe war immer ein bisschen mehr gestorben.

Vor vier Tagen hatte eine Frau sie beim Metzger Aklin angesprochen. «Sie sind doch Frau Bauer?»

Sie hatte genickt.

«Haben Sie ein paar Minuten Zeit? Ich möchte Sie zu einem Kaffee einladen. Am Postplatz in das kleine Café.»

Es war eine sehr sympathische Frau, Mitte dreissig, blond gesträhntes, langes Haar, im Pelzmantel. Gediegener Wohlstand, vermutlich nicht berufstätig. *Vielleicht langweilt sich die Frau?* Sie nickte freundlich und stimmte dem Vorschlag zu, kaufte ihre zwei Schnitzel und ging mit der fremden Frau mit.

«Woher kennen Sie meinen Namen?» Sie wollten gerade die Strasse überqueren, als die Ampel auf Rot schaltete. Die blond Gesträhnte sah sie von der Seite lange an. «Ich bin Marina, Retos erste Frau.»

Nachdem je eine Schale Kaffee vor ihnen stand, fragte Marina ganz leise, so dass es am Nebentisch nicht zu hören war: «Schlägt er Sie auch?»

Verprügelt zu werden, war also nicht das Privileg einer russischen Frau. Sie glaubte, durch ihre Unfähigkeit, ihr Anderssein seinen Zorn auszulösen. Er versuchte, sie zu erziehen, wie er es nannte. Fassungslos starrte sie Retos erste Frau an. Sagen konnte sie nichts, nur mit dem Kopf nicken.

«Wird es immer schlimmer?»

Sie nickte heftig, Tränen traten ihr in die Augen.

«Gehen Sie, gehen Sie ganz schnell und ganz weit weg. Es hört nicht auf. Beim letztenmal hätte er mich totgeprügelt, aber ein Nachbar alarmierte rechtzeitig die Polizei.» Marina stand auf, zahlte. An der Tür wandte sie sich um. Eindringlich riet sie: «Gehen Sie, schnell!»

Nach diesem Zusammentreffen war ihr Entschluss gereift. Was war von der Liebe nach mehreren Rippenbrüchen, einem Oberarmbruch, ungezählten blauen Flecken und Narben am ganzen Körper übrig?

Es war Mittagszeit, das Treppenhaus leer, als sie ganz vorsichtig aus der Wohnung trat und die Tür hinter sich zuzog. Ihren Schlüsselbund hatte sie im Flur unter den Schuhschrank gleiten lassen, so dass er nicht zu sehen war. Auf Zehenspitzen ging sie die Treppen hinab. Der alte Kerl von nebenan schlief immer um diese Zeit. Sie blickte, sich absichernd, die Strasse hinauf und hinunter. Als sie keine Bekannten entdeckte, verliess sie das Haus und trottete in Richtung Bahnhof. Den Bus konnte sie nicht nehmen, denn der Fahrer hätte sich später an sie erinnern können.

Selbst wenn jemand aus dem Fenster gesehen hätte, wenn ihr jemand begegnet wäre, die Frau in dem alten, langen grauen Mantel mit der dunklen Wollmütze über beiden Ohren, der abgegriffenen Einkaufstasche, die hätte keiner für die elegante Frau des Ressortleiters gehalten, die mit den kurzen, engen Röcken, den Stöckelschuhen und der tollen Frisur.

Auf dem langen Weg zum Bahnhof musste sie mehrmals eine Pause einlegen. In der Bahnhofstrasse wurde ihr schwindlig, und sie fürchtete, in eines der Cafés gehen zu müssen. Sie lehnte sich an eine Hauswand. Eine Passantin warf ihr einen merkwürdig neugierigen und gleichzeitig fragenden Blick zu. Deshalb schlurfte sie langsam weiter. Nur nicht auffallen. Über den Bundesplatz, hinter dem Coop durch, über den Parkplatz, den Autos entlang, in die Alpenstrasse. Sie durfte niemand Bekanntem begegnen. Auf keinen Fall einer der Hausfrauen, die in ihrer Siedlung oder gar in ihrem Haus wohnten. Die würden sich mit Sicherheit später an sie erinnern.

Sie überquerte die Alpenstrasse, ging auf der Seite, auf der die Kirche lag, denn sie wollte nicht am Café Speck vorbei, aus Angst, man könnte sie von innen durchs Fenster beobachten.

Endlich am Bahnhof! Der Bahnhof in Zug war um die Mittagszeit nicht sehr belebt, trotzdem hatte sie Angst, hier in jemanden hineinzulaufen. Ihr Billett hatte sie schon vor zwei Tagen gekauft und sich vergewissert, dass es heute noch gültig war. Sie musste es nur am Automaten abstempeln. Die Abfahrtszeiten nach Zürich kannte sie auswendig.

Die grossen Glastüren, der lichte Innenraum, der so hell erleuchtet war, machten ihr Angst. Vorsichtig blickte sie sich um. Sie suchte in den Gesichtern der Vorbeieilenden zu lesen. Gehetzte Menschen hasteten durch die Halle, da schnell eine Zeitung kaufend, dort einen Gruss rufend, ein Sandwich und Getränke aussuchend. Niemand beachtete sie. Die Kreditkarte ihres Mannes liess sie, in ein sauberes Papiertaschentuch gewickelt, in einen Abfalleimer gleiten. Der Zug von Luzern nach Zürich fuhr ein. Sie stieg ganz vorne ein, dort, wo das Perron leer war. Ohne Halt bis Zürich!

Eine übervolle S-Bahn brachte sie vom Hauptbahnhof Zürich zum Flughafen. In der Abflughalle suchte sie auf der Anzeigentafel den nächsten Flug nach London. Heathrow mit British Airways. In anderthalb Stunden. Sie kaufte ein Ticket one-way am Schalter der Fluggesellschaft.

«Your passport, please.»

Sie reichte der Angestellten ihren russischen Reisepass, der auf Jelena Pavlova lautete und der seit ihrem letzten Besuch in St. Petersburg mit einem gültigen Schengen-Visum versehen war.

«Luggage?»

«Hand luggage only.» Sie zeigte auf einen kleinen eleganten Rollkoffer, den sie vor zehn Minuten im Flughafenshop erworben hatte und in dem die abgegriffene Einkaufstasche samt Inhalt verschwunden war. Sie zahlte bar aus einem neuen Portemonnaie, das sie aus einer kleinen, zum Koffer passenden Handtasche holte. Ihre eigene Handtasche lag mit dem Rest des wöchentlichen Haushaltsgeldes im Kleiderschrank unter seinen Pullovern, ganz hinten.

Die Boardingcard wurde über den Schalter geschoben. «Have a nice flight, Mrs. Pavlova.»

«Thank you very much.»

Sie ging zum Zeitungsstand, kaufte die englische Tageszeitung «Independent» und eine Telefonkarte für 10 Franken, dann suchte sie eine Telefonkabine. Sie sprach nur ganz kurz auf Russisch mit dem Cousin ihrer Mutter, ihrem Patenonkel, der im Londoner Westend ein Spezialitätenrestaurant führte. «Keine Fragen jetzt, Onkel Pjotr, ich lande um 17.30 Uhr in Heathrow, von Zürich kommend mit British Airways. Ich habe meinen Mann verlassen.»

«Ich treffe dich am Flughafen, mein Kind. Du bist uns herzlich willkommen! Wir freuen uns.»

Jelena Pavlova ging langsam zum Gate. Zum erstenmal an diesem Tag atmete sie tief durch. Die Schmerzen im Kopf hatten nachgelassen.

Die Neue Zuger Zeitung war bestens informiert. «Frau von Zuger Banker verschwunden» titelte sie. Darunter stand: «Die Ehefrau von R. B., Anna B., 29 Jahre alt, aus St. Petersburg stammend, ist seit mehr als 48 Stunden verschwunden. Ein Verbrechen kann nicht ausgeschlossen werden.»

Bereits zwei Tage später berichtete das Blatt mit sehr viel weniger Zurückhaltung von einer Wohnungsdurchsuchung bei Reto B., dem Ressortleiter einer bekannten Bank am Ort. Mit Einzelheiten wurde nicht gespart:

«Die Polizei stellte bei der Durchsuchung der Zuger Wohnung nicht nur die Identitätskarte von Anna B., sondern auch ihr Mobiltelefon sicher. Deutliche Spuren von ihrem Blut konnten unter der Waschmaschine ausgemacht werden. Restspuren von Blut fanden die Kriminaltechniker an den Wänden und in einer Ecke der Küche. Es fehlten weder Kleidungsstücke noch Kosmetika, und der Koffer der Vermissten stand im Keller. Ihre Handtasche mit Portemonnaie und Geld konnte im Kleiderschrank des Reto B. sichergestellt werden, die Hausschlüssel lagen im Flur. Blutige Kleidung der Verschwundenen fand die Polizei hinter dem Tiefkühler in einer Kammer. Der in der Nachbarschaft praktizierende Allgemeinmediziner Dr. T., FMH, sagte aus, die Verschwundene sei am Morgen vor vier Tagen mit schweren Gesichtsverletzungen, die von Schlägen herrühren könnten, bei ihm in Behandlung gewesen, was seine Assistentin bestätigte.»

Überall im Viertel wurde geredet, mal hinter vorgehaltener Hand, mal ganz offen. Die Frau des Bäckers offerierte ihren Kunden zusammen mit frischem Brot und Backwaren Berichte von Misshandlungen, blauen Flecken, und dass die

Arme hin und wieder an Regentagen mit einer Sonnenbrille habe einkaufen gehen müssen.

Noch besser war der Postbote informiert, der zu einer Aussage auf den Polizeiposten bestellt wurde. «Wenn ich Frau Bauer die Post an die Tür brachte, öffnete sie manchmal nur einen Spalt, aber ich konnte trotzdem die blauen Flecken an den Armen oder ein blutunterlaufenes Auge erkennen.»

Die Polizei leistete bewundernswert gründliche Arbeit. Sie konsultierte die russische Botschaft, aber es fanden sich keine Verwandten in St. Petersburg, zu denen sich die arme, geprügelte Frau hätte flüchten können. Die Mutter war vor einem Jahr gestorben, an ihrer Beerdigung hatten die Nachbarn die Tochter zum letztenmal gesehen.

Die 2000 Franken, die auf dem Konto des Verdächtigen fehlten, waren mit dessen Kreditkarte an einem Automaten in der Bahnhofstrasse und an einem anderen Automaten in einem Kaufhaus abgehoben worden. Der Kartendiebstahl habe wohl mit dem Verschwinden der Frau nichts zu tun, mutmasste die Zeitung. Die Daten, an denen Geld abgehoben worden war, lagen vor der letzten Prügelorgie des Ehemannes. Da die Karte von einer Reinigungsfrau in einem der Abfalleimer im Bahnhof von Zug gefunden wurde, ging die Polizei von Diebstahl durch unbekannt aus.

Im Kantonsspital, wo die Kriminalpolizei nach weiteren Indizien ehelicher Gewalt forschte, fand sie zusätzliche Unterlagen. Zweimal war Anna Bauer mit dem Krankenwagen eingeliefert worden, einmal mit zwei gebrochenen Rippen, das andere Mal mit einer ausgekugelten Schulter und einem gebrochenen Oberarm. Die Röntgenaufnahmen liessen keinen Raum für Zweifel. Die Krankenkasse war der Kriminalpolizei ebenfalls gerne mit Kopien der Krankenberichte behilflich, aus denen sich ein dreijähriges Martyrium der jungen, hübschen Russin ablesen liess.

Marina Bauer, die erste Ehefrau, wurde ebenfalls eingehend befragt. «Warum hat sie nur nicht auf mich gehört!», rief sie verzweifelt und den Tränen nahe. «Solch eine sympathische Person. Ich hab sie erst letzte Woche gewarnt und ihr geraten, so schnell wie möglich zu verschwinden.»

Die Staatsanwaltschaft erliess Haftbefehl gegen Reto Bauer, da die Beweislast erdrückend war. Der Beschuldigte machte keine Angaben zum Entsorgungsort der Leiche, obwohl ihm die Staatsanwaltschaft angeblich ein gutes Angebot in Aussicht gestellt hatte.

Die Neue Zuger Zeitung titelte: «Mord ohne Leiche».

JURA

FERIEN IM JURA
SAM JAUN

Der rotblonde Bursche hatte ihn auf dem Bahnhof Twann am Strohhut, den er wie verabredet trug, erkannt, ihm die Hand gereicht: «Schmidiger, Sebastian, aber meine Mutter ist eine Welsche und sagt Sébastien zu mir.» Er hatte erwidert: «Keller, Peter, doch meine welsche Verwandtschaft nennt mich Pierre», und sie hatten beide gelacht. Schmidiger hatte Keller und sein Gepäck mit dem Geländewagen zum Bauernhof am Jurahang über Twann hinaufgefahren. Unterwegs hatte Sebastian bemerkt: «Mutter sagt, Sie sind Kunstmaler», und Keller hatte geantwortet: «Ja, das bin ich manchmal.»

Jetzt stand er am Fenster des Zimmers, das er gemietet hatte, und schaute hinaus. Den Bielersee unten sah er von hier aus nicht, nur das Land mit den paar Dörfern im Dunst, das auf der anderen Seite lag und das ihm den Namen verdankte: Seeland.

Er blickte auf die Uhr. Viertel vor zwei: Zeit aufzubrechen. Er setzte den Strohhut auf und ging. Draussen war es dank der leichten Bise trotz des heissen Julitags erträglich. Er spazierte zum Waldrand hinauf, liess sich auf der Bank dort nieder und wartete. Es dauerte nicht lange, und er hörte Geräusche hinter sich und dann Marilous Stimme: «Dreh dich nicht nach mir um. Besser, man sieht uns nicht zusammen. Das längliche Haus etwas unterhalb vom Weg, auf dem du hergekommen bist – dort wohnen wir, Zoë und ich, während unserer Ferien. Zoë wohnt bei ihrer Grossmutter in Ménier im Haus neben dem meinen. Ich kenne sie, seit sie vier ist. In drei Tagen wird sie siebzehn, und ausgerechnet an ihrem Geburtstag muss ihre Grossmutter nach Paris zu einer Beerdigung fahren. Da habe ich sie eingeladen, einige Tage mit mir im Jura zu verbringen. Gestern nachmittag, als ich in Twann einkaufen war, sass sie am kleinen runden Tisch am offenen Fenster und schmökerte. Als sie auf dem Klo war, hörte sie einen gedämpften Knall und ein Klirren. Und als sie ins Wohnzimmer zurückkehrte, war das Wasserglas auf dem Tisch zersplittert und ich, von Twann zurück, erblickte vor der Haustür ein Einmachglas, auf dessen Deckel ein Foto von Zoës Mutter lag; sie hat, als ihre Tochter knapp vier war, eine Reise nach Südfrankreich angetreten, von der sie nie zurückgekehrt ist, und gilt seither als vermisst. Ich kauerte mich hin und sah den Finger im Glas. Ich habe es inzwischen geöffnet, möglichst ohne es mit blossen Händen anzufassen. Was da drin ist, ist keine Attrappe, sondern ein echter menschlicher Finger, eingelegt in Formalin! Im Wohnzimmer entdeckte ich dann die Flobertkugel, mit der jemand durchs Fenster auf das dünnwandige Wasserglas geschossen hat.»

«Offensichtlich wollte der Schütze nicht Zoë treffen. Sonst hätte er nicht in dem Augenblick geschossen, als sie draussen war.»

«Ja. Aber ich muss wissen, wer hinter diesem Allotria oder was immer es ist, steckt, und was er oder sie damit bezweckt. Deshalb habe ich dich angerufen.»

«Gut. Ich werde in nächster Zeit jeweils irgendwo in Sichtweite malen, zeichnen, skizzieren, ein Sujet studieren, was immer. Wer hat euch die Wohnung vermittelt?»

«Eine Agentur. Der Besitzer ist ein junger Mann, der das Haus von seinem Grossvater geerbt hat. Er hat es uns persönlich gezeigt, aber er wohnt in Biel.»

«Man sollte beide überprüfen, die Agentur und den Besitzer. Marchand ...»

Marilou unterbrach ihn. «Das hat Edouard bereits veranlasst. Er hat mir geraten, dich anzurufen. Übrigens ... Das Einmachglas steht jetzt im Kofferraum meines Autos.»

Zwei Tage lang hielt sich Keller in Sichtweite des Hauses auf, aber niemand interessierte sich dafür – auch nicht, wenn niemand darin war oder Marilou es verliess und Zoë allein dort blieb.

Am Abend des zweiten Tages erfuhr er von Marilou: Die Agentur, die ihnen das Haus vermittelt hatte, geniesse einen guten Ruf. Robert, der Sohn des Apothekers François Birner – des verstorbenen Besitzers des Hauses, in dem sie die Ferien verbrächten –, habe Chantal Dumont geheiratet. Diese habe einen Sohn, Felix, in die Ehe gebracht, den Robert nach der Heirat adoptiert habe und der damit sozusagen der Adoptivenkel des Apothekers geworden sei. Chantal sei mit Zoë schwanger gewesen, als Robert bei einer Bergwanderung abgestürzt und noch vor seinem Vater gestorben sei. Darauf habe Birner Felix in seinem Testament zum Erben eingesetzt – und Felix sei der junge Mann gewesen, der ihr und Zoë die Wohnung gezeigt habe.

Am Morgen des dritten Tages brachen Marilou und Zoë, Rucksäcke auf dem Rücken, zu einer Wanderung auf den Chasseral auf. Keller hatte darauf gut zwei Stunden lang einmal mehr den Kunstmaler gemimt, als ein blondgelockter Bursche, die Ärmel des lila Hemds hochgekrempelt, auf das Haus zuschritt, die Tür mit einem Schlüssel öffnete, hineinging und, dem Geräusch nach, von innen wieder abschloss. Keller sagte sich, der junge Mann könnte der Besitzer sein, aber wenn er's ist, was will er im Haus, während die Mieter fort sind? Keller begab sich zum Anbau auf der anderen Seite, in der sich die Garage befand, öffnete mit dem Schlüssel, den er von Marilou hatte, ging hinein und gelangte durch die

Verbindungstür in den Hausflur. Kein Geräusch im Parterre, aber Schritte im oberen Stock. Er stieg die Treppe hinauf, langsam, bemüht, leise zu sein, sah im Flur oben eine halboffene Tür, hörte, dass jemand im Zimmer war, schlich zum Spalt und blickte in den Raum. Auf dem Bett lag ein offener Koffer, in dem der Bursche wühlte. Denkbar, dass er es gewesen war, der das Einmachglas vor die Tür gestellt hatte. Keller versuchte es mit einem Bluff: «Das Glas mit dem Finger, das finden Sie hier nicht, Felix. Ich hab's!» Der andere erstarrte einen Augenblick, dann drehte er sich langsam um und nahm eine Haltung ein, die so was wie eine Kampfstellung sein mochte. Keller liess sich aufs Bett fallen. «Besser, du setzt dich neben mich und redest mit mir.» Der Bursche sprang ihn an, lag ein paar Sekunden später bäuchlings am Boden, Keller zerrte ihm den Gürtel aus den Schlaufen, band ihm damit, so gut es ging, die Hände auf den Rücken, schleppte ihn in die Küche, fand dort ein elektrisches Kabel, fesselte ihn damit, schleppte ihn ins Zimmer zurück und warf ihn aufs Bett. «Also entweder du redest jetzt mit mir, oder ich bringe dich in den Keller, sperre dich dort ein und warte, bis Zoë und Marilou vom Chasseral zurück sind.»

«Du bist ein verdammter ... Ach was, ja, ich rede, aber binde mich los.»

«Wenn du nicht versuchst wegzurennen, bis unser Gespräch zu Ende ist. Einverstanden?»

«Ja.»

Keller band ihn los, und sie setzten sich nebeneinander aufs Bett. «Also versuche, mir zu erklären, um was es geht.»

«Ich habe in Zoës Koffer gewühlt, weil ich vermute, sie könnte meine Schwester sein.» Er schüttelte den Kopf. «Nein, besser, ich fange mit dem an, was der Mann, den ich Grossvater genannt habe, mir kurz vor seinem Tod gesagt hat. Er war nicht mehr ganz klar im Kopf, hat manchmal nicht mehr gewusst, wer ich war, hat mich zwar noch Felix genannt, dann aber immer wieder absurde Dinge gesagt wie: ‹Mein lieber Junge, du wirst jetzt achtzehn und siehst aus, wie ich mit achtzehn ausgesehen habe. Wie aus dem Gesicht geschnitten! Oh ja, man sieht, dass du mein Sohn bist. Das Geschlecht der Birner stirbt nicht aus.›

Dann hat er behauptet, sein Sohn Robert, mein Adoptivvater, sei nicht bei einem Unfall gestorben, sondern habe sich in die Schlucht gestürzt, weil meine Mutter, als sie mit Zoë schwanger gewesen sei, ihm die Lüge erzählt habe: Der Vater des Kindes, das sie erwarte, sei nicht er, Robert, sondern derjenige Mann, der auch der Vater von mir, Felix, sei. Deshalb habe er Selbstmord begangen. Und dann erzählte er noch: Er, mein Grossvater, habe darauf eine schreckliche Tat begangen, für die er die ewige Verdammnis verdiene: Er habe, weil sie mit ihrer Lüge seinen Sohn, meinen Adoptivvater, in den Selbstmord getrieben habe, unsere Mutter, Zoës und meine, nach Südfrankreich gelockt, sie getötet und dafür gesorgt, dass man ihre Leiche nie finden würde.»

«Und der Finger im Einmachglas?»

«Das habe ich in so etwas wie einem Geheimfach von Grossvaters Schrank gefunden. Auch das Foto von Zoës Mutter. Ich fürchte, der Finger könnte von ihr sein.»

«Und der Schuss durchs Fenster auf das Glas?»

«Ich wollte bloss, dass jemand aufmerksam wird. Das war dumm und unnötig. Ich bereue es. Das Flobert habe ich in den Bielersee geworfen.»

Nach der Rückkehr der Wanderinnen berichtete Keller Marilou ausführlich, was geschehen war und was er erfahren hatte. Als er fertig war, schwieg sie einen Augenblick lang und sagte dann: «‹Wie aus dem Gesicht geschnitten! Oh ja, man sieht, dass du mein Sohn bist. Das Geschlecht der Birner stirbt nicht aus.› Ob klar im Kopf oder nicht ... Was der Alte zu Felix gesagt haben soll – Chantal Dumont, Zoës Mutter, hat als Apothekerhelferin gearbeitet, und zwar in Birners Apotheke in Biel.»

«Eine Affäre mit seiner Angestellten? Wenn ja, dann könnte der alte Birner der Vater gewesen sein!»

«Ich rufe morgen die Grossmutter an.»

«Wirst du ihr sagen, dass Birner behauptet hat, er habe Chantal umgebracht?»

«Ja. Die Grossmutter ist eine robuste Frau.»

Am andern Tag erfuhr Marilou von ihr, dass Birner in der Tat Felix' Vater war – und einiges andere mehr: Er habe damals, als ihre Tochter, seine Angestellte, von ihm schwanger war, alles daran gesetzt, sie mit seinem Sohn Robert zu verkuppeln und diesen später gedrängt, den Jungen zu adoptieren. Die Grossmutter vermutet, Birner habe schon einige Zeit zumindest geahnt, dass sein Sohn steril war – was viel später, nachdem dieser Chantal geheiratet hatte, ein Arzt bestätigt hat: Robert war wegen einer krankhaften Zusammensetzung seines Spermas zeugungsunfähig. Auch das zweite Kind war das von Birner. Allerdings war es ein Mädchen, zum Leidwesen des Apothekers mit seiner Obsession, das Geschlecht der Birner könnte aussterben. Von da an wollte er nichts mehr von Chantal wissen, und aus Rache verriet sie dem Sohn, wer der wirkliche Vater von Felix und Zoë war.

Marilou fügte hinzu: «Wenn sich Robert tatsächlich das Leben genommen hat, dann wohl deshalb.»

Als Keller sich von Marilou verabschiedete, fragte er sie: «Wirst du Zoë etwas von all dem erzählen?»

«Nein. Allerdings ... Sobald Zoë und ich wieder in Ménier sind, rede ich mit der Grossmutter. Sie soll entscheiden, was ihre Enkelin erfährt.»

WOLLERAU/FREIENBACH

TSCHINGG
MICHAEL HERZIG

Es würde ein guter Tag werden für einen Menschen, der das Glück erzwingen konnte. Pankratius Föhn schob sein Rennrad durchs Garagentor ins Freie. Der Elektromotor stotterte. Einen Augenblick lang hing das Tor über der Ausfahrt. Bockstill. Pankratius hielt inne. Der Motor setzte seine Arbeit fort. Föhn schritt in den Morgen hinaus. Über dem See strahlte die Sonne. Ab und zu blitzte es auf, wenn sie sich in einer Welle spiegelte. Er stieg aufs Rad. Gleich nach dem Frühstück würde seine Frau Kälin herbestellen müssen, den Handwerker aus Feusisberg. Seit dieser unter Umgehung baurechtlicher Vorschriften sein Elternhaus umgebaut hatte, schuldete er Pankratius Föhn mehr als nur einen Gefallen. Das Garagentor zu reparieren, war das Mindeste, was der Mann tun konnte.

Föhn rollte die von Buchsbäumen gesäumte Zufahrt auf die Etzelstrasse hinunter. Aus der Ausfahrt gegenüber kam ihm das neue 3er-Cabrio von BMW entgegen. Pankratius Föhn zog den Bauch ein. Die Nachbarin winkte. Ihre blonde Mähne flatterte im Morgenwind. Der Motor heulte auf.

Linda und Lukas Fässler im Haus nebenan würde das Müsli im Hals steckenbleiben. Lukas würde etwas Unverständliches brummen, Linda ihre Wut hinunterschlucken, nicht aber die bissigen Bemerkungen über Deutsche, mit denen sie hausieren ging. In der Bäckerei und im Blumenladen. Die Verkäuferinnen lächelten verlegen, wenn Linda Gift sprühte. In ihrem

Möbel- und Innendekorationsgeschäft freilich wurden Lindas Ressentiments zum Problem. Deutsche waren auch Kunden. Trotzdem hielt Linda nicht den Mund. Je schlechter es lief, umso verbitterter wurde sie. Fässlers hatten panische Angst, dass die Zuzüger das Dorf zur Stadt machten. Die Schule zu einem multikulturellen Irrgarten. Das Wohnsträsschen zur Durchfahrtsachse. Alle paar Tage brachten sie ein neues «Langsam – Achtung Kinder!»-Schild am Strassenrand an.

Der BMW verschwand um die Kurve. Die Nachbarin wollte vor sieben Uhr in Zürich sein. Später waren die Zufahrtsstrassen dicht.

Pankratius Föhn hatte nichts gegen Deutsche. Im Gegenteil. Sie hatten ihm schon manch schöne Wohnung abgekauft. Föhn trat in die Pedale. Auf den fünfhundert Metern bis zum Dorfausgang zählte er drei Baustellen. An zweien verdiente er mit. An der dritten schon bald. Der Bauherr hatte sich übernommen. Gespannt wartete Föhn auf den richtigen Augenblick, sein Angebot zu plazieren. Zum richtigen Zeitpunkt am richtigen Ort zu sein, war seine Spezialität.

Nach dem letzten Haus stieg die Strasse steiler an. Föhn pedalte an einer Landmaschinenwerkstatt vorbei. Das Tor stand offen. Aus der Halle hörte er Maschinenlärm. Jedesmal, wenn er daran vorbeiradelte, staunte Pankratius Föhn, dass die Firma überhaupt noch existierte. Immoos hatte seine Werkstatt in den Siebzigern eröffnet. Umgeben von Wiesen und Höfen. Nun lag sie am Rand eines Siedlungsbreis aus sonnendurchfluteten Eigentumswohnungen und kunstvoll verschachtelten Villen. Wollerau, Feusisberg und Freienbach hatten ihre Einwohnerzahl verdoppelt, die Millionärsquote vervielfacht. Die Nachfrage nach Einachsern war im Keller. Hoch im Kurs standen Zahnimplantate, Swimmingpools und Alarmanlagen.

Ein paar Meter weiter zirpten Grillen. Auf dem Hügel zur Rechten lag gemähtes Gras. Darüber zog ein Bussard seine Kreise. Pankratius Föhn schaltete das Gehirn ab. Nichts zu denken, war der tiefere Sinn seines morgendlichen Trainings, ein flacher Bauch der oberflächliche Effekt.

An diesem Tag wählte er die kürzere Tour. Er fühlte sich etwas schlapp. Im Magen hatte er ein flaues Gefühl. Am Abend zuvor war er mit Bruno Betschart durch die Wirtschaften gezogen. Ihr monatliches Treffen. Betschart war Bauunternehmer. Und Kantonsrat. Das ergab so manche Synergie. Mit einem üppigen Essen in Bürgis «Burehof» am Sihlsee hatten sie begonnen. Danach einen Jass geklopft. Gefolgt von einer dicken Havanna am Zürichsee. Auf dem Weg über den Etzel hatten sie bei der Tüfelsbrugg angehalten und von der Brücke aus in die Sihl gepinkelt. Das taten sie seit ihrer gemeinsamen Schulzeit am Kollegium Schwyz. Mittlerweile hatten sie nicht die geringste Ahnung, welcher von beiden damit angefangen hatte und wieso. Auch stiegen sie nicht mehr so flink wie früher auf die Brüstung. Trotzdem stellten sie Mal für Mal das Auto auf der Brücke ab und packten das Teufelchen aus.

Nach der Zigarre in der Altherrenlounge in Pfäffikon waren sie nach Brunnen gefahren, hatten sich in eine Bar gesetzt, Gin Tonic getrunken und den jungen Frauen zugeschaut, bis keine mehr dagewesen war. Spät in der Nacht war Pankratius Föhn von der Kantonspolizei Schwyz heimgefahren worden. Ein Polizist im Streifenwagen, einer in Föhns Cayenne. Betscharts Schwager war Polizeikommandant. Das half bei vielen Dingen.

Jeden ersten Donnerstag im Monat festigten Betschart und Föhn ihre Bande. Aus diesen Touren hatte sich manch rentabler Handel ergeben. In den Wirtschaften flossen auch die Informationen. Da musste man gut zuhören und eins plus eins zusammenzählen. Darum ersetzten sie ihre Tour de Schwyz nun in wohlüberlegter Dosierung durch gelegentliche Ausflüge ins Edelpuff im zürcherischen Schwerzenbach.

Bei der Chastenegg strampelte Föhn rechts den Hügel hinauf, liess den Etzel im Büel links liegen und fuhr bei der Büelweid in Richtung Sihl den Hang hinunter. Als es vor Bleiken wieder aufwärts ging, riss die Kette.

Seine Frau war nicht mehr zu Hause. Auf dem Tisch lag eine Notiz. Sie war Wanderschuhe kaufen gegangen. Für die Mythenwanderung an Pfingsten. Eine Familientradition. In aller Herrgottsfrühe den steilen Hang hinauf, Frühstück vor atemberaubender Bergkulisse, eine kurze Andacht und dann sofort den Berg hinunter, bevor die Massen der Ausflügler und Touristen anmarschierten.

Schwitzend und schnaufend stand Föhn im Wohnzimmer. Die Fensterfront war einer der Trümpfe seines Hauses. Das Panorama reichte vom Säntis über den See bis fast nach Zürich. Dafür beneideten ihn viele. Auch solche, die sich eine luxuriösere Villa leisten konnten.

Den Weg von Bleiken nach Hause war er gerannt. Das Fahrrad vor sich her stossend. Das hatte den Kater vertrieben. Ebenso zwei junge Kätzchen, die vor dem Bauernhof in Bleiken gespielt hatten und in den Stall geflüchtet waren, als Pankratius Föhn vorbeigerannt war. Dafür hatte ihm der Hofhund hinterhergebellt.

Das Handy summte. Föhn zuckte zusammen. Er hatte keine Ahnung, wie lange er vor dem Fenster gestanden hatte. Gedankenverloren. Dabei hätte er längst im Büro sein sollen. Hatte eine volle Agenda und am Mittag mit dem Landammann zum Essen abgemacht. Er liess das Telefon liegen und stürzte in den oberen Stock hinauf. Eine schnelle Dusche. Erst heiss, dann kalt. Darauf schlüpfte er in die Kleider, welche seine Frau aufs Bett gelegt hatte. Das Hemd zuknöpfend, rannte er die Treppe hinunter, schnappte sich das Mobiltelefon und die Aktenmappe.

Er lief in die Tiefgarage hinunter. Seine Frau hatte den Mini genommen. Mit dem Cayenne wollte er sich an diesem Tag nicht blicken lassen. Also stieg er in den Roadster. Diesmal funktionierte das Garagentor tadellos. Er fuhr auf die Etzelstrasse und dann in Richtung Dorf. Nach der Kurve stand ein Geschwindigkeitsmesser am Strassenrand. Ein weiteres Werk von Linda und Lukas Fässler. Föhn gab Gas.

Unterwegs telefonierte er. Ein Kunde hatte angerufen, als er unter die Dusche gehetzt war. Die Fenster seien nicht dicht, behauptete der Mann. Ein Garantiefall. Föhn versprach, sich darum zu kümmern. Was bedeutete, dass Luzia sich kümmern musste. Seine Sekretärin. Pankratius Föhn kaufte, riss ab, baute oder renovierte und verkaufte wieder. Nachdem er den Schlüssel übergeben hatte, wollte er mit den Kunden nichts mehr zu tun haben.

Seine Kommilitonen an der ETH hatten ihn «Panki» genannt. Von Pankratius. Er allerdings hatte sich ausgemalt, sein Übername sei eine Anspielung auf Punk. Tatsächlich hatte er als Jugendlicher eine Clash-Platte besessen.

Föhn hatte Architektur studiert. Mit den anderen Studenten hatte er nichts anfangen können. Zu abgehoben waren sie, wollten mit Bauen die Welt verändern. In weiser Voraussicht hätte sich sein Vater ein Studium in Jurisprudenz gewünscht. Nichtsdestotrotz hatte er seinem Sohn die ersten Aufträge besorgt. Umbauten für den Kanton. Einfamilienhäuser in den Gemeinden oberhalb Schwyz. Ein Schulhaus, ein Kirchgemeindehaus.

Nicht allzu lange nach Studienabschluss fuhr Pankratius Föhn seinen ersten Porsche. Ebenso schnell stellte er fest, welch mühseliger Beruf Architekt im Grunde genommen war.

Das Baurecht ein Dschungel. Die Bürokratie allmächtig. Kommissionen und Ämter voller Hosenscheisser, die sich vor jedem Gang auf die Toilette nach allen Seiten hin absicherten, damit niemand rekurrierte, das Referendum ergriff, Petitionen lancierte oder die Medien einschaltete. Wenn man dann endlich eine Baufreigabe erlangt hatte, fing der Ärger erst recht an. Mit Handwerkern, die dem Begriff Kostendach schwindelerregende Bedeutung verliehen. Mit der Bauherrschaft. Je weniger der Staat sich an die selbstgesetzten Termine hielt, umso unnachsichtiger war er gegenüber seinen Auftragnehmern. Und bei Familien musste man zuerst herausfinden, wer das Sagen hatte. Die Ehefrau, die Schwiegermutter, die Geliebte. Keinesfalls derjenige, der den Vertrag unterzeichnet hatte.

Als Immobilienhändler verdiente man besser und arbeitete weniger. Darum hatte Föhn umgesattelt. Zum richtigen Zeitpunkt. Denn als der Kanton zum Steuerparadies wurde, die Millionäre in Scharen nach Ausserschwyz zogen und im inneren Kantonsteil die Hügel mit Terrassensiedlungen zugepflastert wurden, stand Pankratius Föhn bereit, das nach Schwyz drängende Geld in die richtigen Bahnen zu lenken. Seinen ersten Porsche hatte er behalten. Für Sonntagsfahrten.

Nach Schwyzerbrugg rief Betschart an. «Wieder nüchtern?»

«Wie am Tag meiner Geburt.» Föhn lenkte den Sportwagen gekonnt durch die Kurve und beschleunigte in der Geraden. Er liebte diese Strecke mit ihren sanften Hügeln.

«Beeler zieht den Rekurs weiter!»

Viktor Beeler! Ein Querulant. Ein Schulmeister, der ein bisschen in der Welt herumgekommen war, an Schweizer Schulen in Lateinamerika unterrichtet, dort mit der Befreiungstheologie sympathisiert hatte und mit dem Protest der indigenen Bevölkerung gegen Ausbeutung und Raubbau. Der zurückgekommen war, um gegen Zürcherisierung und Überfremdung des Kantons Schwyz zu predigen. Gegen den Zerfall der dörflichen Gemeinschaft, der Volkskultur, des althergebrachten Vereinslebens, der Natur. Es müsse wieder klar werden, wer wen zu grüssen habe im Dorf. Mit dieser Botschaft tourte er durch die Kirchgemeindehäuser des Kantons. Und hatte das Publikum im Sack. Insbesondere Lukas und Linda Fässler, die nun penetrant alle Schweizer im Ort grüssten.

Viktor Beeler blockierte ein Projekt von Betschart und Föhn. Beziehungsweise die dafür notwendige Änderung des Bauzonenplans in Wollerau. Die Behörden für diese Umzonung zu gewinnen, war mit einigem Aufwand verbunden gewesen. Ein Versprechen hier, ein Zugeständnis da. Am Ende waren alle auf ihrer Seite gewesen. Nur Beeler und seine Getreuen nicht, die nun vor Bundesgericht gingen.

«Hast du verstanden, Föhn? Der Schafseckel kostet uns Geld! Viel Geld!»

Vor Föhn bog ein Mopedfahrer aus einem Feldweg in die Altmattstrasse ein. Ohne Helm auf dem Kopf, dafür mit Stumpen im Mund. Pankratius Föhn überholte. Auf der anderen Seite der Strasse stand ein Plakat von Betscharts Partei im Feld. Zu deren Kampagne hatte Föhn 20000 Franken beigesteuert.

«Hörst du mir zu? Es ist an der Zeit, Beeler das Heiland-Spielen auszutreiben!»

«Beeler hat eine junge Frau. Eine sehr junge Frau.»

«Erzähl mir was Neues! Ich weiss doch, was der Hurenbock in Südamerika gesucht hat. Bist du neidisch? Vielleicht sollten wir das nächste Mal ins Puff gehen!»

«Beelers Frau war auf dieser Technoparty. Weisst du, welche? Jene auf der Sattelegg, die mein Sohn organisiert hat. Goa heisst der Musikstil, glaube ich.»

Bruno Betschart lachte. «Daran kann ich mich gut erinnern. Das Fest, das dich mehr als nur Nerven gekostet hat. Die Busse, die der Sohnemann kassiert hat. Die Entschädigung des Bauern. Das Abendessen mit mir, weil ich dafür gesorgt habe, dass die Polizei die Ermittlung wegen Drogenhandels einstellt. Dein Junior ist schliesslich nicht für das Pack verantwortlich, das aus Zürich zu uns kommt, nur weil ein initiativer junger Mann eine Party steigen lässt! Alles weiss ich, Föhn, nur ist mir gerade entfallen, wie der Lärm genannt wird, den sie dabei gehört haben!»

«Von dieser Party gibt es Bilder im Internet.» Föhn passierte das Ortsschild von Rothenthurm und bremste. «Das sind aber nicht alle. David hat mehr davon auf einer externen Festplatte. Ich habe seinen Computer und den ganzen Klimbim eingezogen, bis er seine Schulden abgestottert hat. Am Wochenende habe ich mir die Speicherplatten angeschaut.» Er hielt vor einem Fussgängerstreifen. Eine alte Frau tippelte über die Strasse. «Dabei habe ich Bilder von der Party gefunden, die sehr spät aufgenommen wurden. Oder besser gesagt frühmorgens. Als die Leute nicht mehr nüchtern waren.» In der Mitte der Strasse blieb die Alte stehen und winkte. Föhn lächelte freundlich. «Es sind Bilder von Beelers Gemahlin dabei. Darauf hat sie nicht mehr viele Kleider an. Sie ist auch nicht allein. Aber ohne Viktor Beeler.» Die Frau erreichte das Trottoir und winkte nochmals. Föhn fuhr langsam an. «Besonders schockiert hat mich, dass die Tätowierung über ihrer Scham so gut zu sehen war.»

«Donnerwetter! Mail mir die Fotos! Ich kümmere mich um den Rest.» Betschart pfiff die Titelmelodie von James Bond. «Ach übrigens, du bist ab sofort Verwaltungsratsmitglied von ‹Nova Brunnen›. Herzlichen Glückwunsch!»

Pankratius Föhn legte das Handy auf den Beifahrersitz. Im selben Augenblick schellte es wieder. Das Display zeigte an, dass Luzia ihn suchte. Er war heillos verspätet. Föhn liess das Telefon klingeln. Am Ortsausgang jagte er den Tacho in Höhen, die teuer werden konnten.

«Die Besprechung in der Kantonalbank habe ich auf nächste Woche verschoben. Aber die beim Raumplanungsamt hat ohne dich stattgefunden.» Luzia Conti überreichte ihm ein Bündel Unterlagen. Zuoberst ein Blatt mit Telefonnummern. Leute, die er zurückrufen sollte. «Du siehst aus, als ob du einen Kaffee gebrauchen könntest.»

«Danke.» Er nahm das Dossier entgegen und lächelte schräg. Sie ging zur Kaffeemaschine. Daneben stand ein Foto ihrer Familie in einem vergoldeten Rahmen. Ihr Mann arbeitete sich bei einer Versicherung hoch. Die beiden Buben sahen aus wie angehende Fussballstars.

Vor Jahren hatte Föhn seine Sekretärin zu einem Wochenende nach Paris eingeladen. Seine Frau war mit einer Freundin zur Kur ins Südtirol gefahren. Luzia hatte abgelehnt. Freundlich, aber bestimmt. Weil er sie nicht entlassen hatte, hielt sich Pankratius Föhn für unglaublich fortschrittlich.

«Übrigens hat dein Vater dreimal angerufen. Wegen der Beerdigung. Sie findet um 09.15 Uhr statt. Das schaffst du nicht mehr. Den Trauergottesdienst schon. Vorher musst du jedoch unbedingt die Baustelle von Meinrad & Kümmerli besichtigen. Sie können nicht mehr länger warten. Das hat mir die Sekretärin kreischend klargemacht.» Luzia stellte die dampfende Kaffeetasse auf den Tisch.

«Welche Beerdigung?»

«Salvatore di Fusco ist letzte Woche gestorben. Deinem Vater liegt viel daran, dass du dich blicken lässt.» Fast schien es, als läge es Luzia selbst am Herzen. Sie seufzte und ging zu ihrem Schreibtisch zurück.

Föhn nippte gedankenversunken an seinem Kaffee. Der alte di Fusco. Erster und Letzter seiner Familie in Ibach. Im dortigen Werkhof der Gemeinde Schwyz hatte er vor seinem Tod Handlangerdienste verrichtet. Die Anstellung hatte ihm Föhns Vater verschafft. Nachdem sich di Fusco beinahe zu Tode gesoffen hatte. Föhn Senior war Arzt gewesen. In der ehemaligen Praxis seines Vaters hatte Pankratius sein Büro eingerichtet.

1966 war Salvatore di Fusco zum erstenmal aus Lecce in Süditalien in die Schweiz gekommen. 1972 hatte er eine feste Stelle in der Reismühle in Ingenbohl gefunden. 1970 war seine Tochter Luzia geboren worden. In Italien. Sein Sohn Francesco kam 1972 in der Schweiz zur Welt. Seine Frau arbeitete im Hotel Waldstätterhof in Brunnen. Das waren die Daten über Salvatore di Fuscos Leben, die die Zeitungen verbreitet hatten, nachdem sein Sohn Francesco 1978 auf dem Weg in die Schule spurlos verschwunden war.

Die Geschichte des kleinen Francesco war wochenlang in den Zeitungen gestanden. Auch nachdem die Kantonspolizei die Suche aufgegeben hatte. Wonach die Artikel der Reporter von Betroffenheit ins Räsonieren gekippt waren. Weshalb der kleine Francesco unbeaufsichtigt unterwegs gewesen sei, wurde gefragt. Was die Journalisten nicht weiter erstaunen mochte angesichts der Tatsache, dass die Mutter arbeitete, statt auf ihre Kinder aufzupassen. Normalerweise wurde Francesco von seiner Schwester in die Schule begleitet. Doch an jenem Tag hatte diese krank im Bett gelegen. Der Vater in der Fabrik, die Mutter im Hotel. Und bald schon wurde die Berichterstattung über das Verschwinden des kleinen Francesco di Fusco zur Debatte über erwerbstätige Mütter. Über die Frage, ob diese überhaupt Verantwortung für ihre Kinder übernehmen konnten. Und ob die Ursache dieses schrecklichen Ereignisses nicht doch vielleicht in der Tatsache begründet war, dass Fremdarbeitern der Familiennachzug zu einfach gemacht würde. Erst die Devisenmarktintervention der Nationalbank verdrängte Francesco di Fusco aus den Schlagzeilen. Derweilen wurde Francescos Mutter ins Sanatorium gesteckt, wo sie sich drei Jahre später erhängte. Der Vater soff. Die Tochter kam ins Heim. Der Bub blieb verschwunden.

«Du musst dich beeilen, Pankratius!»

Föhn schreckte aus seinen Erinnerungen auf. Luzia deutete auf ihre Armbanduhr. Er stand auf, suchte seine Sachen zusammen. Die Mappe, den Autoschlüssel, die Jacke. Beinahe schlafwandlerisch. Luzia rief ihm etwas hinterher. Er verstand es nicht. Natürlich kam er zu spät. Auf die Baustelle und zur Beerdigung. Als er seinen Wagen neben dem Eingang zum Friedhof parkierte, kam ihm die Trauergemeinde entgegen. Viele Leute waren es nicht. Vorwiegend Arbeitskollegen des Verstorbenen, die die Zeit aufschreiben konnten.

«Du hättest wenigstens am Gottesdienst teilnehmen können!» Vater Föhns Augen funkelten wütend. «Aus Respekt und Pietät.» Darauf liess er seinen Sohn stehen.

Unentschlossen lehnte sich Pankratius Föhn an seinen Wagen. Da sah er sie. Obschon es mehr als dreissig Jahre her war, erkannte er sie sofort. Sie trug Schwarz. Schuhe, Hose, Bluse, Blazer, Handtasche, Augenringe, alles schwarz. Mittlerweile war sie über vierzig. Verlebt. Trotzdem von einer kühnen Schönheit. Sie steuerte geradewegs auf Föhn zu.

Sie war gross und hatte Kurven. Als Kind war sie lang und dürr gewesen. «Wenn du nicht gekommen wärst, hätte ich dich aufgesucht!» Ihre Stimme klang dunkel und rauh. Doch wirklich überrascht war Föhn von ihren Augen. Glasklar. Er hatte einen von Kummer und Alkohol getrübten Blick erwartet. Ihn schauderte, als sie ihn anschaute.

Luzia di Fusco ging zur Beifahrerseite und öffnete die Tür. «Fahren wir!»

Föhn blickte sich um. Dann stieg er ein. Sie zündete sich eine Zigarette an, hielt ihm das Päckchen hin. Er schüttelte den Kopf und liess die Fenster hinunter.

«Hätte ich mir denken können», zischte sie. «Die Gesundheit ist das Wichtigste.»

Föhn rutschte auf dem Sitz herum. «Es tut mir leid um deinen Vater. Schlimme Sache.» Er wollte ihr sagen, dass er keine Zeit habe, viel zu tun, Besprechungen verpasst, in einer Stunde mit dem Landammann zu Mittag esse, am Nachmittag nochmals drei Termine wahrnehmen müsse und am Abend wieder einmal etwas mit seiner Frau unternehmen wolle. Doch er schwieg, als sie ihn anstarrte. Minutenlang.

«Deine Sekretärin hat denselben Namen wie ich! Du hast wohl lange suchen müssen, bis du sie gefunden hast.» Sie drückte die Zigarette im Aschenbecher aus.

«Luzia. Es ist lange her», stotterte Pankratius Föhn. «Lass uns ...»

«Was?», unterbrach sie ihn. «Was ist lange her?» Sie legte beide Hände auf das Armaturenbrett und schaute zum Fenster hinaus. Über dem Friedhof thronten die Gebäude des Klosters Ingenbohl. «Dass du mir auf dem Schulweg aufgelauert hast? Mich mit Steinen beworfen hast? Mich Tschinggenliese gerufen hast? Mich in eine Scheune gezerrt hast? Mir die Hosen heruntergerissen und an mir herumgefingert hast? Dass ich mich nicht mehr getraut habe, zur Schule zu gehen? Dass ich meiner Mutter alle möglichen Krankheiten vorgegaukelt habe, damit ich zu Hause bleiben konnte? Findest du, das sei lange her, Föhn?»

Er schüttelte den Kopf. «Können wir nicht vernünftig miteinander reden?»

Sie stöhnte. «Ja, natürlich. Fahr los! Wir gehen an den See.»

Pankratius Föhn startete den Motor. Wenn er den Landammann nicht auch versetzen wollte, musste er sich sputen. Er wendete und fuhr den Kirchweg zurück zur Dammstrasse. Gegenüber sah man die Gebäude des Industrieareals. Die Reismühle. Dort hatte Luzias Vater in den Siebzigern angefangen. Die Zementfabrik. Dort würde «Nova Brunnen» entstehen. Eine neue Stadt. Eine neue Zeit.

«An dem Tag, als Francesco verschwand, bin ich zu Hause geblieben. Krank vor Angst.» Sie steckte sich die nächste Zigarette an. Blies den Rauch zu Föhn hinüber. «Nur die Gewissensbisse, die mich seither quälen, sind noch schwerer zu ertragen!»

Föhn fuhr am Bahnhof vorbei. An der Ochsenbar, wo er tags zuvor mit Betschart gesessen hatte. In den Hotels und Restaurants wurde das Mittagessen aufgetischt. Über der Strasse hingen die Flaggen der Urkantone.

«Parkieren kannst du beim Quai.»

Föhn fand eine Lücke, fuhr hinein und liess den Motor laufen. «Ich muss in zwanzig Minuten in Schwyz sein. Dringend.» Am Waldstätterquai posierten japanische Touristen in Gruppen. Davor sassen Rentner auf Bänken. Pensionierte Gastarbeiter, die den Anlegeplatz zur Piazza machten. Pankratius Föhn musterte die Frau neben sich. Ihr Gesicht war vom Leben gezeichnet. Das Dekolleté indessen hätte dasjenige einer Jüngeren sein können.

Luzia stellte den Motor ab und zog den Zündschlüssel heraus. «Komm mit!» Sie stieg aus. Föhn folgte ihr widerwillig. An der zentralen Parkuhr vorbei. Daneben die Wegweiser für die Velowege. Je nachdem, welchen man nahm, pedalte man über 40 Kilometer nach Luzern oder über 37.

Luzia ging weiter. Föhn hinterher. Er betrachtete ihren Gang. Den wiegenden Körper.

Rechts lag der «Waldstätterhof», links die Gartenwirtschaft. Danach kamen seltsame Eisenplastiken. Dann die Minigolfanlage. Schliesslich der Platz der Auslandschweizer und der

Föhnhafen. Eine grosse Wiese. Darauf eine Art Pavillon, der vom Schweizerischen Schreinermeisterverband gestiftet worden war. Rechts daneben der Kanal, der von den Bootshäusern zum See führte, flankiert von den Anlegeplätzen. Links der See und das Bergpanorama. Am linken unteren Ende ein Kunstwerk aus Stein, auf dem Teenager sassen und rauchten. Zuvorderst die Tafel zum Gedenken an die Auswanderer. Davor blieb Luzia stehen.

«Wer dieses Land verlässt, erhält ein Denkmal. Was kriegen jene, die kommen?» Sie drehte sich um und öffnete die Handtasche. «Warum hast du meinen Bruder umgebracht?»

Pankratius Föhn blieb stehen.

«Du warst 14, er erst 6!»

Föhn gluckste. «Darum hast du mich hierhergeschleppt? Um mir eine Szene zu machen?» Er schüttelte den Kopf. «Dafür lasse ich das Mittagessen mit dem Landammann sausen. Ich Hornochse!»

«Warum bist du denn mitgekommen? Hast du tatsächlich gedacht, du könntest mir nach 35 Jahren nochmals an die Wäsche gehen?» Luzias Stimme klang laut und bitter. Föhn schaute sich um. Ausser den Jugendlichen schien sie niemand zu beachten.

«Du phantasierst, du drehst vollkommen durch!» Pankratius Föhn grinste böse. «Wie deine Mutter.»

«Du magst doch Huren?» Luzia di Fusco griff in die Handtasche. «Ich bin eine.» Sie zog eine Pistole hervor, die riesig wirkte in ihrer Hand. Föhn zuckte zusammen. «Ich bin 35 Jahre lang weggerannt.» Sie hielt ihm den Lauf der Pistole an die Stirn. Von der Steinskulptur her waren Schreie zu hören. Föhn versagten die Beine. Er sank auf die Knie. Der Pistolenlauf folgte ihm.

«Warum hast du meinen Bruder umgebracht?»

Pankratius Föhn fing an zu weinen. «Es war ..., es ging ..., es ist so lange her.» Er schluchzte. Luzia di Fusco drückte ihm die Waffe fester an den Kopf. Das Geschrei breitete sich aus. Von der Minigolfanlage rannten Leute in Richtung Quai davon. «Er war ...» Föhn stockte, schluckte. «Er war halt ein Tschingg.»

Luzia drückte ab. Dann legte sie die Waffe auf den Boden und wartete. Sie war heimgekehrt.

BIEL

FOKUS
KARIN BACHMANN

«Bin ja gespannt, wie die das machen wollen», sagte Amanda. «Das Gymi platzt bereits aus allen Nähten, und ab Sommer kommen die aus dem Lindenquartier noch dazu.»

Loïc war mit seiner Kamera beschäftigt. Die Märzsonne schien, ein warmer Westwind jagte Wolkenschatten über den Robert-Walser-Platz. Der Anblick, den der stilisierte Schriftzug «Biel/Bienne» am Hintereingang des Bahnhofs bot, war einfach zu gut.

«Musst du das Ding ständig mit dir rumschleppen? Man kann keine anständige Unterhaltung mit dir führen.»

«Moment», antwortete Loïc. Der Auslöser klickte, Loïc änderte den Winkel, drückte wieder ab. «So. Entschuldige, hast du etwas gefragt?»

Amanda seufzte. «Für dich gibt's nur Licht, Schatten und deine blöden Bilder.»

«Sorry.»

Sie kamen durch die Unterführung zu den Perrons. An den Aufgängen standen schlagstockbewehrte Polizisten in Helm und schusssicheren Westen. Einige hielten Schäferhunde an der Leine. Amanda und Loïc zögerten. Dann zückte Loïc seine Kamera. Plötzlich herrschte ihn jemand an:

«Hé, jeune homme! Qu'est-ce que tu fous là?»

Loïc liess die Kamera sinken. Vor ihm stand ein Polizist in voller Montur.

«Nur ein paar Schnappschüsse.»

Der Polizeibeamte nahm seinen Helm ab und sagte mit französischem Akzent: «Lass das bitte. Wir sind am Arbeiten.»

Loïc nickte.

«Was hast du überhaupt mit den Aufnahmen vor?», fragte der Polizist. Er war noch ganz jung, hatte die Postur eines Footballspielers.

«Nichts. Fotografieren ist mein Hobby.»

«Stimmt!», kam Amanda ihrem Freund zu Hilfe. «Ihm ist ohne Kamera nicht wohl. Er macht sogar bei Wettbewerben mit.»

«Ehrlich?», fragte der Polizist.

Mit knallroten Ohren nickte Loïc.

«Ok, aber die Bilder sollten nirgends in der Öffentlichkeit auftauchen. Vor allem nicht auf Facebook. D'accord?»

«Kein Problem», sagte Loïc.

«Was ist los?» Amanda deutete mit dem Kinn aufs Aufgebot.

Der Beamte zuckte die Schultern. «EHCB gegen SCB. Wir spielen Kindergartenaufsicht.» Sein breites Grinsen liess ihn noch jungenhafter aussehen.

«Arrête de causer, Etienne!», rief ihm ein Kollege zu. Etienne stülpte sich den Helm über, sagte: «Keine Fotos mehr!» und gesellte sich zu seinen Kollegen.

«Nett», meinte Amanda.

«Hast du dich verguckt?», stichelte Loïc.

«Blödsinn! Was soll ich mit einem Polizisten. Ich hab doch einen Fotoreporter. Was hast du heute abend vor?»

«Lernen, wahrscheinlich. Warum?»

«Ich hätte Lust, ins Kino zu gehen. Und danach vielleicht ins ‹Gelatomania›?»

Viel Überredungskunst hatte es nicht gebraucht. Schliesslich war Freitag, und Loïcs Noten lagen alle im grünen Bereich. Es war ein überraschend milder Märzabend, die Schlange aus Kinobesuchern und Passanten vor dem «Gelatomania» lang. Endlich standen Amanda und Loïc mit ihren Cornets wieder auf dem Trottoir. Sie probierten jedesmal eine neue, schräge Hausspezialität; sie diesmal Ananas-Basilikum und er Mandarine-Rucola. Plötzlich ein Knall von der anderen Seite der Schüss. Eine Autoalarmanlage heulte los. Flammen loderten. Aufgeregte Fussgänger reckten die Hälse.

«Wieder ein Autobrand!», rief ein junger Mann aufgeregt.

«Halt mal!» Loïc drückte Amanda seine Glace in die Hand, sprintete zum Geländer. Vor Nervosität bekam er den Verschluss der Fototasche kaum auf.

Am Schüss-Ufer gegenüber flog eine Haustür auf. Ein Mann mit Feuerlöscher versuchte, den Brand zu bekämpfen, musste jedoch aufgeben.

Loïc machte Bild um Bild. Der Mann, wie er sich die Haare raufte, das lodernde Wrack im Vordergrund. Die Feuerwehr bei der Arbeit. Ein Feuerwehrmann, der sich über eine Stelle am Boden beugte, einem Kollegen winkte, sich hinkauerte, fieberhaft an etwas arbeitete. Eine eintreffende Ambulanz. Den Feuerwehrmann ablösende Sanitäter. Die Ambulanz eine Ewigkeit vor Ort. Das nur noch schwach rauchende Auto. Der Feuerwehrmann, der kopfschüttelnd bei den Sanitätern stand. Die eintreffende Polizei. Ein schwarzes Auto mit getönten Scheiben und langem Fond. Die langsam wegfahrende Ambulanz.

Loïc ging zurück zu Amanda.

Eine Frau, die auch unter den Gaffern stand, fragte: «Das wie vielte Auto war das?»

«Das dreissigste? Ich habe den Überblick verloren», erwiderte ihr Begleiter.

Amanda fragte Loïc, als er bei ihr ankam: «Was ist los? Du bist ganz blass!»

«Da ist noch etwas passiert. Eine Ambulanz kam dazu – und danach ... Das war ein Leichenwagen!»

Wie aus dem Nichts stand eine Polizistin neben ihnen. «Habt ihr etwas gesehen? Wir suchen Zeugen.»

«Nicht wirklich.» Amanda schüttelte den Kopf. «Wir haben erst hingesehen, als es schon brannte. Wurde jemand verletzt?»

Die Polizistin seufzte. «Der Autobesitzer hat einen Herzanfall erlitten. Er ist tot.»

Loïc eilte durch die Korridore des Gymnasiums. Er fand Amanda in der Mensa an einem der Tische bei der Fensterfront; von seiner Position aus eine dunkle Silhouette gegen das kräftiger werdende Licht der Aprilsonne. Die Szene wirkte fast schwarz-weiss. Nur der Glanz von Amandas rotem Haar setzte einen Kontrast. Loïc widerstand der Versuchung, sie abzulichten. Er liess sich auf einen der bunten Plastikstühle plumpsen.

Amanda sah von ihrem Laptop auf. «Was ist los? Du strahlst so.»

Wortlos legte Loïc einen Brief vor seine Freundin und strich ihn glatt. Amanda erkannte den Briefkopf der Stadt Biel.

«Das Resultat des Fotowettbewerbs?», fragte sie.

Loïc nickte. «Lies!»

Amanda überflog den ersten Absatz, sog hörbar die Luft ein, sprang auf. «‹ ... gratulieren wir Ihnen zum dritten Platz.› Phantastisch! Glückwunsch!», rief sie und fiel Loïc um den Hals.

«Die Preisverleihung ist nächsten Freitag im Kongresshaus. Kommst du mit? Meine Eltern werden natürlich dort sein», sprudelte es aus ihm heraus.

«Natürlich. Mann, du kannst richtig stolz auf dich sein.»

Loïc seufzte, runzelte die Stirn. «Schon. Ich habe aber auch ein schlechtes Gewissen. Ich schickte eines der Bilder ein, die ich damals vom Autobrand gemacht habe. Weisst du noch? Jener Autobesitzer ist gestorben.»

Amanda schüttelte den Kopf. «Das Wettbewerbsthema lautete ‹Biel/Bienne aktuell›. Und die Autobrände sind es. Mach dich nicht verrückt.»

«Du hast recht. Mutter hat auch gesagt, ich soll's geniessen. Man wird ja nicht jeden Tag an einen Empfang mit dem Stadtpräsidenten eingeladen.»

Zur Feier des Tages hatte sich Loïc in Schale geworfen, sogar mit Krawatte. Dafür war, auf Drängen seiner Mutter, die Kamera zu Hause geblieben. Amanda, sonst immer in Jeans, trug ein von ihrer älteren Schwester geborgtes, cremefarbenes Abendkleid mit einem schwarzen Bolero.

«Du siehst umwerfend aus», meinte Loïc, als sie sich unter dem Betonvordach des Kongresshauses trafen.

Es war kühl geworden. Regen peitschte über die Strassen, triefte von der abgeschrägten Fassade. Amanda, Loïc und seine Eltern gaben ihre Mäntel an der Garderobe in der Halle ab.

Der Anlass war gross aufgezogen. Loïc erhaschte einen Blick auf einen Nationalrat und Ex-Stadtpräsidenten im Gespräch mit einem früheren Ratskollegen – wenn auch von einer anderen Partei – im Rollstuhl. Auch andere Gesichter sah er, von denen er dachte, man müsse sie kennen. Alles schwärmte um die Staffeleien, auf denen die Siegerbilder prangten, darunter Männer und Frauen mit Notizblöcken, Diktaphonen und Kameras. Schwarz-weiss gekleidetes Servierpersonal mit roten Schürzen balancierte Tabletts mit Getränken und winzigen Canapés durch die Menge.

«Die Presse ist auch hier», meinte Loïcs Vater. Er hatte sich ein Glas Ligerzer geschnappt und sah so zufrieden aus wie eine Katze nach reichlich Maus und Rahm.

Loïcs Mutter kaute genüsslich an einem Spargel-Canapé. «Iss doch auch was», meinte sie. «Die sind köstlich.»
Doch Loïc schüttelte den Kopf. Seine Krawatte schien ihm zu eng, und er musste der Versuchung widerstehen, ständig die Hände an der Hose zu reiben.
Erich Fehr erschien auf einem Podest vorne im Saal. Der Stadtpräsident begrüsste die Anwesenden und dankte den Sponsoren zuerst in Deutsch, dann in Französisch. In beiden Sprachen abwechselnd, erklärte er, warum sie heute hier seien, wer zum Fotowettbewerb eingeladen, wer alles mitgemacht habe und nach welchen Kriterien die Jury zu ihrem Urteil gekommen sei.
«Bleibt uns nur noch, die Sieger zu ehren», fuhr er fort. «Der dritte Preis geht an einen jungen Mann.» Scheinwerferlicht fiel auf Loïcs Foto. «Er hat es verstanden, ein brandheisses Thema (einige Zuschauer kicherten) mit viel Gefühl für Dramatik festzuhalten. Sujet-Wahl und Belichtungsdauer unterstreichen die Dringlichkeit der Situation, während die Arbeit der Feuerwehr eindrücklich in den Fokus gerückt wird. Die Jury war beeindruckt, dass ein erst Fünfzehnjähriger dieses Bild geschossen hat. Loïc Grindat.»
Unter lautem Beifall, mit klopfendem Herzen und weichen Knien ging Loïc nach vorn. Der Stadtpräsident schüttelte ihm die Hand, gratulierte und überreichte ihm einen Umschlag und eine gerahmte Urkunde.
Der zweite Preis ging an eine Fotografin. Schrille Farben und ein interessanter Aufnahmewinkel zeichneten ihre Interpretation eines eleganten Juweliergeschäfts in der Nidaugasse mit Schmierereien rund ums Schaufenster und über der Ladentür aus. Das Siegerbild hiess «Fente Infime, Problème Immense». In krassem Schwarz-Weiss hatte eine Kunststudentin den Spalt zwischen Perron und Zug abgelichtet. Den Schotter konnte man kaum erkennen. Dafür Dutzende Zigarettenstummel und eine PET-Flasche.

Von diesen Ehrungen bekam Loïc nicht viel mit. Da war ein Sausen in seinen Ohren, und seine Begleiter flüsterten so aufgeregt auf ihn ein, dass er kaum denken konnte. Eine fremde Hand auf seiner Schulter liess ihn herumfahren. Da stand der Direktor des Gymnasiums.

«Herzliche Gratulation!», sagte er. «Eine hervorragende Arbeit.»

«Vielen Dank.» Loïc strahlte.

«Soviel ich weiss, besuchen Sie den Fotokurs am Seeland-Gymnasium.»

Loïc nickte.

«Wie's aussieht, müssten Sie den Kurs nicht belegen, sondern leiten. Chapeau!» Der Direktor schüttelte Loïcs Eltern die Hand. «Sie dürfen stolz sein.»

«Sind wir», antwortete Loïcs Vater.

«Auch wenn es mühsam ist, dass er gar nichts ohne seine Kamera unternimmt. Es war ein Kampf, ihn davon abzuhalten, sie heute abend mitzubringen», meinte die Mutter. Amanda nickte, und die beiden Frauen fingen an, sich Müsterchen von Loïcs Kameraobsession zu erzählen.

Die nächsten Tage vergingen für Loïc wie im Traum. Wer gewonnen hatte und wer Zweiter geworden war, glitt an ihm vorbei. Er war Dritter in einem grossen Fotowettbewerb. Sein Schnappschuss wurde im «Bieler Tagblatt» und im «Journal du Jura» abgedruckt – die beiden anderen auch, aber wen interessierte das? – «TeleBielingue» und «Radio Canal3» erwähnten ihn. Alle Gymnasiasten, die ihn kannten, gratulierten ihm oder tuschelten, wenn er vorbeiging.

Am Donnerstag wurde er in die Realität zurückgeholt. Frühmorgens standen vor dem Gymnasium zwei Polizeiautos. Aufgeregte Schüler füllten die Eingangshalle, versuchten, etwas zu erfahren, ohne als Gaffer zu wirken. Amanda und

Loïc wollten zu ihren Spinden vordringen, aber schon an der Treppe war Endstation. Ein Plastikband versperrte den Weg. Dahinter schwärmten Polizisten, Lehrkräfte, der Direktor und der Platzverantwortliche herum. Nach einer Weile stieg der Direktor einige Treppenstufen hoch.

«Quarta C», rief er. «Könntet ihr bitte herkommen?»

Sobald die Klasse versammelt war, schlüpften alle unter dem Absperrband durch und folgten dem Direktor. Am Tatort angekommen, machten sie ihrem Schrecken und ihrer Entrüstung lautstark Luft. Eine Scheibe im Aufenthaltsraum war eingeschlagen worden. Rechts von der Mensa stand ein Block Spinde, drei Reihen hoch, mit bunten Türen. Die oberste Reihe war aufgebrochen worden. Bücher, Hefte, Poster, Kleider, Trinkflaschen bedeckten in wüstem Durcheinander den Boden.

«Überprüft bitte alle eure Spinde und die Gegenstände am Boden. Schreibt auf, was abhandengekommen ist. Danke», sagte der Direktor.

Im Näherkommen sahen sie, dass vier Spinde unberührt geblieben waren.

«Sieht aus, als sei er gestört worden», meinte Amanda.

Loïc seufzte: «Leider nicht früh genug. Meinen Spind hat er noch ausgeräumt. So'n Mist!»

«Was ist?»

«Meine Speicherkarten sind weg.»

Der Direktor hatte den letzten Satz mitbekommen und fragte voller Mitgefühl: «Was war drauf?»

«Bilder aus dem Fotokurs. Sonst speichere ich immer alles extern ab. Aber hier dachte ich, es sei nicht nötig.» Er versetzte dem Schrank einen herzhaften Fusstritt. «Da waren super Schnappschüsse dabei.»

An Unterricht war nicht zu denken. Bis die Polizei die Protokolle aufgenommen hatte, war der Morgen gelaufen. Am

Nachmittag stand Sport auf dem Stundenplan. Auch hier wurde Loïc vom Pech verfolgt. Als er nach dem Duschen seine Sachen packte, war die Fototasche verschwunden.

«Habt ihr alles abgesucht?», fragte ihn Amanda, als er ihr davon erzählte.

«Was denkst du denn?!»

Sie sassen auf einer Bank hinter dem Gymnasium. Loïc schaute finster auf den See hinaus. Es war kühl. Graue Wolkenfetzen trieben tief dahin. Trotzdem tummelten sich einige abgebrühte Segler auf dem Wasser. Spaziergänger führten ihre Hunde aus. Auf dem nahen Spielplatz beaufsichtigten zwei Mütter tratschend ihre Kleinen.

«Der einzige Trost ist», fuhr Loïc fort, «dass ich meine Kamera nicht in der Garderobe gelassen habe. Wir spielten Korbball, und ich dachte, da lägen ein paar Aufnahmen drin.»

«Gehört die dir?», fragte eine Jungenstimme hinter Loïc.

Sie drehten sich um. Da stand ein Schüler aus einer Parallelklasse, den sie vom Sehen kannten. Er hielt Loïcs Fototasche in der Hand.

«Halleluja!», rief Loïc und nahm die Tasche. «Wo hast du sie gefunden?»

«Lag da hinten im Abfalleimer. Ich hatte gehört, deine Tasche sei verschwunden.» Er zuckte die Schultern. «Nicht viele Typen rennen hier ständig mit Fototasche und Kamera herum. Ich hoffe, es fehlt nichts.»

Loïc sah nach. «Die Objektive sind da», staunte er. «Es scheinen nur die Ersatzspeicherkarten zu fehlen.» Er wandte sich an den Jungen: «Danke, Mann. Hast was gut bei mir.»

«Kein Problem. War übrigens in der Ausstellung im Kongresshaus. Tolles Bild.»

«Ich weiss, was hier läuft», sagte Amanda, als der Junge weg war. «Der Einbrecher wurde nicht gestört. Er wollte nur deinen Spind durchstöbern, hat aber nicht gefunden, was er suchte.»

«Wie kommst du darauf?»
«Weil er danach deine Fototasche mitlaufen liess. Preisfrage: Worauf hat er es abgesehen?»
Loïc sprang auf. «Speicherkarten!»
«Eine bestimmte Speicherkarte», korrigierte Amanda. «Zweite Frage: Hat er die richtige gefunden, oder verfolgt er dich weiter? Was hast du fotografiert, das dich in Schwierigkeiten bringen könnte?»
Loïc schüttelte den Kopf. «Nichts.» Er dachte angestrengt nach.
«Das einzig Brisante waren die Polizisten im Bahnhof und die Autobrand-Serie.»
«Da muss etwas mit drauf sein, das für den Dieb so wichtig ist, dass er dafür ins Gymnasium einbricht. Wo ist diese Speicherkarte?»
«Die war in der Fototasche.»
«Mist!»
«Macht nichts», meinte Loïc. «Davon habe ich natürlich Abzüge. Ausserdem sind sie zu Hause auf einer externen Festplatte gespeichert. Komm mit!»

Die Köpfe in die Hände gestützt, sassen sie an Loïcs Schreibtisch. Die Tischplatte war mit Bildern übersät. Eine Leuchtlupe mit Teleskoparm brannte. Vergrösserungsgläser lagen herum.
«Wer ist das hier?», fragte Amanda.
«Woher soll ich das wissen?» Seit über einer Stunde sahen sie sich die Bilder an. Loïc hatte die Nase voll. «Irgendein Kunde des ‹Gelatomania›.»
«Glaube ich nicht. Schau mal. Auf der anderen Schüss-Seite. Hier im Schatten neben dem Baum. Ist das nicht derselbe Mantel?»
Loïc nahm eine Lupe zur Hand. Wenn man genau hin-

sah, erkannte man wirklich einen Mann in beigem Mantel, das Gesicht vollständig im Schatten.

«Und hier», deutete Amanda. «Hinter der Ambulanz; ein Mann in beigem Mantel.» Sie nahm ein weiteres Bild zur Hand. «Hier hast du ihn etwas deutlicher. Auf der Brücke. Auf diesem Bild kann man sein Gesicht recht gut erkennen. Und dann taucht er hier wieder auf. Diesmal ganz nah.»

Das letzte Bild der Serie zeigte die Schaulustigen vor dem «Gelatomania». Der Mann im beigen Mantel schaute direkt in die Linse, aber in die Ferne, am Fotografen vorbei. Sein Mantel stand etwas offen. Auch er hatte eine Kamera umgehängt.

«Du hast recht, Amanda», stellte Loïc erstaunt fest.

Er schnappte sich einen Umschlag aus dickem braunem Papier. Dann wühlte er aufgeregt in der Schreibtischschublade. Endlich brachte er einen USB-Stick zum Vorschein. Er lud die Autobrand-Fotos herunter und packte Stick und Abzüge in den Umschlag.

«Hier», sagte er und drückte Amanda das Couvert in die Hand.

«Jetzt hast du von allem eine Kopie. Der Typ weiss offenbar, wer ich bin. Dann weiss er auch, wo ich wohne. Egal, was dem Spinner einfällt, ich bin jetzt nicht mehr der Einzige mit Fotos von ihm.»

Amanda nickte. «Gute Idee. Ich weiss auch schon, was ich damit mache. Und du kommst mit. Gleich morgen nach der Schule.»

Es regnete schon wieder. Die Schüss stand hoch. Amanda und Loïc gingen die Promenade entlang Richtung Stadtzentrum. Sie bogen in die Spitalstrasse ein. Vor den Stufen zu einem weissen Gebäude blieb Loïc stehen. Als sich Amanda nach ihm umdrehte, wurde ihr Schirm von einer Böe erfasst. Nach kurzem Kampf verstaute sie den Knirps, strich sich eine Haarsträhne aus dem Gesicht.

«Was ist denn nun? Sie warten auf uns.»

«Vielleicht hat er nichts damit zu tun?»

«Dann werden sie es herausfinden, und niemand kommt zu Schaden.»

Loïc blieb unentschlossen auf der untersten Stufe stehen.

Amanda ging zu ihm, nahm ihn an der Hand. «Du hast nicht wirklich eine Wahl. Er weiss, dass du Abzüge hast, und muss annehmen, dass sie irgendwo gespeichert sind. Es ist das Beste.»

Loïc zögerte immer noch.

Amanda seufzte frustriert. «Willst du etwa warten, bis er dir die Hütte über dem Kopf anzündet?»

Da gab er sich einen Ruck. Durch die Glastür oben an der Treppe betraten sie eine nüchterne Eingangshalle. Beim Empfang stand, mit dem Rücken zu ihnen, ein Polizeibeamter. Als er ihre Schritte hörte, drehte er sich um. Es war der Polizist, der damals zum Sicherheitsaufgebot vor dem Hockey-Match gehört hatte. Etienne.

«Wie hast du ihn ausfindig gemacht?», raunte Loïc seiner Freundin zu.

«Ganz einfach. Ich habe angerufen und nach Etienne gefragt.»

«Sie hatte Glück, dass wir nicht mehrere Etienne hier haben», meinte der Beamte. Sein Akzent war stärker, als ihn Loïc in Erinnerung hatte.

«Ihr habt etwas Wichtiges, das ihr nur mir sagen könnt?», fragte Etienne weiter. «Was ist es denn?»

«Nicht hier!», sagte Loïc lauter als beabsichtigt. «Haben Sie ein Büro?»

Etienne runzelte die Stirn. «Bien sûr. Aber dort sind noch andere Kollegen.» Er überlegte. «Kommt mit!»

Er führte sie in einen Raum, in dem nur ein Tisch und mehrere Stühle standen.

«So. Raus mit der Sprache.»

Amanda und Loïc sahen sich an. Loïc schluckte schwer, als Amanda den braunen Umschlag herausholte und die Fotos vor sich auf den Tisch legte. Etienne schmunzelte ob dieser Spionagenummer. Dann sah er, was abgebildet war, und setzte sich gespannt hin.

Amanda holte Luft. «Wir haben vielleicht sachdienliche Hinweise zu den Autobränden.»

Loïc hatte den Mund schon geöffnet, aber Etienne hob die Hand.

«Ich bin nicht der Richtige. Ich hole jemanden, der mit dem Fall zu tun hat.»

Die Polizisten, die nun um sie herumstanden, trugen normale Strassenkleidung. Dass gleich mehrere Beamte mit Fragen auf sie einstürmen würden, hätten sich Amanda und Loïc nicht träumen lassen. Keine spöttischen Bemerkungen, keine Anspielungen auf ihr Alter. Sie hörten sich Amandas und Loïcs Theorie an. Dann betrachteten sie die Fotos.

«Wir könnten es mit Gesichtserkennung versuchen», meinte einer der Beamten nach einer Weile.

«Nicht nötig», mischte sich Etienne ein. Er hatte den Beamten über die Schulter geschielt. «Ich kenne den Mann. Er ist freiberuflicher Journalist.»

«Das macht Sinn», platzte Loïc heraus, biss sich aber gleich auf die Lippen.

«Wieso?», fragte Amanda.

«Überall dabei, aber sozusagen unsichtbar», erklärte Loïc. «Überleg mal. Wer fällt nicht auf, wenn etwas passiert? Sanität, Feuerwehr, Polizei und die Presse. Wahrscheinlich war er bei der Preisverleihung, hat das Bild gesehen und ist zu Tode erschrocken. Aber so kam er auf mich.»

«Für welche Zeitung arbeitet er?», wollte der älteste Beamte von Etienne wissen.

«Er ist nicht festangestellt. Aber er hat einen Presseausweis. Hat ihn mir x-mal unter die Nase gehalten, wenn ich im Einsatz war. Komischer Vogel, eigentlich. Die anderen Journalisten scheinen auch nicht viel von ihm zu halten. Wenn sie irgendwo warten, hält er sich immer abseits.»

«Dann also wie gelernt, Etienne. Fragen Sie bei den Zeitungen, bei ‹Canal3› und ‹TeleBielingue› nach, ob ihn jemand kennt. Bringen Sie ihn uns.»

Etienne nickte, winkte Amanda und Loïc zu und verliess den Raum.

«Du hast also einen Fotowettbewerb gewonnen?», fragte der älteste Beamte.

«Den dritten Platz», korrigierte Loïc.

Der Beamte musste lachen. «Mit welchem Bild denn? Ich muss gestehen, so was liegt nicht auf meiner Linie.»

Loïc deutete auf das Foto. Dunkle Schüss im Vordergrund, der brennende Wagen, Feuerwehr und Polizei im Einsatz. Im Hintergrund Villen-Fassaden, einige junge Bäume davor. Und – halb im Schatten – ein beiger Mantel, dem Träger fehlte bei flüchtigem Hinsehen der Kopf.

Loïc machte sich immer noch Sorgen. «Denken Sie, er hat etwas mit der Sache zu tun?», fragte er. «Ich möchte auf gar keinen Fall einen Unschuldigen anschwärzen.»

«Sagen wir, es besteht ein hinreichender Verdacht», antwortete der Beamte. «Es ist gut, dass ihr gekommen seid.»

«Er war's. Ganz sicher.» Amanda konnte sich ein Grinsen nicht verkneifen. «Hätte er nichts unternommen, wären wir nie auf die Idee gekommen, genauer hinzusehen.»

Die Beamten nickten. «Typische Kurzschlusshandlung.»

RODELS

DER FLACHWICHSER
CHRISTINA CASANOVA

Er beugte sich über die Toilettenbrille und riss den Mund auf. Der Puls hämmerte wild an den Schläfen. Dass sie hinfiele und mit dem Kopf an der Tischecke aufschlüge, war nicht beabsichtigt gewesen.

«Sind Sie sicher?»

Der Alte stützte sich auf die Heugabel und nickte. «Ja, das ist Barbaras Wagen. Ich kenne ihn gut.» Er fuhr sich mit dem Handrücken über die Stirn.

Beni Capeder, Chef der mobilen Einsatztruppe, zog seinen Notizblock aus der Jackentasche. «Barbara von Planta, sagten Sie?»

Der Bauer nickte. «Sie kam oft zu uns auf den Hof.» Er zeigte mit der Hand nach rechts. «Sie kaufte unsere Eier und unser Fleisch. Die Frauen verstanden sich gut.» Er presste die Lippen zusammen. «Meine Margrith wird's nicht glauben, dass Barbara tot ist.»

Gion Janosa sah seinen Dienstkollegen Beni Capeder an. «Schick mir den Bericht. Ich habe morgen wieder Dienst.»

«Jawohl, Herr Chef Adjutant», sagte Beni und klopfte ihm auf die Schulter.

Gion Janosa verabschiedete sich und schwang sich auf sein Mountainbike. Es war Mittwoch, und er hatte dienstfrei. Als er um sieben Uhr morgens zu Hause in die Pedale gestiegen war, hatte eine lange Biketour vor ihm gelegen. Von Chur über Thusis nach Andeer. Er hatte sich in der Badelandschaft

«Aquandeer« ausruhen wollen. Bis auf den Zwischenhalt war alles nach seinen Vorstellungen gelaufen. Doch in Rodels hatte er die Rückfahrt unterbrechen müssen. Dieser ungeplante Halt war ihm ungelegen gekommen. Er hatte sich genötigt gefühlt, vom Sattel zu steigen und sich bei seinen Kollegen zu erkundigen, was geschehen sei.

Gion war letztes Jahr fünfzig geworden, und sein Arzt hatte ihm zum Geburtstag das Rauchen verboten und das Biken verordnet.

«Sieh dir dein Lungenbild an», hatte ihm sein Hausarzt erklärt. «Willst du Lungenkrebs bekommen, darfst du weitermachen wie bisher. Ansonsten empfehle ich dir das Biken.»

Gion entschied sich für die letzte Zigarette. Er rauchte sie, als er am 23. August letzten Jahres, mitten in der Nacht, auf der Lürlibadstrasse nach Hause ging. Ob ihn das rauchfreie Leben glücklicher machte, konnte er nicht sagen, aber dass er morgens ohne Husten im Badezimmer stand, war eine Tatsache.

Er schloss kurz die Augen und trat kräftig in die Pedale. Die Bilder der toten jungen Frau wollten nicht mehr aus seinem Kopf weichen.

Dichtes Haar umhüllte den Kopf, der neben den Schienen lag. Die helle Haut bildete einen starken Kontrast zu den schwarzen Locken. Ihr Torso lag auf dem Bahndamm. Wie jung mochte sie sein?, fragte sich Gion Janosa, und sofort verdrängte er diesen Gedanken. Er hatte dienstfrei und würde sich morgen um diesen Fall kümmern. Im Augenblick fühlte er sich ohne Saft und Kraft, und seine Beine kamen ihm bleischwer vor.

Mit grösster Anstrengung erreichte er sein Haus an der Lürlibadstrasse in Chur.

In dieser Nacht schlief Gion Janosa schlecht. Er wälzte sich unruhig im Bett hin und her und sehnte sich nach einer Zigarette.

Mit weit aufgerissenen Augen lag er auf der Couch im Wohnzimmer und zappte sich durch die TV-Programme.

«Ich bin nicht der Mörder, den Sie suchen», sagte Reto Caflisch.

«Wir suchen keinen Mörder. Gestern haben wir Ihre Frau auf den Schienen beim Bahnübergang gefunden. Wir gehen von einem Suizid aus.»

«Sie soll sich umgebracht haben?»

«Das müssen wir annehmen.»

Er schüttelte den Kopf. «Nein, nicht Barbara.»

Gion Janosa zog die Augenbrauen hoch. «Der Lokomotivführer sah sie auf den Bahnschienen liegen.»

Reto Caflisch zündete sich eine Zigarette an. «Sie hat sich nicht umgebracht.»

«Woher wollen Sie das wissen?»

«Eine von Planta bringt sich nicht um. Das geht gegen ihre Natur.»

«Sie lag auf den RhB-Schienen und wurde überfahren. Der Lokomotivführer konnte nicht mehr bremsen.»

«Sie hatte keinen Grund, es zu tun.»

«Wirklich nicht?»

Hastig zog Caflisch an der Zigarette und blies den Rauch zur Decke. «Hören Sie, wir haben eine intakte Ehe geführt!»

Gion Janosa kratzte sich am Kopf. «Niemand verdächtigt Sie. Ich leite die Untersuchung und muss Sie befragen.»

Reto Caflisch starrte vor sich hin, schwieg und rauchte.

«Meine Kollegen sagten, Sie hätten das Haus gestern gegen acht Uhr verlassen?»

Caflisch nickte. «Barbara schlief noch. Wir haben uns am Morgen nicht gesehen.»

«Sie haben sie nicht gesehen?»

«Wir haben getrennte Schlafzimmer.»

«Sie haben sie also nicht gesehen. Und am Vorabend?»

«Da war sie im Kino. Ich schlief bereits, als sie nach Hause kam.»

Gion Janosa nickte. «Also, wann haben Sie Ihre Frau zum letztenmal gesehen?»

«Es mag Ihnen merkwürdig vorkommen, dass ich sie am Montagabend zum letztenmal sah», sagte Reto Caflisch nach einer Weile, «aber wir liessen uns gegenseitig eine gewisse Freiheit.»

«Und jetzt ist Ihre Frau tot.»

«Ja.» Er drückte die Zigarette im Aschenbecher aus. «Und ich kann's mir nicht erklären.»

«Hatte sie Probleme?»

«Barbara?»

«Oder war sie schwermütig?»

Reto Caflisch machte ein erstauntes Gesicht. «Nein! Sie war beliebt und hatte einen grossen Freundeskreis.»

«Und beruflich?»

«Sie ist Inhaberin eines Immobiliengeschäfts. Das läuft bestens.»

«Manchmal fressen die Leute Dinge in sich hinein. Glauben Sie, dass Ihre Frau irgendwelche Probleme hatte?»

Caflisch schüttelte den Kopf. «Im Gegenteil, Barbara war Spezialistin darin, Probleme aus der Welt zu schaffen.»

«Haben Sie eine Erklärung für das, was geschehen ist?»

«Ich?» Reto Caflisch warf ihm einen gereizten Blick zu. «Nein.»

«Trotzdem, wir sehen nicht in andere Menschen hinein. Denken Sie bitte nach. Vielleicht kommt Ihnen noch etwas in den Sinn.» Aus der Innentasche seines dunkelblauen Jacketts zog Janosa eine Visitenkarte und reichte sie ihm.

Reto Caflisch drehte die Karte in der Hand hin und her. «Am Dienstag musste ich sehr früh raus und war den ganzen Tag im Büro.»

«Wo arbeiten Sie?»

«Ich bin IT-Spezialist und arbeite in Chur. Wir mussten ein neues System testen. Als ich am Dienstagabend nach Hause kam, war Barbara mit einer Freundin im Kino. Ich ging gegen zehn Uhr ins Bett.»

Gion Janosa nickte und machte sich eine Notiz. «Wie lange sind Sie verheiratet?»

«Sieben Jahre. Weshalb fragen Sie?»

Janosa strich sich eine wilde Locke aus der Stirn. «Haben Sie Kinder?»

Reto Caflisch zündete sich die nächste Zigarette an und begann, auf und ab zu gehen. «Barbara und ich waren uns in dieser Frage nicht einig.»

«Waren Sie sich auch sonst nicht …?»

«Lassen Sie mich mit Ihren Fragen in Ruhe, meine Frau ist tot!» Caflisch riss die Wohnungstüre auf. «Gehen Sie jetzt, bitte.»

Rechtsmediziner Daniel Caminada sah Gion Janosa durch seine Hornbrille mit grossen Augen an.

«Die Frau hat sich vielleicht gar nicht umgebracht.»

«Dann hatte er doch recht.»

«Wer?»

«Ihr Ehemann.»

«Sie weist am Vorderkopf rechts eine Platzwunde auf. Als sei sie gegen einen festen Gegenstand gefallen oder gestossen worden.»

Gion Janosa nickte.

«Ehemänner sind nicht immer die Mörder», sagte Daniel Caminada und nahm seine Brille ab. Er begann, die Brillengläser zu putzen. «Hatte der Ehemann eine Geliebte?»

«Sie hatten keine Kinder.»

«Sie sollten ihn fragen, ob er eine Geliebte hatte. So etwas kommt in den besten Familien vor», sagte Caminada und grinste.

«Danke für den Tip», entgegnete Janosa trocken. Er kannte den Rechtsmediziner. Seiner Meinung nach töteten die Leute grundsätzlich aus Eifersucht.

Gion Janosa rief seinen Kollegen Beni an und fragte ihn, welchen Eindruck er vom Bauern hatte. «Der alte Barandun ist in Ordnung, den kannst du in Ruhe lassen. Seine Frau war mit der von Planta befreundet. Hinter was bist du her?»

Janosa gab keine Antwort. Auf dem Polizeikommando war er für seine Unnahbarkeit bekannt. Hinter vorgehaltener Hand wurde darüber geredet. Natürlich kam es ihm zu Ohren, aber er war trotzdem nicht bereit, sich in der Kantine mit den Kollegen seiner Abteilung an einen Tisch zu setzen. Und jeden November glänzte er am Polizei-Kegelabend durch Abwesenheit. Seit Carmen ihren Dienst quittiert hatte, suchte er immer mehr Zuflucht hinter dem Computer. Nicht, dass er mit ihr öfter ein Wort gewechselt hätte als mit den andern der Abteilung, aber sie hatte ihm das Leben erträglicher gemacht. Er wusste, sie lebte in einer Dreieinhalbzimmerwohnung an der Giacomettistrasse. Direkt auf der anderen Strassenseite des Einkaufszentrums «Fly». Er bevorzugte es, weil er sein Auto unmittelbar davor parkieren und in Ruhe einkaufen konnte. Er wohnte alleine im Elternhaus.

Und es ergab sich, dass sie sich bisweilen beim Einkaufen trafen. Als Carmen ihn im «Fly» zu einem Kaffee einlud, sagte er zu. Sie erzählte ihm, dass es ihr in Chur nicht allzu gut gefalle und sie sich mit dem Gedanken befasse, zurück ins Engadin zu ziehen. «Das Engadin lässt seine Leute nicht im Stich», hatte er gesagt und sich in Gedanken für diesen Kommentar geohrfeigt.

Er zuckte zusammen und fuhr vom Stuhl hoch, beinahe wäre er eingenickt. Mit weit aufgerissenen Augen sah er sich in der Küche um. Es war, als hätte er ihre Stimme gehört. Er rieb sich die Augen. Er wusste, dass sie tot war. Sie war tot! Er atmete laut aus und holte ein Bier aus dem Kühlschrank. Er trank hastig und fuhr sich nach jedem Schluck mit dem Handrücken über den Mund. Sie war tot und würde nie mehr seinen Namen sagen.

Gion Janosa streckte der Bäuerin die Hand entgegen: «Kripo Chur, Janosa. Ich ermittle im Fall Barbara von Planta.»

Margrith Barandun lächelte matt und trat zur Seite, damit er eintreten konnte. «Bruno hat es mir bereits gesagt, und heute stand es in der Zeitung», sagte sie. «Kommen Sie herein. Wir haben gerade gegessen. Möchten Sie einen Kaffee mit Tuorta da nusch?»

Er nickte.

Sie führte ihn in die Küche. Der Alte sass am Tisch und schlürfte Kaffee.

«Sie war viel zu jung, um zu sterben», sagte sie und seufzte.

«Ah», der Alte runzelte unmutig die Stirn, «du hast die Barbara nur von ihrer freundlichen Seite gekannt.»

Die Bäuerin setzte sich und verschränkte die Arme vor der Brust.

«Wissen Sie», sagte der Bauer und erhob sich, «heutzutage haben die jungen Frauen kein Stehvermögen mehr.» Er verliess die Küche.

Gion Janosa griff nach seiner Kaffeetasse. «Wie gut kannten Sie die Tote?»

Margrith Barandun sah ihrem Mann nach und schüttelte den Kopf. «Er hat Mühe, damit umzugehen», sagte sie leise und putzte sich die Nase. «Ach ... ich kenne Barbara seit gut fünfzehn Jahren. Sie lebte bereits im Dorf, als sie noch ledig war.»

Gion Janosa nahm einen Schluck Kaffee. «Was wissen Sie über sie?»

Die Bäuerin lächelte. «Nun, man lernt sich mit den Jahren kennen.»

Gion Janosa zog die Augenbrauen hoch.

«Sie kam immer freitags spät am Nachmittag. Wir sassen hier am Tisch, tranken Kaffee und redeten über Gott und die Welt.»

«Und?»

«Sie war eine äusserst humorvolle junge Frau. Ich mochte sie sehr.»

«Eine fröhliche junge Frau, die sich auf die RhB-Schienen legt?»

«Nein, das passt nicht zu ihr.»

«Fröhlichkeit schützt nicht vor Suizid.»

«Nicht Barbara. Nein, sie nicht.»

«Wie können Sie so sicher sein?»

Die Alte streckte die rechte Hand in die Luft.

«Vielleicht war da etwas, das sie so quälte, dass sie nur noch einen Ausweg sah», bemerkte Janosa.

«Barbara auf den Bahnschienen? Nein, sie war tapfer.»

«Wieso musste sie tapfer sein?»

Die Bäuerin sah zum Fenster hinaus, und ihre Augen füllten sich mit Tränen. «Selbst als das Dorf über ihren Ehemann zu tuscheln begann ...»

«Was wurde getuschelt?»

Sie schüttelte den Kopf und putzte sich die Nase. «Ach, wissen Sie, der ausbleibende Nachwuchs. Barbara war schon lange genug verheiratet, um Kinder zu bekommen. Aber es wollte nicht klappen. ‹Lass dich nicht verrückt machen›, habe ich ihr immer wieder gesagt.» Sie fuhr sich mit der Hand durch die grauen Haare. «Aber eben, wie es so ist ...»

«Wie ist es so?»

«Sie war erfolgreich, es fehlte nur noch ein Kind.»

«Könnte das ein Grund sein, warum sie beschloss, sich umzubringen?»

«Nein!» Die Bäuerin beugte sich mit dem Oberkörper über den Tisch. «Sie hätte mit mir darüber gesprochen!»

«Also war sie verzweifelt?»

Mehr zu sich als zu Gion Janosa sagte sie: «Ich wusste, dass sie mit ihm unglücklich war. Es braucht nicht immer Worte, um zu verstehen.»

«Sie war in ihrer Ehe nicht glücklich?»

«Ach, ich habe das von Anfang an geahnt.»

«Was haben Sie von Anfang an geahnt?»

«Der Caflisch wollte ihr Geld. Barbara war fleissig, ihr Büro lief gut, und, unter uns gesagt, ihre Familie hat Geld.»

Gion Janosa schwieg und sah die Alte an. Sie fuhr sich mit den Händen über die dunkelblaue Schürze und atmete laut aus.

«Aber über ihre Ehe gesprochen hat sie nicht?»

«Nein, sie war anständig genug, das nicht zu tun.»

Janosa nickte und rieb sich das Kinn. «Hatte sie einen anderen Mann?»

«Barbara?» Die Bäuerin schlug sich mit der Hand auf den Oberschenkel. «Hören Sie! Er hatte eine andere!»

«Der Ehemann hatte eine Geliebte?»

«Ja ... leider.»

«Und sie wusste es?»

«Ja ... und das ganze Dorf. Sie hat gelitten. Barbara kannte sie, zumindest vom Sehen. Sie kam aus dem anderen Tal, aus dem Schanfigg. Das Liebespaar wurde öfters in Langwies gesehen.»

«Kannten Sie sie?»

«Ja. Es ist die Marlies Jäger.»

Gion Janosa notierte sich den Namen und kratzte sich am Hinterkopf. «Könnte es sein, dass sich Frau von Planta deswegen auf die RhB-Schienen gelegt hat?»

Die Bäuerin antwortete bitter lächelnd: «Eine von Planta bringt sich wegen einer Jäger nicht um.»

Janosa runzelte die Stirn. «Es scheint sich so abgespielt zu haben: Sie fuhr mit ihrem Auto zum Bahnübergang, stellte es ab und legte sich auf die Schienen.»

Die Alte schüttelte den Kopf. «Nein.»

«Und was ist Ihrer Meinung nach passiert?»

Sie schwieg eine Weile, und dann sagte sie: «Reto ist mir nicht sympathisch.»

«Sie mochten ihn nicht?»

«Nein.»

Gion Janosa sah sie an und trank seinen Kaffee aus.

«Vielleicht hat er nachgeholfen.» Die Bäuerin schlug die Hände über dem Kopf zusammen. «Heilige Maria, Mutter Gottes, so etwas darf ich nicht sagen!»

Gion Janosa ass schweigend ein Stückchen Tuorta da nusch. Er erinnerte sich an Reto Caflischs Worte, dass er nicht der Mörder sei, den er suche.

Er hatte genug Bier und Wein getrunken, um seine Gedanken in Schach zu halten. Nackt lag er im Bett. So, wie sie es bevorzugte. Dann fiel er in eine dunkle Nacht.

Gion Janosa ging nach dem Besuch auf dem Bauernhof Barandun noch einmal zum Bahnübergang in Rodels. Es war später Nachmittag, und die Sonne blendete ihn, als er alleine neben den Schienen der Rhätischen Bahn stand. Das Dorf lag auf einer Sonnenterrasse des Hinterrheins.

Er dachte daran, was der Lokomotivführer zu Protokoll gegeben hatte: «Ich sah sie auf der Schiene liegen. Ihr farbiges Kleid stach mir in die Augen. Leider konnte ich nicht mehr rechtzeitig bremsen.» Janosa setzte sich auf die Schiene und schloss die Augen. Weshalb, fragte er sich, betonten der Ehemann und die Bäuerin, dass eine von Planta sich nicht umbringe? Wieso sprach keiner von beiden von Liebe, von gegenseitiger Zugehörigkeit? Es schien ihm, als redete Reto

Caflisch wie ein Politiker, nicht wie ein betroffener Ehemann. Gion Janosa sah auf die Bahnschienen. Was war sie für eine Frau gewesen? Hatte sie einfach auf dem Gleis gelegen und auf den 18-Uhr-Schnellzug Thusis–Chur gewartet? Wieso sollte sich eine junge, erfolgreiche Frau wegen eines nichterfüllten Kinderwunschs oder wegen einer Nebenbuhlerin auf diese Schienen legen?

Er stand auf, fuhr nach Hause und ass einen Teller Capuns.

Am nächsten Tag sass Gion Janosa wieder im Wohnzimmer von Reto Caflisch.

«Ich habe sie geschätzt», sagte Caflisch gereizt.

«Ihre Frau?»

«Natürlich.»

«Jetzt ist sie tot.»

«Ja, und ich hätte Grund gehabt, sie umzubringen. So denken Sie doch!»

«Was glauben Sie, ist passiert?», fragte Janosa.

Reto Caflisch sah aus dem Fenster hinaus und schwieg.

«Solange Sie schweigen und keine Erklärung bieten, bleiben Sie der Hauptverdächtige.»

«Was? Was soll ich sein?»

«Der Hauptverdächtige. Sie lebten in keiner guten Beziehung zu Ihrer Frau.»

Er warf ihm einen gereizten Blick zu. «Woher wollen Sie das wissen?»

«Sie haben eine Geliebte.»

«Und das soll ein Motiv sein? So ein Quatsch!»

«Genau. Das kann Motiv genug sein.»

«Blödsinn, was Sie da erzählen!» Caflisch zog eine Zigarette aus dem Päckchen. «Ich hatte keinen Grund, meine Frau umzubringen! Und ich habe es Ihnen bereits gesagt: Ich bin nicht der Mörder, den Sie suchen.»

«Dann erklären Sie mir, wieso Sie einen Tag nach dem Tod Ihrer Frau wussten, dass die Kripo nach einem Mörder sucht?»

Reto Caflisch zuckte die Achseln und zündete sich die Zigarette an.

«Wenn nicht Sie, wer dann hat Ihre Frau am Mittwoch gegen Abend auf die Schiene gelegt?»

«Wieso sollte ich das tun?»

«Um einen Suizid vorzutäuschen.»

«Woher wollen Sie das wissen?», sagte Caflisch leise und blies den Rauch über Janosas Kopf. «Sie wollen mich mit solchen Behauptungen in die Enge treiben. Dabei haben Sie keine Beweise. Sie stehen wie ich vor einem Rätsel.»

«Vielleicht wissen wir mehr, als Sie glauben.»

Reto Caflisch kniff die Augen zusammen und rauchte weiter.

«Am Mittwoch ging Ihre Frau zur Arbeit, das haben wir überprüft. Nach drei Uhr verliess sie ihr Büro in Thusis und fuhr nach Hause. Wieso tat sie das?»

«Was weiss ich. Ich bin nicht der Ermittler. Das müssen Sie mir sagen.»

«Ja, das sage ich Ihnen: Gemäss Zeugenaussage sah man um halb vier den Lastwagen der Passugger-Betriebe vor Ihrem Haus.»

«Ja, ja, Georg Jenatsch hat wohl neue Getränke geliefert.» Caflisch nickte und zog an seiner Zigarette: «Ah, jetzt ist mir einiges klar.»

«Wovon reden Sie?»

«Jenatsch war scharf auf meine Barbara!»

«Die Schlinge wird immer enger, Herr Caflisch.»

«Quatsch! Ich konnte Barbara rein technisch gar nicht umbringen.»

Janosa blinzelte. «Was Sie nicht sagen.»

Caflisch richtete den Zeigefinger auf ihn: «Sie mit Ihren

Zeugenaussagen! Hätten Sie die Richtigen befragt, wüssten Sie, dass ich am Mittwochnachmittag gar nicht zu Hause war!»

«Sie waren im Büro?»

«Wo denn sonst. Ich kam gegen sechs nach Hause. Barbara wurde um halb sieben vom Zug überfahren. Wie hätte ich es in einer halben Stunde schaffen sollen, sie umzulegen, zum Bahndamm zu bringen und auf die Schiene zu legen?»

«Trotzdem muss ich Sie bitten, aufs Polizeikommando mitzukommen, Herr Caflisch.»

«Aufs Polizeikommando?»

Gion Janosa nickte. «Ich möchte gerne Ihre Aussage zu Protokoll nehmen.»

«Nehmen Sie Platz.» Mit der Hand wies er auf den Stuhl vor seinem Schreibtisch. «Jetzt erzählen Sie mir bitte die ganze Geschichte.»

Reto Caflisch zuckte die Schultern. «Ich weiss nicht, was Sie hören wollen.»

«Spielen Sie nicht den Unschuldigen, das ist die falsche Rolle.»

«Ich bin freiwillig mitgekommen. Sie haben rein gar nichts gegen mich in der Hand. Jetzt soll ich Ihnen die Geschichte nochmals erzählen. Hören Sie, das reicht. Ich gehe!»

Gion Janosa hob die Hand. «Gleich ... Bitte, Ihre Frau ist tot.» Er rieb sich nachdenklich das Kinn. «Ich habe das Gefühl, dass Sie noch nicht alles erzählt haben.»

Reto Caflisch stand abrupt auf und ging vor Janosas Schreibtisch hin und her. Er sprach hastig, fuhr sich einige Male durchs Haar. «Als ich nach Hause kam, lag Barbara in einer Blutlache auf dem Küchenboden ... Ich hatte Angst, dass man mir das zuschreiben würde.»

«Was?»

Er blieb stehen. «Dass ich sie umgebracht hätte. So sah es doch aus! Aber ich habe damit nichts zu tun!»

«Womit?»

«Barbara lag tot auf dem Boden. Herrgott, was sollte ich tun?»

«Die Polizei alarmieren.»

«Polizei? Ach, so wie sich die Situation darstellte, wäre ich festgenommen worden. Ich habe sofort Marlies angerufen. ‹Fass sie nicht an›, hat sie gesagt. ‹Lass alles, wie es ist.› Und dann ging alles verdammt schnell. Sie kam, und wir packten Barbara ins Auto. Ich dachte, wir fahren zu einem Arzt oder ins Krankenhaus nach Thusis. Aber Marlies fuhr zu den Bahnschienen.»

«Und dort legten Sie Ihre Frau auf die Schiene?»

«Ja», gab er zu.

«Jetzt sprechen wir von einem vorgetäuschten Suizid.»

Reto Caflisch schwieg und begann erneut, hin und her zu gehen. Nach einer Weile sagte er: «Dieses verflucht spiessbürgerliche Leben!»

«Das ist kein Grund, sie auf die Schienen zu legen.»

«Die Dinge überstürzten sich.»

«Sie hatten Glück, dass niemand sie beobachtet hat.»

«Am Waldrand ist es um diese Zeit menschenleer. Marlies sagte, es sei genau der richtige Zeitpunkt.»

«Wofür?»

«‹Jetzt ist unsere Zeit gekommen›, sagte sie.»

Gion Janosa streckte die Beine aus. «Nachdem Sie mir weismachen wollten, dass Sie mit dem Tod Ihrer Frau nichts zu tun haben, wollen Sie mir jetzt weismachen, dass Sie Ihre Frau auf dem Küchenboden tot vorgefunden und mit Ihrer Geliebten zusammen die Gelegenheit am Schopf gepackt haben?» Er stand auf und stellte sich neben Reto Caflisch. «Die von Planta haben Geld. Überlegen Sie sich das.»

«Suizid auf den RhB-Schienen bei Rodels ist nichts Aussergewöhnliches», antwortete Reto Caflisch und trat zur Seite.

«Aber Sie hätten sich in aller Ruhe scheiden lassen können.»

«Eine von Planta lässt sich nicht scheiden.»

Gion Janosa sah ihn unverwandt an.

Sie war tot, aber in seinem Kopf lebte sie weiter. Obwohl sie ihn nie mehr auslachen konnte. Georg schob die leere Bierflasche von einer Hand in die andere und kaute auf der Unterlippe herum. Als es an der Wohnungstüre klingelte, zuckte er zusammen.

«Gion Janosa, Kripo Chur. Ich habe ein paar Fragen.»

Georg Jenatsch blinzelte und sah ihn misstrauisch an, dann führte er ihn in die Küche.

Janosa sah sich um. Die leeren Bierflaschen und Dosen stachen ihm ins Auge, als er sich setzte. «Vielleicht wissen Sie, dass Barbara von Planta am Mittwoch gegen Abend bei Rodels tot auf den Schienen gefunden wurde», sagte er, während er Jenatsch musterte.

«Ja, man erzählt es sich im Tal. Eine schlimme Geschichte.»

«Wie wir wissen, haben Sie sie an diesem Tag besucht.»

Georg Jenatsch nickte. «Ja, das stimmt.»

«Und was geschah an diesem Nachmittag?»

Jenatsch sah ihn verständnislos an. «Nichts. Ich lieferte das Passugger an. Wie jeden Mittwoch.»

«Sie kamen also wie jeden Mittwochnachmittag und brachten die Getränke. Fiel Ihnen etwas auf? Ich meine, war Frau von Planta irgendwie anders?»

Georg Jenatsch reagierte nicht. Er war ein gutaussehender Mann, wirkte aber kalt und teilnahmslos. Er schüttelte den Kopf und schwieg. Sein seltsam unbewegtes Gesicht hatte etwas Zeitloses.

«Überlegen Sie. Es könnte Ihnen doch etwas aufgefallen sein. Etwas, das an diesem Mittwochnachmittag anders war.»

Jenatsch schwieg noch immer.

«Und wie erklären Sie sich, dass ihr Ehemann sie später auf dem Küchenboden in einer Blutlache vorfand?», fragte Janosa.

«Wahrscheinlich muss etwas geschehen sein.»

Janosa konnte nicht von seiner Miene ablesen, wie tief erschüttert Jenatsch war. Ja, ob er überhaupt erschüttert war.

«Genau. Und von Ihnen möchte ich gerne wissen, was.»

Georg Jenatsch nahm nun auch Platz am Küchentisch, schlug die Beine übereinander und faltete die Hände im Schoss. Er schien die Frage zu ignorieren.

«Wir wissen, was sich abgespielt hat, aber das Motiv ist mir nicht klar», sagte Janosa.

Jenatsch zog die Augenbrauen hoch. «Als ich das Haus von Barbara von Planta verliess, lebte sie auf jeden Fall noch!»

«Aber nicht mehr lange, Herr Jenatsch.»

Er verschränkte die Arme und grinste. «Ich habe ihr nur einen kleinen Denkzettel verpasst.»

«Einen Denkzettel?»

«Ja», sagte Jenatsch eigensinnig. «Auch ich lasse mir nicht alles gefallen.»

«Worum ging es?»

Jenatsch biss sich auf die Unterlippe, seine Nasenflügel weiteten sich. «An diesem Nachmittag sagte mir Barbara, sie wolle das Kind wegmachen lassen.» Er trommelte ungeduldig auf den Tisch. «Ich flehte sie an, es nicht zu tun und unser Kind auszutragen. Schlug ihr vor, aus dem Dorf, aus dem Kanton wegzuziehen. Ein neues Leben zu dritt, sagte ich.»

«Sie ging nicht darauf ein?»

«Sie war die ganze Zeit so verdammt kaltschnäuzig», sagte Jenatsch und senkte den Kopf. Es schien, als drückte eine eiserne Faust auf seinen Brustkorb und quetschte ihm alle Luft aus der Lunge. Es blieb lange Zeit still.

Gion Janosa legte die Hände flach auf den Küchentisch und stemmte sich hoch. «Das ist kein Grund, ihr etwas anzutun.»

Georg Jenatsch schlug mit der Faust auf den Tisch. «Eine von Planta gebärt kein Jenatsch-Kind!»

«Sie hatten ein Verhältnis mit Barbara von Planta», sagte Janosa; er war nicht beeindruckt. «Und leider erfüllten sich Ihre Träume nicht.» Er kratzte sich am Kopf.

Georg Jenatsch starrte Gion Janosa an. «Flachwichser! Sie sagte, ich sei ein Flachwichser.»

Gion Janosa beobachtete ihn scharf.

«Ich leerte K.-o.-Tropfen in ihren Kaffee», erklärte Jenatsch beinahe entschuldigend. «Sie torkelte, fiel hin. Ich geriet in Panik. Verstehen Sie!»

Janosa schüttelte den Kopf. «Geld und Egoismus kennen keine Moral», sagte er und holte sein iPhone aus der Hosentasche.

GLARUS

TOD AM TÖDI
EMIL ZOPFI

Silvio sass auf einer Felsplatte bei dem Toten, als die Rettungskolonne eintraf. Es dämmerte, Nebel strich den Geröllhang hinauf. Er erinnerte sich nicht mehr, wie lange er schon so gesessen hatte, den Leichnam neben sich. Blut war neben dem Körper in den Schotter gesickert, ein dunkler Fleck.

Er sah den Rettern zu, die den Toten in einen Leichensack schoben, eine Bahre aufklappten. Die Blitze einer Kamera blendeten ihn, er hob die Hände vors Gesicht. Seine erste Bewegung seit Stunden, so schien es ihm. Seit seine Erinnerung ausgesetzt hatte. Er sass da, als wäre er aus einer andern Welt hier abgesetzt worden, abgeordnet zur Totenwache neben einen Unbekannten.

«Was ist geschehen?»

Silvio zuckte zusammen. Ein Retter in Sturmjacke und Steinschlaghelm stand vor ihm, an seinem Klettergurt baumelten Karabinerhaken und Schlingen.

«Ein Stein», murmelte Silvio.

«Wie ist das gekommen?»

Er gab keine Antwort. Bleierne Müdigkeit lähmte ihn. Lasst mich, dachte er. Geht, und lasst mich hier allein.

«Ihre Hände bluten.»

«Ich bin gestürzt. Im Abstieg.»

Silvio hob den Kopf, hielt die Hände in die Höhe. Die Handballen waren aufgeschürft, das Blut verkrustet.

«Sie waren auf dem Tödi?»

Silvio nickte. Der Retter holte Verbandzeug aus dem Rucksack, desinfizierte Silvios Schürfungen und verband ihm die Hände. Die Wunden brannten, doch er biss auf die Zähne.

«Kommen Sie!»

Silvio erhob sich, glaubte einen Augenblick, der Boden schwanke unter seinen Füssen. Seine Gelenke schmerzten. Er folgte dem Retter den felsigen Abhang vom Bifertengletscher zur Grünhornhütte hinauf, hielt sich dabei mit einer Hand am Drahtseil fest.

Auf dem Felssporn, auf dem die Hütte stand, hielten sie kurz an. Sie war verschlossen, wurde nicht mehr benutzt. Dann schritten sie vorsichtig über den Grat hinab. Zuvorderst die Männer mit der Bahre, von andern mit Seilen gesichert. Die Lichtkegel von Stirnlampen tasteten sich durch den Nebel. Nur das leise Klirren der Karabinerhaken an den Gürteln der Retter war noch zu hören, das Knirschen ihrer Bergschuhe im Schotter, keuchender Atem, manchmal ein unterdrückter Ruf. Dann nur noch das Rauschen des Wassers in der Felswand jenseits des Gletschers.

Karin hatte Tee aufgesetzt und Suppe gekocht, Würste schwammen darin. Sie verteilte Teller auf den Holztischen, Besteck und Gläser, schnitt Brot. Dann trat sie vor die Fridolinshütte, horchte in den dichten dunklen Nebel. Lauschte dem Flüstern der Berge, dem Rauschen und Murmeln aus den Felswänden und vom Gletscher, wie oft in Nächten, die sie allein in der Hütte verbrachte. Aushilfe für einen Monat, im September kamen nicht mehr viele Gäste. Sie hatte sich diesen Monat zugestanden, um nach dem Geologiestudium und der Trennung von Markus über ihr Leben nachzudenken.

Sie hörte die Schritte der Retter erst, als sie dicht bei der Hütte waren, die Lichtstreifen ihrer Lampen huschten durch den Nebel wie Leuchtfische im Meer. Schweigend stellten sie die Bahre auf dem Vorplatz ab, traten schwer atmend und verschwitzt in die Hütte. Zuletzt stolperte der Tourist, der den Alarm ausgelöst hatte, über die Schwelle.

«Wo ist das Mädchen?», fragte Karin.

Der Obmann der Rettungskolonne hob die Schultern. «Es sind noch ein paar Männer oben, sie suchen den Gletscher ab.» Er machte mit dem Kopf eine Bewegung zum Touristen hin, der zusammengesunken auf einer Bank sass, den Kopf auf die verschränkten Arme gelegt.

«Er hat nichts gesehen, sagt er.»

Karin trug Suppe und Tee auf, die Männer schöpften, fischten mit der Gabel nach Würsten, rissen Bierdosen auf. Einer bat um Senf. Bald waren Gespräche im Gang wie an einem gewöhnlichen Hüttenabend, Geschichten wurden erzählt, nach einem Witz kam gedämpftes Lachen auf, als liege nicht ein Toter auf einer Bahre vor der Tür und sei seine Begleiterin verschwunden am Berg.

Karin stellte einen Teller vor den Touristen hin, der allein an einem Tisch sass, und schöpfte Suppe. «Essen Sie doch.»

Er sah sie an, mit leerem Blick, dann ergriff er mit der verbundenen Hand den Löffel, ass etwas Suppe und Brot, trank mehrere Tassen Tee. Ein unheimlicher Gast, Stoppelbart, ausgebleichte Sturmjacke, Bundhosen aus Lodenstoff und Gamaschen, wie man sie früher trug.

«Wir haben die Kantonspolizei informiert. Vorschrift», bemerkte der Obmann. «Man wird Sie morgen befragen.»

Der Mann nickte, legte den Löffel in den Teller. «Kann ich hier schlafen?»

Karin führte ihn zur Kammer, die für Bergführer reserviert war. Er legte sich in Kleidern auf die Matratze, zog eine Decke über sich und drehte sich zur Wand.

Der Morgen war klar, die Gipfel spiegelten sich im kleinen Bergsee unten bei der alten Fridolinshütte, als wollten sie sich für den Tag schönmachen. Nur im Norden lag noch Nebel im Tal. Schon früh landete ein Helikopter der Rettungsflugwacht bei der Hütte, ein Mann sprang heraus, drei Retter stiegen zu. Der Heli hob ab und flog weiter zum Bifertengletscher, um nach dem vermissten Mädchen zu suchen. Jamila hatte am Vortag mit ihrem Pflegevater den Ausflug zur Grünhornhütte unternommen. «Die Nacht wird sie überlebt haben», meinte der Obmann. «Falls sie sich irgendwo verkrochen hat.»

Der Heli kehrte zur Hütte zurück, die Bahre mit dem Toten wurde verladen. Der Mann, der angekommen war, sah zu. Dann stellte er sich vor: «Hauser, Kantonspolizei Glarus.»

«Ah, der Neue.» Der Obmann gab ihm die Hand. «Frigg.»
«André.»

Der Polizist war jung, trug Stirnband, rote Softshelljacke und Bergschuhe. Er sei Kletterer und Bergführeraspirant und kenne die Glarner Berge bestens. Deshalb habe man ihn geschickt, um den Touristen zu befragen, der beim Unfall dabeigewesen sei.

Karin klopfte an die Tür der Bergführerkammer. Als keine Antwort kam, öffnete sie, sah zerwühlte Decken, das Fenster stand offen. Der Mann war verschwunden.

«Sein Name?», fragte Hauser.

«Er hat sich nicht eingeschrieben.»

Hauser telefonierte eine Weile vor der Hütte mit seinem Handy. Karin machte Kaffee bereit. Er setzte sich, strich sich ein Konfitürebrot, leerte eine Tasse. «Weder in der Planura- noch in der Puntegliashütte hat er übernachtet, es hat ihn auch niemand gesehen.»

Der Obmann sprach per Funk mit seinen Männern. «Vom

Mädchen keine Spur. In den Gletscherspalten dort oben kann ein Mensch auf immer verschwinden.»

«Jamila wollte unbedingt den Gletscher sehen», sagte Karin. «Sie ist Afrikanerin, Pflegetochter des Verunglückten.»

Hauser studierte den Eintrag im Hüttenbuch. «Das Mädchen ist in der Jugendgruppe des Alpen-Clubs, auch er war Mitglied. Ist dir an den beiden etwas aufgefallen?»

Sie dachte nach. Der Mann hatte einen melancholischen Eindruck auf sie gemacht und wenig gesprochen. Auf einem iPhone hatte er mit Jamila eine Partie Schach gespielt. Sie hatte sich um ihn gekümmert, das Essen geholt, Tee eingeschenkt, hatte beim Abtrocknen geholfen und dabei munter geplaudert. Sie wollte unbedingt zur Grünhornhütte und zum Gletscher. In der Schule sollte sie einen Vortrag über den Alpen-Club und seine älteste Clubhütte halten. Sie fotografierte mit ihrem iPhone auch die alte Fridolinshütte unten am Seelein, die nur noch im Winter benutzt wurde, wenn die neue unbewartet war.

Hauser machte sich Notizen. Dann sagte er, er steige noch schnell zur Grünhornhütte hinauf, sich die Sache vor Ort ansehen. Er grüsste, schritt rasch und trittsicher auf dem Weg davon. Karin schaute ihm nach, dann machte sie sich ans Aufräumen der Hütte. In der Bergführerkammer fand sie unter den Decken ein GPS-Gerät, es musste dem Touristen während der Nacht aus der Tasche gefallen sein.

Regula blieb vor ihren Computern sitzen, als er die Diele betrat, den Rucksack hinwarf und die Bergschuhe auszog. Er grüsste kurz, holte sich in der Küche ein Bier aus dem Eisschrank. Durst, unsäglich Durst. Seit Tagen war er nur gelaufen, geklettert, über Geröll und Eis. Vergessen, dachte er, vergessen.

Er hörte das Summen des elektrischen Rollstuhls, drehte sich um. Regula sah ihn an mit einem Blick, der ihn wie ein Messer durchbohrte. Einmal kehre ich nicht mehr zurück, dachte er. Hätte der Stein doch mich erschlagen.

«Das Arbeitsamt hat angerufen. Du hättest heute einen Termin gehabt.»

«Es kam etwas dazwischen.»

Sie fuhr den Rollstuhl dicht vor ihn, er wich zurück, bis er mit dem Rücken zur Wand stand. Sie hielt eine Gratiszeitung in die Höhe, auf dem Titelbild gross das Bild eines Mädchens, dunkelhäutig mit feinen Zöpfen. «Verschwunden am Tödi», stand fett auf dem Blatt.

«Ist das dazwischengekommen?» Ihre Stimme schrillte so laut, dass es die Nachbarn hören konnten. Seit langem vermied er es, ihnen im Treppenhaus zu begegnen.

«Habe mich verirrt im Nebel. Bin ins Russeintal abgestiegen, statt nach Obersand.»

«Du hast doch ein GPS!» Sie wiederholte den Satz wie eine Drohung.

«Ich hab's verloren.»

«Und deine verbundenen Hände? Was ist geschehen?»

Er sah auf die schmutzigen Verbände, umklammerte die Bierdose, setzte an, verschluckte sich und hustete. Sie machte kehrt, fuhr in ihr Zimmer zu ihren Computern. Die Zeitung blieb auf dem Boden liegen.

Er hob sie auf. Das Mädchen hiess Jamila, der Tote war ihr Pflegevater, Mathematiklehrer am Gymnasium. «Sie war unser Sonnenschein», sagte die Witwe zu dem Klatschblatt, das von einer bevorstehenden Scheidung wusste. «Was suchten die beiden auf dem Gletscher?»

Silvios Hand zitterte. Das Bild rief ihm jene Szene in Erinnerung, die ihn die Stelle gekostet hatte. Ein Mädchen hatte während des Unterrichts mit dem Handy gespielt. Er hatte es zurechtgewiesen, zum x-ten Mal. Es hatte ihm die Zunge gezeigt, da war ihm die Hand ausgerutscht. Das war seine Version der Geschichte. Der Anwalt, der am nächsten Tag im Büro des Rektors stand, sah es anders. Von rassistisch motivierter Gewalt war die Rede. Die Mutter der Schülerin stammte aus Ghana.

Silvio warf die Zeitung auf den Stapel, setzte sich an den Küchentisch, liess den Kopf auf die Platte sinken und schloss die Augen.

Das Gespräch mit Professor Ehrat vom Geologischen Institut war gut verlaufen, er bot Karin eine Stelle als Assistentin an. Der Nationalfonds hatte ein Forschungsprojekt über die nach dem Rückgang des Gletschers entdeckten Saurierspuren am Tödi bewilligt. Paläontologen, Zoologen, Mineralogen und Geologen würden interdisziplinär zusammenarbeiten. Er gab ihr Bedenkzeit bis Ende Monat. Von dem Unglück hatte er gelesen. «Tragisch, tragisch, das Kind. Weiss man schon etwas?»

«Bis jetzt keine Spur.»

Anschliessend fuhr Karin mit dem Tram in ein Aussenquartier der Stadt, fand das Café, ein trostloses Lokal mit vergilbten Vorhängen und speckigem Plüsch. Die Frau sass an einem Ecktisch im Rollstuhl, neben der Kaffeetasse aufgeklappt einen Laptop.

«Regula», stellte sie sich vor, wie am Vorabend, als sie auf der Hütte angerufen hatte. Ihre Stimme klang wie das Kreischen einer Elster. Und so wirkte sie auch, ein schwarzer Schatten, in ihren Rollstuhl gekauert. Ob ein GPS-Gerät in der Hütte liegengeblieben sei, hatte sie sich erkundigt. Es gehöre ihrem Mann. Er solle sich bei der Kantonspolizei melden, hatte Karin gesagt. Das werde er sicher, wenn es ihm besser gehe. Er sei psychisch labil, stehe noch unter Schock.

«Sind Sie Bergsteigerin?», fragte Regula.

«Nein. Nur Stellvertretung auf der Hütte. Eine Art Auszeit.» Karin erwähnte ihr Geologiestudium, ihr Interesse für Gesteine und ihre Geschichte.

«Nie auf dem Tödi gewesen?»

«Reizen würde es mich schon.»

Regula erzählte von Touren mit ihrem Mann, Tödi zweimal, ein paar Viertausender im Wallis, Fels und Eisrouten. Dann das Weisshorn, die Krönung. «Wir waren sehr müde nach der Überschreitung. Er musste aber unbedingt noch nach Hause, hatte andertags Unterricht. Auf dem Klausen fuhr er über eine Kurve hinaus. Das war's dann.» Ihre Finger trommelten auf den Tisch.

«Tut mir leid.» Karin biss sich auf die Lippen. Dann sah sie auf die Uhr. «Mein Zug geht bald, ich muss heute noch zur Hütte.» Sie legte das GPS auf den Tisch.

«Einen Moment noch.» Regula schaltete das Gerät ein, verband es mit dem Laptop, startete ein Programm. Auf dem Schirm erschien eine Karte des Tödigebiets. Eine Linie zeigte offenbar die Route ihres Mannes. Sie fuhr ihr mit dem Finger nach, murmelte: «Russeintal ... Gliemspforte ... Piz Russein ... Und dann hier ... der Gletscherbruch ... Grünhornhütte ...»

Karin sah, dass sich die Linie zwischen dem Gletscher und der Grünhornhütte seltsam verknäuelte. Regula tippte mit dem Finger auf die Stelle: «Da ist er hinaus auf den Gletscher, weit über die Mitte. Ohne Seil. Da hat es doch Spalten. Warum?»

Sie bewegte den Mauszeiger zum äussersten Punkt der Linie, Zahlen tauchten auf. «Hier müssen Sie suchen. Und jetzt gehen Sie!»

Ein paar Sekunden lang standen die Zahlen auf dem Schirm, Karin erkannte Koordinaten, versuchte, sie sich zu merken: 715000/185300.

Regula klappte den Laptop zu, sank im Rollstuhl zusammen. Karin winkte der Kellnerin.

«Gehen Sie. Ich zahle!» Da war wieder dieser kreischende Klang. Karin streckte ihre Hand aus, doch die Frau beachtete sie nicht.

Er packte seinen Rucksack, den Schlafsack oben draufgeschnallt, Pickel, Steigeisen. Das Klirren der Ausrüstung versetzte ihn wie immer in leichte Erregung. Fort, fort.

«Wohin gehst du?» Ihre Stimme schnitt ihm in die Seele. Wie hatten sie sich geliebt, einst. Das Weisshorn, Krönung und jähes Ende ihrer gemeinsamen Bergleidenschaft. Der Unfall, das Urteil. Der Anwalt der Schülerin hatte alles auf den Tisch gelegt, Nichtbeherrschen des Fahrzeugs und unbeherrschtes Verhalten im Beruf passten zusammen. Es hatte auch früher schon Klagen von Eltern gegeben. Er sei als Pädagoge überfordert, hatten Kollegen ausgesagt.

«Wohin gehst du?»

«In die Berge.»

«Die Polizei sucht dich.»

«Sollen sie.»

«Was hast du mit dem Mädchen angestellt?»

Er hob den Rucksack hoch, drehte sich um. Sie stand in der Tür, hatte sich mit einer Hand am Büchergestell hochgezogen, stützte sich mit der andern auf den Rollstuhl. Sie schwankte, ihre Beine knickten ein, dann fiel sie hin. Er warf den Rucksack auf den Boden, die Pickelspitze schlug gegen die Wand. Er beugte sich über sie, schob seine Hände unter ihren Körper, hob sie sacht hoch. Wie leicht sie war, wie zerbrechlich. Sie legte ihre Arme um seinen Hals, klammerte sich fest. Er trug sie zu ihrem Bett, kniete neben sie, sie hielten sich fest. Leise sagte er: «Es ist alles meine Schuld, alles.»

«Stell dich der Polizei», flüsterte sie.

Er küsste sie auf die Stirn, hob in der Diele den Rucksack hoch und verliess die Wohnung.

André hatte Karin zum Nachtessen ins Hotel Tödi im Tierfehd eingeladen, einst ein romantischer Ort mit einem Wasserfall, umgeben von himmelhohen Felswänden, «sagenhaft abgelegen» gemäss Werbung. Nun war es eine riesige Baustelle für den Ausbau des Kraftwerks Linth-Limmern. Bagger hatten die Wiesen weit herum aufgerissen, Schotterhaufen türmten sich, um die Baracken standen Lastwagen, Baumaschinen und Autos. Während des Essens im neuen Anbau des historischen Hotels, inmitten von Ingenieuren, Installateuren und Bauleitern, sprachen sie über den Fall. Regula hatte ihre Adresse verschwiegen, doch André hatte sie herausgefunden. Vielleicht über die Gerantin des Cafés oder die Taxizentrale. «Berufsgeheimnis», sagte er. «Der Mann heisst Silvio Meier, Lehrer, vor einigen Monaten entlassen. Er hat eine Schülerin geschlagen. Eine Schwarze.»

«Wie Jamila. Glaubst du, es gibt einen Zusammenhang?»

«Möglich ... Oder er hasst einfach dunkelhäutige Mädchen.»

«Seine Frau sagt, er sei psychisch labil.»

«Jedenfalls hat er etwas zu verstecken.»

André fuhr Karin zur Sandalp, versprach, am nächsten Tag zur Hütte zu kommen. Dann würden sie die Stelle auf dem Gletscher überprüfen, wohin Meier aus unerfindlichen Gründen gegangen war. Warum? Vielleicht war Jamila nach dem Unfall über den Gletscher geirrt und in einen Spalt gefallen. Warum verschwieg Meier, dass er sie gesehen hatte? Vielleicht kannten sich die beiden Männer, und ihr Treffen war kein Zufall. «Wir müssen sie finden. Tot oder lebendig.»

Sie standen eine Weile bei den Hütten der Sandalp, sahen zu, wie der Mond über dem Bifertenstock aufstieg. Karin erzählte vom Angebot des Professors.

«Dann wärst du öfter in der Gegend?»
«Ich denke schon.»
Sie gaben sich die Hand, dann küsste er sie flüchtig auf die Wange.

Der Vollmond stand hoch über dem Grat des Tödi, als sie zur Hütte aufstieg. Eine Lampe brauchte sie nicht, so hell war die Nacht. Leichter Bergwind wehte ihr ins Gesicht. Der letzte Steilhang lag wieder im Schatten, trotzdem folgte sie ohne Licht der Wegspur. Sie hörte unter sich einen Stein durch eine Rinne kollern, hatte das Gefühl, jemand folge ihr. Immer deutlicher glaubte sie, Schritte eines Menschen zu vernehmen, der durch den Schatten bergan stieg. «Hallo», rief sie mehrmals. Niemand antwortete.

Karin fand keinen Schlaf. Der Widerschein des Mondlichts auf der Felswand jenseits des Gletschers fiel durchs schmale Fenster in ihre Kammer. Sie stellte sich vor, was sich bei der Grünhornhütte abgespielt haben könnte. Meier hatte den Stein absichtlich angestossen, von Rachegedanken getrieben, weil ihn Jamila an seine Schülerin erinnerte. Vielleicht wollte er sie nur erschrecken, traf aber ihren Pflegevater. Dann verfolgte er sie, stiess sie in eine Gletscherspalte. Immer wilder wurden Karins Phantasien, vermischten sich mit blutrünstigen Szenen aus Kriminalfilmen. Möglich war auch, dass Jamila gar nicht auf den Gletscher gelaufen war, sondern ins Tal. Oder dass sie jenes Mädchen war, das er geschlagen hatte ... Hatte André das abgeklärt?

Sie dachte an den sympathischen Polizisten und Bergführer. Sie war frei, und er vielleicht auch. Jedenfalls hatte er keine Partnerin erwähnt. Sie würde die Stelle als Assistentin annehmen, über Saurier forschen und deren zweihundert Millionen Jahre alten Spuren im Gestein.

Mitten in der Nacht schreckte sie aus dem Halbschlaf, hörte

ein Rascheln, leise Schritte, so glaubte sie. Gelegentlich kamen Bergsteiger nachts an, aber die trampelten mit ihren Bergschuhen in den Vorraum, hängten Pickel und Steigeisen hin. Ein Stuhl rückte im Hüttenraum, etwas fiel zu Boden. Da war jemand! Das war kein Bergsteiger! Wie gelähmt blieb Karin liegen, ihr Herz raste. Was wollte der Eindringling? War es Meier? Sie hörte eine Tür gehen. Suchte er sein GPS-Gerät in der Bergführerkammer? Sie setzte sich auf, griff sich ihren Geologenhammer vom Gestell, packte ihn fest am Griff. Stiess die Tür auf.

«Wer ist da?», rief sie, vernahm leichte Schritte auf der Treppe, der Lichtstrahl einer Stirnlampe blendete sie. Ihr Atem stockte. «Meier ... Was suchen Sie?»

Statt einer Antwort schlug eine Tür zu. Rote Ringe tanzten vor ihren Augen in der Dunkelheit. Dann war es still. Endlich wagte sie, die Tür zur Bergführerkammer aufzustossen. Sie war leer, doch das Fenster stand offen.

«Meier!», rief sie in die Nacht hinaus. Nur ein schwaches Echo antwortete.

Zum erstenmal in ihrem Leben ging sie am Seil. Der Gletscher war flach an dieser Stelle, trotzdem trat sie vorsichtig auf, um auf dem körnigen Eis nicht auszurutschen. «Immer das Seil gestreckt halten», rief ihr André zu, der voranging, mit dem Pickel in Schneeresten stocherte, die zum Teil die Spalten verdeckten. Der Gletscher wurde steiler, die Spalten häuften sich. Locker setzte er darüber hinweg, Karin nahm allen Mut zusammen und sprang. Nicht hinunterschauen, hatte ihr André geraten.

Vor einer breiten Spalte blieb er stehen, sah auf sein GPS. «Ein netter Klack. Mindestens vierzig Meter oder noch tiefer.»

Er schlug mit dem Pickel Kerben ins Eis, schraubte drei Eisröhren hinein. «Komm», rief er, «du bist gesichert.»

Karin wurde es immer unheimlicher. Aus der Spalte schlug

ihr kalte Luft entgegen, liess sie frösteln. Wasser rauschte in der Tiefe.

«Hier unten wird sie liegen.»

Ein Eisgrab, dachte Karin. Dabei wollte Jamila doch nur den Gletscher sehen.

André verband die Eisröhren mit Seilschlingen und Karabinerhaken, liess ein Seilende in den Spalt gleiten. «Es reicht nicht mal bis zum Grund.»

Trotzdem klinkte er sich mit einem Bremsgerät ein und seilte sich ab in die Tiefe. Karin klopfte das Herz bis zum Hals. Um sich abzulenken, betrachtete sie die Berge rundum mit ihren gewaltigen Fels- und Eiswänden, Bifertenstock, Piz Urlaun und den Tödi, von dem der Gletscherstrom herabfloss. Tödi klang nach Tod, doch sie wusste, dass das Wort seinen Ursprung im Ausdruck «d'Ödi» hatte. Doch waren Tod und Ödnis nicht etwas Ähnliches? Das Reich der Schatten.

Das Seil, an dem André hing, lockerte sich, dann straffte es sich wieder. Sie glaubte, Pickelschläge zu vernehmen. Keine Ahnung, was er in dem grausigen Schlund antraf. Das tote Mädchen, eingeklemmt im Spalt oder ertrunken im Eiswasser wie die Frau im Film «Die weisse Hölle am Piz Palü», den sie einmal gesehen hatte.

Nach einer Ewigkeit, so schien es, sah sie eine Hand am Seil auftauchen, André schob ein Klemmgerät hoch und stieg nach. Schwer atmend vor Anstrengung und zitternd vor Kälte zog er sich über die Kante der Gletscherspalte. Sie sah ihn an.

Er schüttelte den Kopf. «Fehlanzeige. Da unten ist nichts.»

«Und nun?»

«Wir werden wohl nie erfahren, was wirklich geschehen ist.»

Sie stiegen am Drahtseil zur Grünhornhütte hinauf, wärmten sich an der Sonne, sprachen wenig. «Hast du dich für die Saurier entschieden?», fragte er einmal.

«Ja», sagte sie.
«Und auf den Tödi kommst du auch mal mit?»
«Vielleicht.»
Faseriges Gewölk zog auf, als sie abstiegen.
«Kein gutes Zeichen», meinte er.

Nochmals den gleichen Weg gehen. Ein Therapeut hatte ihm diesen Rat gegeben, als er keinen Ausweg mehr wusste. Der Streit mit seinem Vater, als er das Jusstudium abgebrochen hatte und in die Fabrik gegangen war. Hilfsarbeiter. Es war eine politische Sache gewesen, ein erster dunkler Punkt in seiner Biographie, einer von mehreren. Später hatte er seinen Entschluss bereut, hatte die Reallehrerausbildung mit Auszeichnung abgeschlossen, aber da war der Vater schon tot gewesen. Nochmals den gleichen Weg gehen. Doch das Leben lässt sich nicht wiederholen. Nur die Erinnerung. Er sass unter einem Felsvorsprung, Wolken waren aufgezogen. Im Nordwesten über dem Sandpass schwamm ein bleicher Mond im Grau, von einem weiten Hof umgeben. Wetterumschlag. Silvio zündete sich am Stummel eine neue Zigarette an. Bei der Alp unten im Russeintal heulte ein Hund. Vielleicht war es auch ein Wolf. Er fröstelte, nass geschwitzt vom raschen Aufstieg. Morgen über die Gliemspforte auf den Bifertenfirn, nochmals auf den Gipfel, absteigen durch den Gletscherbruch zur Grünhornhütte. Vielleicht würde sich alles klären.

Am Abend waren zwei junge Bergsteiger zur Hütte gekommen, sie wollten zum Nordgrat. André hatte ihnen abgeraten, das Wetter schlage um, doch die beiden meinten, versuchen könnten sie es ja. Sie hätten schnell wieder abgeseilt.
Karin erwachte von einem leisen Schrei, hörte die Stimmen der beiden Jungs, aber da war noch eine andere. Sie

lauschte, Schritte, jemand klopfte an die Tür der Kammer. «Karin, komm, da ist was ...»

Sie tastete nach der Stirnlampe, berührte dabei einen Körper, der neben ihr lag, André. Er drehte sich. «Was ist? Wie spät ist es?» Sein nackter Oberkörper in der Dunkelheit.

Karin knipste die Lampe an, sah auf die Uhr. Es war nach Mitternacht, die Stimmen waren verstummt. Dann klopfte es wieder. «Karin, da ist jemand!»

Hastig suchte sie ihre Kleider zusammen, die neben der Pritsche lagen. Die zwei Kletterer hatten im Hüttenraum Licht gemacht, einer hantierte in der Küche am Herd. Auf einer Bank kauerte Jamila, in eine Daunenjacke gehüllt, offenbar von einem der jungen Männer. «Mein Gott, Kind!» Karin glaubte zu träumen, in ihrer Vorstellung lag Jamila am Grund einer Gletscherspalte, eingefroren im Wassereis. Sie starrte das Mädchen an, das sein Gesicht mit dem Ärmel der Jacke bedeckte und zu schluchzen begann.

«Ich musste pissen gehn», sagte einer der Jungs, «da stand das Mädchen draussen, total durchfroren.»

Karin umfing Jamila, die leise weinte und zitterte. Einer der Männer brachte einen Krug Tee, der andere warf ein paar Kraftriegel auf den Tisch. «Sie sieht ja total ausgehungert aus.»

Nun tauchte auch André auf, rieb sich die Augen, schüttelte den Kopf und murmelte: «Das gibt's doch nicht, nein, das glaube ich nicht.» Dann ging er zum Hüttentelefon und rief die Rettungsflugwacht an.

Einer der Jungs kam von draussen herein. «Wetter ist scheisse, wir hauen uns wieder aufs Ohr.»

Jamila trank Tee, redete wirr, sie hatte Fieber. Karin verstand nur, dass sie sich vier Tage in der alten Hütte unten am kleinen See versteckt hatte, geplagt von Angst und Schuldgefühlen.

«Ich bin auf den Stein getreten», sagte sie immer wieder. «Ich bin schuld ... ich wollte doch den Gletscher sehen ...»
«Du bist nicht schuld, Jamila. Jedem kann das passieren.»
«Der Stein hat sich gelöst. Hat Papa am Kopf getroffen.»
Mehr war von ihr nicht zu erfahren. Nach dem Unfall musste sie irgendwie den Weg zur Fridolinshütte gefunden haben, hatte sich in der alten Hütte versteckt und nachts hier nach Essbarem gesucht.

Der Sturm trieb ihm Schneeflocken ins Gesicht, als er den Gipfel erreichte. Er berührte das Kreuz, seine Finger spürte er nicht mehr vor Kälte. Er schaute zurück, seine Spur war schon beinahe verweht. Sollte er durch die Westwand absteigen zur Planurahütte und den Gletscher meiden? Selbstmord, dachte er. Aber auch der Abstieg zur Fridolinshütte war gefährlich, die Spalten kaum mehr sichtbar in diesem Schneetreiben. Und sein GPS hatte er nicht dabei. Er watete über den kurzen Grat zurück. Er würde seinen Weg nicht mehr zu Ende gehen können. In dieser verzweifelten Situation stellte sich auf einen Schlag die Erinnerung wieder ein. Er sah das Mädchen vor sich im diffusen Licht, es stand allein auf dem Gletscher, starrte bewegungslos auf den Grund einer mächtigen Spalte, als ob es sich hineinstürzen wollte. Er rief, doch es bewegte sich nicht. Langsam näherte er sich, redete ihm zu. Plötzlich rannte es an ihm vorbei über den Gletscher und dem Drahtseil entlang den Steilhang hinauf zur Grünhornhütte. Er konnte das Mädchen nicht einholen, es verschwand im Nebel. Dann sah er den Mann, der im Geröll lag. Schwerverletzt, aber noch atmend. Er setzte sich neben ihn, redete mit ihm, bis er sich nicht mehr regte. Irgendwann rief er die Rettungsnummer an, das Mädchen erwähnte er nicht. Wo war es hin? Über die Felsen am Grünhorn gestürzt? Oder weiter unten über den Gletscher gelaufen und in eine Spalte gefallen?

Er war schuld. Er hätte sich um das Mädchen kümmern müssen. Man würde ihn anklagen, wieder einmal. Darum hatte er geschwiegen.

Seine Schritte wurden langsam, er war müde, todmüde. Verloren im Weiss des Schneesturms. Mit einem Fuss brach er ein ins Bodenlose, fing sich auf, fiel auf die andere Seite. Er lag im Schnee, seine Lippen bewegten sich. «Entschuldige, entschuldige», murmelte er. Der Schnee fühlte sich warm an, es war, als würde ihn eine Frau in ihre Arme nehmen.

KREUZLINGEN

SPÄTE RACHE
PETRA IVANOV

Der Schrei, der Ruben aus seinen Gedanken riss, klang weder wütend noch angriffig. Die Männerstimme schwoll an, klagend, hallte von den kahlen Betonwänden wider und verstummte so abrupt, wie sie ertönt war. Ruben sprang auf. Als Sicherheitsangestellter gehörte es zu seinen Aufgaben, für Ruhe und Ordnung in der Empfangsstelle Kreuzlingen zu sorgen.

Im Gang hatte sich eine Gruppe Asylsuchender versammelt. Auf dem weissen Linoleumboden erkannte Ruben zwei zuckende Beine. Jemand beugte sich über die Gestalt und hob sie mit Hilfe zweier Männer auf.

«Was ist hier los?», rief Ruben.

«Wir brauchen einen Krankenwagen!»

«Er hat wieder einen Anfall!»

Die Gruppe verschwand in einem der Schlafräume. Ruben folgte ihr. Die Gestalt wurde sorgfältig auf eine Matratze gebettet. Ruben betrachtete die dunkle Haut, die sich über den scharfen Wangenknochen spannte. Die Augen des Mannes waren geschlossen, sein Körper wurde immer wieder von heftigen Krämpfen erfasst. Hatten die Asylsuchenden die Situation richtig eingeschätzt? Musste der Mann ins Spital? Unschlüssig nahm Ruben sein Handy hervor. Sollte er wirklich einen Krankenwagen rufen? Die Entscheidung wurde ihm durch eine ins Zimmer stürzende Betreuerin abgenommen.

Mit sicherer Stimme erteilte sie Anweisungen. Erleichtert kehrte Ruben an den Empfang zurück. Eine Tibeterin wartete vor dem Tresen.

«Was ist passiert?», fragte sie schüchtern.

«Jemand hatte einen Anfall», erklärte Ruben.

«War es wieder der Somalier?»

«Keine Ahnung.» Ruben zuckte die Schultern. «Für mich sehen alle Schwarzen gleich aus.»

Mewael lauschte dem Austausch schweigend. Er stand vor dem Empfangsschalter und starrte Ruben aus tiefliegenden Augen an. Gerne hätte er dem beleibten Sicherheitsangestellten erklärt, dass der Nervenzusammenbruch des Somaliers mit dem negativen Asylentscheid zusammenhing. Doch er wusste, dass er damit nichts erreichen würde. Für Ruben war der Somalier lediglich eine Nummer. Sogar wenn der Sicherheitsangestellte vor dem Lichterlöschen um 22 Uhr die obligatorischen Anwesenheitskontrollen durchführte, rief er die Bewohner nicht mit Namen auf, sondern mit Asylnummern. Auf die Ausweise, die über den Sprossen der Leitern an den doppelstöckigen Betten oder am Metallgestell selbst hingen, warf er höchstens einen flüchtigen Blick.

Auch Mewael war für Ruben nicht mehr als eine Asylnummer. Darüber machte sich der Eritreer keine Illusionen. Dass er ein Leben gelebt hatte, bevor er aus seiner Heimat geflohen war, eine Geschichte mit sich herumtrug, interessierte Menschen wie Ruben nicht. Für den Sicherheitsangestellten war er bloss ein weiterer Flüchtling aus Afrika. Immerhin war Rubens Gleichgültigkeit einfacher zu ertragen als die Ablehnung, die Mewael ausserhalb der Empfangsstelle entgegenschlug. Er hatte rasch gemerkt, dass dunkle Haut Misstrauen weckte in diesem hellen Land. Da nützte es auch nichts, dass seine eigene Haut kaffeebraun war, seine Gesichtszüge eher arabisch waren als afrikanisch. Für die Schweizer war er ein Schwarzer.

Nicht dass ihn das störte. Ob schwarz, braun oder weiss – für Mewael waren alle Menschen gleich. Als Junge hatte er davon geträumt, Arzt zu werden. Doch statt Schmerzen zu lindern und Kranke zu heilen, war er zum sogenannten «Nationalen Dienst» eingezogen worden, wie Tausende anderer junger Eritreer auch. Von den Soldaten wurde der Militärdienst, der oft ein Leben lang dauerte, Zwangsarbeit genannt. Mewael hatte keinen Namen für die Greueltaten, die er verüben musste. Jahrelang hatte er mit dem Gedanken gespielt zu fliehen. Abgehalten hatte ihn die Angst. Doch dann, eines Tages, fielen alle Bedenken von ihm ab. Er war gezwungen worden, auf einen Deserteur zu schiessen. In diesem Augenblick hatte er gewusst, dass ihm keine Wahl mehr blieb. Er setzte sich ab. Bereits nach zwei Tagen wurde er von Soldaten aufgegriffen. Im Foltergefängnis verbrachte er zwei Jahre. Dreimal gelang ihm die Flucht. Erst beim letztenmal schaffte er es über die Grenze nach Äthiopien.

«Ausweis», sagte Ruben.

Mewael blinzelte.

«Was ist, wollen Sie gehen oder nicht?»

Mewael löste sich aus seiner Erstarrung und schob dem Sicherheitsangestellten seinen Ausweis hin. Tagsüber durfte er die Empfangsstelle verlassen, doch das Kommen und Gehen der Asylsuchenden wurde kontrolliert.

«Alles in Ordnung?», fragte Ruben.

Mewael nickte.

Nichts war in Ordnung.

Die Strasse führte am Bahngleis entlang. Mewael begegnete nur wenigen Menschen. Zwei junge Frauen traten plaudernd aus der Bäckerei Mohn. Als sie ihn erblickten, verstummten sie kurz. Kaum war er an ihnen vorbeigegangen, nahmen sie ihr Gespräch wieder auf. Die Fahrzeuge, die auf der Bahnhofstrasse fuhren, beachtete Mewael nicht. Er ging diese Strecke jeden Wochentag, immer mit dem gleichen Ziel: das Café Agathu. Der Treffpunkt für Asylsuchende bot nicht nur gratis Kaffee und Tee an, er sorgte auch für Abwechslung. Den ganzen Tag hinter den Mauern der Empfangsstelle zu verbringen, bedrückte Mewael. Zu viele Hoffnungen waren auf zu engem Raum zusammengepfercht. Im «Agathu» wurden zwar Schicksale ausgetauscht, doch der dampfende Tee, das knusprige Gebäck und die Anteilnahme der freiwilligen Helfer milderten die Härte.

Heute bog Mewael nicht in den Eingang des alten Hauses ein, sondern ging daran vorbei und überquerte die Hauptstrasse. Er warf einen flüchtigen Blick in das Schaufenster eines Elektronikgeschäfts. Ein junger Afghane hatte vor einigen Tagen versucht, dort ein Handy zu stehlen. Er war erwischt worden. Sein Telefon war kurz zuvor aus einem abschliessbaren Kästchen in seinem Zimmer in der Empfangsstelle geklaut worden. Mewael schüttelte den Kopf. Die Menschen waren überall gleich. Um sich zu bereichern, scheuten sie vor nichts zurück. Solidarität war den meisten ein Fremdwort. Das hatte er am eigenen Leib erfahren müssen. Er versuchte, die Erinnerungen zu verdrängen. Das Gefühl von Ohnmacht, das sie in ihm auslösten, frass ihn langsam, aber sicher auf.

Um sich abzulenken, konzentrierte er sich auf den Geruch des Sees. Entlang der Hafenstrasse schwebte er nur schwach in der Luft, doch als er die Parkanlage erreichte, roch er die Frische des Wassers. Er liebte die Reinheit und das weite Blau. Im Hafen fuhr die «MS Zürich» ein. Ein Pärchen an Bord des Kursschiffes winkte, und kurz erwog Mewael zurückzuwinken. Er liess es bleiben.

«Für mich ist es das Grün», erklang eine Männerstimme hinter ihm.

Mewael drehte sich um. Ein Lächeln breitete sich auf seinem Gesicht aus.

«Ich kann immer noch nicht fassen, dass die Farbe echt ist.» Der Mann deutete auf das frischgemähte Gras, die Bäume und die Blumenrabatten. Seine drahtigen Haare waren kurzgeschoren, über der Hose zeichnete sich der leichte Ansatz eines Bauches ab.

«Berhane!» Mewael breitete die Arme aus.

Die Männer umarmten sich.

«Es geht dir gut!», stellte Mewael fest.

Berhane tätschelte seinen Bauch. «Ich kann nicht klagen, wie man hier sagt.»

Sie verstummten. Unausgesprochene Worte hingen in der Luft. Sie würden nie den Weg über ihre Lippen finden. Sie lagen in ihren Augen. Lange sahen sich die Freunde an. Sie hatten telefoniert, als Mewael in Kreuzlingen angekommen war. Berhane hätte seinen Landsmann gerne zu sich nach Hause eingeladen, doch er wusste, dass die drei Franken Taschengeld, die ein Asylsuchender pro Tag bekam, nicht für das Zugbillett nach Weinfelden reichten.

«Wurdest du schon befragt?», wollte Berhane wissen.

Mewael schüttelte den Kopf. «Noch nicht.»

«Mach dir keine Sorgen. Deserteure schaffen sie nicht aus. Du wirst bleiben können.» Als sich der Ausdruck auf Mewaels Gesicht nicht veränderte, runzelte Berhane die Stirn. «Das ist es nicht, oder?»

Mewael schüttelte den Kopf.

«Semira?», fragte Berhane leise.

Mewael holte tief Atem.

Berhane legte ihm die Hand auf die Schulter. «Was ist geschehen?»

Was war geschehen? Nicht viel, dachte Mewael. Eine kurze Begegnung, zwei Wege, die sich nicht hätten kreuzen dürfen. Der Augenblick hatte Wunden freigelegt, die nie verheilen würden, Erinnerungen wachgerufen, die Mewael zu begraben versucht hatte. Eine Woche war es her. Hier am See waren sie sich gegenübergestanden, so überraschend, dass Mewael einen Moment geglaubt hatte, er täusche sich. Doch diese Augen würde er nie vergessen. Sie hatten ihn angeschaut, als Semira auf dem Rücken lag, die Beine gespreizt, die Arme von zwei Schleppern festgehalten. Mit jedem Hüftstoss waren die Pupillen grösser geworden. An der Schläfe des Mannes schwoll eine Ader an, bis sie wie ein lebendiges Wesen pochte und zuckte. Plötzlich senkten sich die schweren Lider. Der Blickkontakt riss ab. Semiras Wimmern verstummte, als ein lautes Stöhnen aus der Kehle des Mannes drang.

Mewael hatte um die Gefahren gewusst. Lange hatte er mit Semira diskutiert, ob sie die Flucht wagen sollten. Sie hatten sich im äthiopischen Hochland kennengelernt, in einem Flüchtlingslager, das Tausenden von Eritreern Zuflucht bot. Fast alle träumten davon, nach Europa oder gar Amerika zu gelangen, weit weg von Isaias Afewerkis totalitärem Regime, das, wie Mewael im Lager erfuhr, als eines der repressivsten der Welt galt.

Unter den Flüchtlingen kursierten die unterschiedlichsten Gerüchte. Der Weg durch den Sudan nach Khartum, wo sich die Schweizer Botschaft befand, sei zu riskant, hiess es. Doch genauso gefährlich war es, sich von Schleppern über Nordafrika an die Küste bringen zu lassen. In Libyen riskierten Eritreer, auf der Stelle erschossen zu werden, da sie verdächtigt wurden, auf Ghadhafis Seite gekämpft zu haben.

Sie hatten sich schliesslich für die Reise durch die Wüste entschieden. Dies, obwohl Mewael die Vorstellung missfiel, Semiras Leben sowie sein eigenes in die Hände von Schleppern zu legen. Er wusste, dass die Menschenhändler nur an Geld interessiert waren. Die Schicksale der Flüchtlinge kümmerten sie nicht. Seine Familie hatte Tausende Dollar bezahlt, um ihnen die Reise zu ermöglichen. Mit dem Geld hatten sie sich zwei Plätze auf der schmutzigen Ladefläche eines Pickups gesichert, zusammen mit 39 weiteren Flüchtlingen. Nur 29 von ihnen kamen in Libyen an. Die anderen lagen am Strassenrand, wo sie gelandet waren, nachdem die Schlepper ihre Leichen vom Pick-up geworfen hatten. Manche waren verdurstet, andere erkrankt oder, wie Semira, der Erschöpfung erlegen.

Ihr Kleid war hochgerutscht, als sie im Staub landete. Die blutverschmierten Beine waren unnatürlich verdreht, ein Arm abgewinkelt, als wolle sie Mewael bitten, bei ihr zu bleiben. Er hatte den Fahrer angefleht anzuhalten, damit er Semira anständig begraben könne. Statt den Fuss vom Gas zu nehmen, hatte der Fahrer seine Kalaschnikow auf ihn gerichtet.

«Bist du sicher, dass er es war?», fragte Berhane.

Mewael nickte. «Ganz sicher.»

Sie setzten sich auf die Wiese. Berhane zupfte einen Grashalm ab und steckte ihn zwischen die Lippen. Schweigend sahen sie zu, wie das Kursschiff den Hafen verliess.

«Ich bin ihm gefolgt», sagte Mewael schliesslich. «Er wohnt bei einer Frau.»

«In Kreuzlingen?»

«An der Pestalozzistrasse, gleich neben dem Schulhaus.»

«Was willst du tun?»

Mewael hatte eine Woche lang darüber nachgedacht. Sich am Schlepper zu rächen, würde weder Semira zurückbringen, noch die Bilder in seinem Gedächtnis löschen. Es würde ihm nur Ärger einbringen, den er nicht gebrauchen konnte. Zu

Hause wartete seine Familie darauf, dass er Geld schickte. Sie hatte ihren ganzen Besitz verkauft, dass er in die Schweiz gelangen konnte. Mewael konnte es sich nicht leisten, sich von seinen Gefühlen leiten zu lassen. Er schuldete es seiner Familie, sein Bestes zu geben. Es war nur eine Frage der Zeit, bis auch sein Bruder zum «Nationalen Dienst» eingezogen wurde. Andererseits – wenn er nichts unternahm, würden weitere Menschen unter dem skrupellosen Schlepper leiden. Er würde neue Leben zerstören, sich am Elend anderer weiter bereichern.

«Ich brauche deine Hilfe», sagte Mewael leise.

Ruben hatte einen schlechten Tag. Es hatte damit begonnen, dass ihm seine Freundin offenbarte, sie werde unbezahlten Urlaub beantragen, um eine Weltreise zu machen. Mit oder ohne ihn. Ihre unterschiedlichen Vorstellungen von Erholung sorgten immer wieder für Auseinandersetzungen. Ruben begriff nicht, was an fremden Ländern attraktiv sein sollte. Ein einziges Mal war er nach Thailand gereist, zwei Wochen lang hatte er geschwitzt und unter Durchfall gelitten. Viel lieber verbrachte er seine Ferien am Bodensee. Ein Kollege aus Arbon besass ein Sportboot, das er benutzen durfte, so oft er wollte. Frischer Wind, saubere Luft, anständiges Essen – was wollte man mehr?

Dass die Welt jenseits der Grenze keine angenehme war, führte ihm seine Arbeit täglich vor Augen. Warum sonst strömten so viele Menschen in die Schweiz? Jeder Afrikaner, Araber und Asiate träumte davon, hier zu leben. Dort, wo sie herkamen, scherte sich keiner um den andern. Daran sind sie allerdings selber schuld, dachte Ruben. Würden sie arbeiten und etwas aus ihrem Land machen, statt in der Sonne zu sitzen, sähe die Welt anders aus. Ihm gefiel es auch nicht, immer um 5 Uhr früh aufzustehen. Trotzdem murrte er nie.

Manchmal ging ihm das Gejammer auf die Nerven. Er war

nicht ausländerfeindlich, aber wenn er sah, dass die Asylsuchenden den ganzen Tag lang im Aufenthaltsraum sassen oder Basketball spielten, um sich nachher über das Essen oder einen Entscheid der Behörden zu beklagen, konnte er nur den Kopf schütteln. Niemand hatte sie gezwungen, in die Schweiz zu kommen. Was glaubten sie, wer das alles bezahlte? Er natürlich. Und alle andern Schweizer Steuerzahler.

Als der Schwarze versuchte, ihn in ein Gespräch zu verwickeln, gab sich Ruben wortkarg. Die Erfahrung hatte ihn gelehrt, nicht zu viel Interesse zu zeigen. Sonst würde ihm bald jeder das Herz ausschütten. Er tat hier seine Arbeit, mehr nicht. Der Afrikaner sass bereits seit Stunden im Warteraum, einem Glashaus neben dem Empfang, von wo man einen guten Überblick über das Geschehen hatte. Einmal war er kurz hinausgegangen, um Zigaretten zu kaufen, doch bereits zehn Minuten später war er wieder dagewesen. Ruben empfand seine Anwesenheit als unangenehm, er schien etwas zu erwarten, was, war Ruben nicht klar. Wollte er reden? Oder hatte er mit jemandem abgemacht?

«Mein Name ist Mewael», sagte der Schwarze.

Ruben brummte etwas Unverständliches.

«Die Schweiz ist ein schönes Land», fuhr er unbeirrt fort.

«Das ist richtig.»

«Sind Sie Schweizer?»

«Ja.»

«Die Schweiz ist ein schönes Land», wiederholte der Schwarze.

«Ja.»

«Ein schönes Land.»

Ruben ging die Geduld aus. «Was wollen Sie?»

Der Schwarze zog die Hand aus der Hosentasche und hielt sie Ruben unter die Nase. Ruben brauchte eine Weile, um den feinen roten Strich auf der braunen Haut zu erkennen.

«Haben Sie vielleicht ein Heftpflaster?», fragte der Afrikaner.

Ruben holte aus dem Schrank eine Schachtel Pflaster, zog eines heraus und reichte es ihm.

«Danke! Danke!»

Ruben wandte sich ab, um zu signalisieren, dass er zu tun hatte. Eine Schlange hatte sich am Eingang gebildet. Um diese Zeit kehrten die meisten Asylsuchenden von ihren Spaziergängen zurück. Oder was immer sie tagsüber unternommen hatten. Bald würde das Abendessen ausgegeben, das wollte niemand verpassen. Ruben kontrollierte die Ausweise, stempelte sie ab, wartete auf seine Ablösung und dachte darüber nach, was er seiner Freundin antworten sollte.

Mewael lag auf dem Rücken. Er starrte an die Decke. Im unteren Bett stöhnte einer der Neuen im Schlaf. Mewael träumte selten. Der letzte Traum, an den er sich erinnerte, lag einige Wochen zurück. Darin war er plötzlich wieder auf dem Fischerboot gewesen, das ihn zusammen mit 300 weiteren Flüchtlingen von der libyschen Küste nach Italien gebracht hatte. Während der Nacht war ein Sturm losgebrochen. Wie viele andere Passagiere konnte Mewael nicht schwimmen. Er war überzeugt gewesen, er würde ertrinken. Im Traum fiel er ins Wasser, kämpfte gegen die Wellen an und ergab sich schliesslich dem Sog der Tiefe. Er war keuchend aufgewacht, nassgeschwitzt und mit rasendem Puls. Als Erstes hatte er den Regen gehört, der gegen die Glasscheiben trommelte. Seither hatte er erstaunlich ruhig geschlafen.

Damit wäre es nun vorbei. Nur die Unschuldigen schliefen ruhig. Jenen, die etwas auf dem Gewissen hatten, raubte es den Schlaf. Mewael faltete die Hände. Das Heftpflaster hatte sich am Rand eingerollt. Er strich es glatt. Er musste es noch einige Tage tragen. Das Bettgestell quietschte, als er sich auf die Seite drehte. Er war froh, eines der oberen Betten erhalten zu haben. In der Höhe fühlte er sich sicherer, auch wenn es eine trügerische Sicherheit war. Neben ihm zuckte der Somalier im Schlaf. Vom Arzt hatte er Medikamente bekommen, sie machten ihn müde. Auch tagsüber lag er im Bett. Mewael fragte sich, wer den Platz des Somaliers nach dessen Ausschaffung einnähme.

Ein Spaziergänger fand die Leiche, als sich der Himmel rosa färbte. Die Schuhe waren nass vom Tau, die Augen verquollen vom Schlaf. Er hätte den Körper für einen liegenden Baumstamm gehalten, hätte sein Hund nicht plötzlich angegeben und nicht mehr mit Bellen aufgehört. Der Hinterkopf des Mannes war seltsam unförmig, das Gras darunter dunkel. Später schnappte der Spaziergänger auf, wie der Rechtsmediziner etwas von «stumpfer Gewalt» sagte. Da stand die Sonne schon hoch am Himmel, und das rot-weisse Absperrband flatterte in der Brise. Kriminaltechniker in Schutzanzügen durchkämmten den Park, sammelten Zigarettenkippen ein und fotografierten den Boden. Einer filmte die Umgebung.

Das Verbrechen übte eine seltsame Faszination auf den Spaziergänger aus. Nachdem er eingehend von einem Polizisten befragt worden war, kehrte er an den Tatort zurück. Die Kriminaltechniker waren weg, das Zelt über der Stelle, wo die Leiche gelegen hatte, abgebrochen. Der Spaziergänger spürte, wie Enttäuschung in ihm aufstieg. Seit den Dreharbeiten zum Bodensee-«Tatort» war nichts Vergleichbares in Kreuzlingen geschehen. Damals hatte er gebannt beobachtet, wie die Villa Bellevue in ein Bankgebäude verwandelt worden war und die Filmcrew den deutschen Zoll aus Gründen, die er nicht verstand, auf die Schweizer Seite verlegt hatte. Sogar die Bodensee-Arena hatte als Schauplatz gedient.

Der Mann, den er im Morgengrauen gefunden hatte, war kein Schauspieler gewesen. Er war wirklich ermordet worden.

Von einem Täter, der sich vermutlich noch auf freiem Fuss befand. Der Spaziergänger liess seinen Blick über den Park schweifen. Die Dämmerung setzte ein. Vielleicht, dachte er, wäre es schlauer, nach Hause zu gehen. Er vergrub die Hände in den Taschen seiner Jacke und machte sich auf den Weg. Immer wieder blickte er über die Schulter.

«Sie sind doch Mewael Yemane?», fragte der Polizist.

Mewael nickte müde. Die Befragung dauerte bereits drei Stunden. Er versuchte, sich zu konzentrieren, um keinen Fehler zu machen. Er wollte nicht ins Gefängnis, das hätte er nicht ausgehalten. Lieber würde er sterben. Zwar hiess es, die Zustände in den Schweizer Gefängnissen seien nicht mit jenen in seiner Heimat zu vergleichen, aber Mewael würde es nicht darauf ankommen lassen.

«Erklären Sie mir, wie Ihre Fingerabdrücke auf diesen Hammer gelangten.» Der Polizist schob ihm ein Foto eines Hammers über den Tisch.

«Ich weiss es nicht», antwortete Mewael zum wiederholten Mal.

«Wo waren Sie vorgestern zwischen 14 und 17 Uhr?»

«In der Empfangsstelle.»

«Was haben Sie dort gemacht?»

Mewael rieb sich die Augen. «Nichts Besonderes. Ich war müde.»

«Wer kann Ihre Geschichte bestätigen?»

«Jeder, der mich gesehen hat.»

«Wer hat Sie gesehen?»

«Der Sicherheitsangestellte. Er hat mir ein Heftpflaster gegeben.» Mewael hielt seine Hand hoch. «Ich hatte mich geschnitten.»

Ruben nickte. «Das ist richtig.»

«Sind Sie sicher?», fragte der Polizist.

«Ganz sicher», antwortete Ruben. «Er fiel mir auf, weil er die ganze Zeit herumstand. Er versuchte, mich in ein Gespräch über die Schweiz zu verwickeln. Es sei ein schönes Land, hat er gemeint. Aber das gehört nicht zu meinen Aufgaben. Reden, meine ich. Wenn ich mit jedem schwatzen würde ... dazu ist die Seelsorgerin da. Sie haben alle ihre Geschichten, verstehen Sie? Was kann ich dafür, dass sie sich ihr Leben anders vorgestellt haben?»

«Haben Sie Mewael Yemane ein Pflaster gegeben?»

«Ja», bestätigte Ruben. «Auch das gehört eigentlich nicht zu meinen Aufgaben, aber wir haben am Empfang Pflaster und Desinfektionsmittel, für Notfälle, wissen Sie. Er hatte sich geschnitten, nicht schlimm, aber vielleicht konnte er kein Blut sehen. Da habe ich ihm ein Pflaster gegeben. Ich bin schliesslich kein Unmensch.»

«Und Sie sind sicher, dass er die Empfangsstelle zwischen 14 und 17 Uhr nicht verlassen hat?»

«100 Prozent sicher», antwortete Ruben mit kräftiger Stimme.

Rache ist nicht süss. Auch nicht bitter. Sie ist geschmacklos, dachte Mewael. Weder erfüllte der Tod des Schleppers ihn mit Zufriedenheit, noch verspürte er Reue über seine Tat. Eine gewisse Erleichterung war da, das schon. Doch Mewael machte sich nichts vor. Es gab genug skrupellose Menschen, die den freigewordenen Platz einnähmen. Andere Frauen würden vergewaltigt, andere Leichen in der Wüste zurückbleiben. Solange sich mit Verzweiflung Geschäfte machen liessen, solange würde es Menschenhändler geben.

Bald würde er die Empfangsstelle verlassen. Die ersten Gespräche mit den Beamten des Bundesamts für Migration waren gut verlaufen. Noch wurden Deserteure aus Eritrea aufgenommen. An seiner Herkunft gab es keinen Zweifel. Mewael hatte befürchtet, sein Asylgesuch könnte abgelehnt werden, weil er unter Mordverdacht stand. Doch eine Betreuerin hatte ihm versichert, er sei von der Liste der Verdächtigen gestrichen worden. Er hatte ein Alibi.

Obwohl ihm nicht nach Lachen zumute war, stahl sich ein Grinsen auf Mewaels Gesicht. Er dachte an Berhane. Mit seinem fleischigen Kiefer und den schmalen Augen glich sein Freund ihm nicht im Geringsten. Die einzige Gemeinsamkeit zwischen ihnen bestand in ihrer Hautfarbe. Doch sie hatte genügt. Ruben hatte die Wahrheit gesagt, als er behauptete, für ihn sähen alle Schwarzen gleich aus.

ZÜRCHER GOLDKÜSTE

KÖNIGIN DER NACHT
PETER ZEINDLER

«Ihre Aussicht ist bezaubernd! Atemberaubend!» Er stand vorn am Terrassengeländer, das sich über die gesamte Hausfront hinzog, und blickte auf den Zürichsee hinab, der von den letzten Strahlen einer kostbaren Abendsonne vergoldet wurde.
«Bezaubernd. Mehr nicht», sagte sie streng. Sie betrachtete seinen Hinterkopf, der für ihren Geschmack etwas zu steil abfiel. Und die paar Schuppen auf dem Kragen seines dunkelblauen Jacketts waren auch störend. Sie wartete, bis er sich ihr zuwandte. Von vorn wirkte er überzeugender als von hinten. Das wusste sie, seit sie ihn im Foyer des Zürcher Opernhauses zum erstenmal gesehen hatte.

Eine Zufallsbegegnung, aus der sich Gewinn ziehen liess. Der Mann neigte zu Übertreibungen. Die ungefilterte Begeisterung, mit der er sie in der Opernpause von Mozarts «Zauberflöte» begrüsst hatte, wie er ihre Rechte mit beiden Händen umfasst und sich beinahe zu einem Handkuss hatte hinreissen lassen, war ihr sehr unzeitgemäss vorgekommen. Der Mann war ein hoffnungsloser Romantiker. Sein Lächeln jedoch war einnehmend.

Er wandte sich ihr zu und lächelte. Ja, es war präzise dieses Lächeln, an das sie sich erinnerte.

Die Sonne war untergegangen. Die Dämmerung kroch durch die Rebberge und Hügel zu ihnen hinauf und nistete sich zu ihren Füssen ein. Die Landschaft verwandelte sich in ein Lichtermeer. Das gegenüberliegende Ufer des Zürichsees präsentierte sich als festlich illuminierter Corso: Thalwil–Horgen–Wädenswil.

Er streckte die Arme aus, wie der Papst an Ostern: Urbi et orbi.

«Ich verspüre Allmachtsgefühle», sagte er. Er blickte verzückt.

«Ich verstehe Sie nicht, Egon», sagte sie.

Zum erstenmal hatte sie ihn mit Vornamen angesprochen. Aber vielleicht nur deshalb, weil sie sich seinen Nachnamen nicht merken konnte oder wollte. Ein Familienname mit vielen Knacklauten. Völlig unerotisch. Kettelhack oder ähnlich.

«Schauen Sie dieses Lichtermeer! Sie haben die Finsternis besiegt. Sie haben die Nacht verklärt. Sie haben die Welt vergoldet», schwärmte er.

«Also sind Sie doch ein Romantiker.»

Er tat einen Schritt auf sie zu und blieb dann stehen. Sie rührte sich nicht. Sie war sich plötzlich nicht mehr sicher, ob es ein guter Gedanke gewesen war, diesen Mann, den sie kaum kannte, zu sich nach Hause einzuladen. Was für ihn sprach: seine Begeisterung für die Oper. Und als sie damals in der Pause der «Zauberflöte» scheinbar beiläufig erwähnt hatte, dass sie selbst ausgebildete Sängerin sei, hatten sich seine Züge verklärt. Dieses Lächeln.

«Ich liebe die Nacht. Die schwarze Nacht!», flüsterte sie.

Er liess die Arme sinken. Eine strenge Falte durchzog seine Stirn in der Horizontalen.

«Gegensätze ziehen sich an», sagte er endlich. Es klang heiser.

Das war ein Antrag, dachte sie. Sie musste ihn auf Distanz halten. Vorläufig.

«Meine Lieblingsrolle: die sternflammende Königin.»

«Bitte?»

Er wusste offensichtlich nicht, wen sie meinte. Sie gab sich enttäuscht.

«Ich dachte, Sie sind ein Opernliebhaber.»

«Ein Liebhaber, kein Kenner.»

Wie er das wohl meinte? Doppeldeutig?

«Wir haben uns doch in der Pause der ‹Zauberflöte› kennengelernt. Die Königin der Nacht: für mich ein Rollendébut. In einem Monat in ...»

«Sie singen die Königin der Nacht?», unterbrach er sie aufgeregt.

Er umarmte sie. Sie liess es geschehen. Der süssliche Duft seines Herrenparfums irritierte sie. Sie löste sich aus seiner Umarmung und trat ans Balkongeländer. Er folgte ihr.

«Ich liebe Sie, Sabina», flüsterte er. «Sie sind meine Königin der Nacht.»

Die Nacht lebte. Überall diese Lichter, die menschliche Gegenwart signalisierten, Traulichkeit, Gemütlichkeit. Das passte weder zu ihrer seelischen Grundstimmung, noch zu ihrer Rolle. Und sein Liebesbekenntnis kam etwas sehr schnell. Sie holte Atem und begann zu singen: «Der Hölle Rache kocht in meinem Herzen ...» Dann brach sie unvermittelt ab.

«Nein! Es geht nicht. Schauen Sie diese Lichter da unten! Diese falsche Traulichkeit. Das passt nicht zu meiner Rolle. Ich brauche die Nacht, pechschwarz, bedrohlich, tödlich. Sonst werde ich dieser Rolle nie gerecht werden. Und davon hängt meine Karriere ab.»

Ihre Stimme versagte. Zum Schluss blieb nur noch eine hilflose Kinderstimme übrig. Er war gerührt. Die Königin der Nacht hatte menschliche Züge.

«Sabina», flüsterte er.

Sie spürte den Ansatz seines Bauches an ihrem Rücken. «Helfen Sie mir!», raunte sie ihm zu.

«Wie kann ich Ihnen denn helfen?»

Unten auf dem See zog ein neonbeleuchtetes Passagierschiff seine Bahn. An Bord wurde getanzt.

«Sie haben doch irgendwie mit Elektrizität zu tun», sagte sie beschwörend.

Er lachte in sich hinein. Er stand jetzt neben ihr und legte ihr den Arm um die Schulter. Zusammen schauten sie dem Schiff nach, das seeaufwärts fuhr.

«Irgendwie?», fragte er. «Ich bin Dispatcher beim kantonalen Elektrizitätswerk.»

«Bitte? Dis – was?»

«Leitstellenführer. Ich weiss, der Ausdruck ‹Führer› hat einen Hautgout.»

«Hautgout?» Sie verzog den Mund.

«Eigentlich wäre ich gern Musiker geworden. Dirigent. Was muss es doch für ein Gefühl sein, vor einem Orchester zu stehen und diesen ganzen Apparat zur Verfügung zu haben, ihn zum Leben zu erwecken.»

«Allmachtsgefühle? Meinen Sie es so?»

Er nickte zögernd. Er schien nachzudenken. Sein Arm glitt von ihrer Schulter. Sie zuckte zusammen. Sie musste verhindern, dass er auf Distanz ging.

«Egon!»

Sie griff nach seiner Hand. Er schaute sie zuerst erstaunt an, dann zeigte er endlich wieder sein Lächeln.

«Sabina!»

«Vorhin hast du doch auch Allmachtsgefühle verspürt. Angesichts des Lichtermeers zu deinen Füssen.»

Sie duzte ihn. Er nahm es offensichtlich beglückt zur Kenntnis.

«Ja, es gibt solche Augenblicke wie vorhin. Als es dämmerte, als die Welt um mich herum in Düsternis versank und dann plötzlich überall die Lichter angingen. Da erfüllte mich ein Glücksgefühl. Es ist dasselbe Gefühl, das ich in der Leitstelle vor meinem Computer habe. Dann bin ich wirklich der Dirigent vor dem Orchester. Allmachtsgefühle, ja.»

Er wiederholte sich. Sie legte den Kopf an seine Schulter. Sein süssliches Herrenparfum hatte sich etwas verflüchtigt.

«Egon.»

Diesmal klang es flehend, und eigentlich ärgerte sie sich über ihren kindlichen Ton, der weder zu ihrer Person noch zur Rolle der Königin der Nacht passte.

Er schaute sie verwundert an. Seine Augen verschwammen, als er sie auf den Mund küsste. Sie liess es geschehen, aber nur kurz. Dann löste sie sich aus seiner Umarmung, stellte sich so hin, dass sie die Terrassenbrüstung im Rücken hatte und dem stürmischen Liebhaber ihre verführerische Silhouette vor der hell erleuchteten Kulisse im Hintergrund präsentierte.

Er wirkte beeindruckt, ja gerührt.

«Ich liebe dich», flüsterte er, wagte aber anscheinend nicht mehr, sie zu küssen.

«Das ist schön», sagte sie leise. «Aber kann ich es auch glauben?»

Er hob beschwörend die Hände.

«Natürlich. Wie kann ich es dir denn beweisen?»

«Wie?», fragte sie gedehnt, schritt so nahe an ihm vorbei, dass er beinahe das Gleichgewicht verlor. Er schaute ihr verwirrt nach, als sie ins Wohnzimmer schwebte und dort eine Kerze anzündete. Dann ging sie zu einem Tischchen, griff zur Champagnerflasche, die in einem silbernen Kübel bereitstand, und kehrte wieder zu ihm auf den Balkon zurück.

«Wollen wir?»

«Was wollen wir?»

Er war noch verwirrter als vorhin. Er stotterte leicht.

«Anstossen.»

Er zögerte. «Worauf?»

Sie streckte ihm stumm die Champagnerflasche entgegen. Er umfasste sie zögernd, streichelte versonnen deren Bauch und machte sich dann am Verschluss zu schaffen. Er drehte und drehte. Sie schaute ihm dabei zu. Er ist kein Partylöwe, dachte sie. Er stellt sich viel zu unbeholfen an. Und schon knallte es, der Pfropfen schoss aus dem Flaschenhals und flog ins Dunkel der Frühlingsnacht. Er stand benommen und hilflos da, die Flasche schräg auf Bauchhöhe. Es war keine Siegerpose. Ihre Assoziation eines Formel-1-Piloten auf dem Siegerpodest schwand, als sie bemerkte, dass der Champagner nicht wegspritzte, sondern müde aus dem Flaschenhals tropfte. Da waren keine Allmachtsgefühle zu erkennen.

«Im Umgang mit Champagner bist du kein Experte», sagte sie mit sanfter Stimme und nahm ihm die Flasche ab.

«Ach, weisst du, in unseren Kreisen ...»

Er beendete den Satz nicht. «Unsere»! Er war hinter einer anonymen Menge von Kollegen in Deckung gegangen. Ein Bier trinkender Feigling! Sie musste ihn provozieren. Sie ging ins Wohnzimmer und kam mit zwei Champagnerkelchen in den Händen zurück. Er hatte sich wieder gefangen, hielt den Flaschenboden mit einer Hand umklammert, stützte mit dem Zeigefinger der rechten Hand den Flaschenhals, schenkte vorsichtig ein und stellte die Flasche dann auf die Balkonbrüstung.

«Auf unsere ...»

Die Kelche wollten nicht klingen. Er schaffte es nicht, diesen bedeutungsschweren Satz zu Ende zu bringen.

« ... Liebe», ergänzte sie lächelnd. «Das heisst ...»

Sie liess das Ende ihres Satzes ebenfalls in der Schwebe. Er leerte hastig seinen Kelch und schenkte nach. Er trank sich Mut an. Endlich stellte er die entscheidende Frage:

«Du glaubst mir nicht? Wie kann ich dir denn beweisen, dass ich dich liebe?»

«Ich bin die Königin der Nacht», flüsterte sie beschwörend. «Die Finsternis ist mein Element. Doch wenn ich hier auf dem Balkon stehe und die vielen Lichter sehe, fühle ich mich ohnmächtig. Dann gelingt es mir nicht, die Gefühle in mir zu wecken, die diese Rolle ausmachen. Dann bin ich eine von vielen Sängerinnen, die diesen Part singen. Allmachtsgefühle, das ist es, Egon. Aber die stellen sich nur ein, wenn mich die totale Finsternis umgibt. Und nur dann schaffe ich vielleicht den Sprung ans Zürcher Opernhaus. Nur dann wird man von mir reden. Verstehst du?»

Er nickte. «Meine Gegenwelt», sagte er leise. «Die Finsternis.»

«Du hast mich verstanden, Egon!»

Sie umarmte ihn.

«Du meinst ...?»

Er zögerte.

«Ja», sagte sie schnell. «Drei Minuten, knappe drei Minuten lang! Du allein kannst mir helfen! Meine Karriere liegt in deiner Hand!»

Er versteifte sich wieder. Sie knabberte an seinem Ohrläppchen.

«Drei Minuten totale Finsternis?»

«So lange dauert meine Arie. Ich werde im Salon stehen, hinter geschlossenen Vorhängen. Und dann beginne ich zu singen. Das Licht geht aus, und wenn ich langsam zum Fenster gehe, die Vorhänge aufreisse, sehe ich vor mir nur dunkle Nacht, keine Lichter – die totale Finsternis. Und ich werde meine Koloraturen wie Raketen in die Nacht katapultieren.»

Sie spürte, wie er sich von ihrer Euphorie anstecken liess. Er drückte sie an sich.

«Ich bin in deiner Hand, du Herrscher über Licht und Finsternis.»

Er zuckte zusammen. Es hatte ihm wohl zu theatralisch geklungen.
«Ja, Geliebte. Ich werde es für dich tun. Drei Minuten totale Finsternis. Von der Leitstelle aus werde ich über meinen Computer die Unterwerke von Horgen, Wädenswil, Herrliberg und Zumikon spannungsfrei schalten.»
«Grossartig. Was bis du doch für ein Mann!»
Sein Griff lockerte sich. Er trat einen Schritt zurück.
«Und dein Liebesbeweis?», fragte er nach einer langen Pause.
Sie war überrascht. Sie hatte nicht mit Geschäft und Gegengeschäft gerechnet. Sie überlegte.
«Mein Hausschlüssel.»
«Was für ein Liebesbeweis!»
Zusammen traten sie an die Terrassenbrüstung und schauten auf die vielen Lichter, die den Zürichsee säumten. Er atmete hörbar ein. Es dauerte mehrere Sekunden, bis er die Luft wieder ausstiess. Es klang, wie wenn ein Pferd schnaubte. Ernüchternd.
«Und wann?» Seine Stimme klang heiser.
«Ach so.»
Sie tat, als ob sie überlegte. «Am kommenden Samstag? Um zehn Uhr? Ja. Punkt zehn Uhr nachts. Für drei Minuten? Willst du es für mich tun? Für uns?»
Er nickte stumm. Den Rest des Abends sprachen sie nicht mehr über dieses Thema. Sie hörten sich eine Aufnahme der «Zauberflöte» an, sassen Hand in Hand auf dem Sofa, küssten sich ab und zu scheu wie Teenager. Und als der Schlusschor verklungen war, «Heil sei euch Geweihten! Ihr dränget durch die Nacht», stand er auf und verabschiedete sich, ohne dass sie ihre Liebe weiter zelebriert hätten. Er war sich wohl bewusst, dass er zuerst seinen Liebesbeweis zu liefern hatte, bevor sie ihre Liebe auch leben konnten.

Als er weggegangen war, sass sie noch immer am selben Platz auf dem Sofa und starrte auf die Einladungskarte auf dem Salontisch, von der ein zarter Rosenduft aufstieg. Sie biss sich auf die Lippen. So viel Geschmacklosigkeit hätte sie ihrem Ex-Mann nicht zugetraut: Sie über die offizielle Verlobung mit seiner neuen Flamme, einem bekannten Model, zu informieren! Wer verlobt sich denn heute noch?! Damals hatte er sie auf direktem Weg zum Standesamt geschleppt. Sie hatten diesen prosaischen Akt im Eiltempo absolviert, und gefeiert hatten sie anschliessend in kleinstem Kreis. Und nach zwei Jahren hatten sie sich bereits getrennt. Er hatte sich als Kulturbanause geoutet und versucht, ihr die Sängerinnenkarriere auszureden. Immerhin hatte er ihr das herrschaftliche Haus auf der Sonnenseite des Zürichsees, an der sogenannten Goldküste, überlassen. Und in seiner verwaisten Nachttischschublade hatte er ihr seine Militärpistole zurückgelassen: «Für alle Fälle!»

Sie hatte das rosafarbene Zettelchen mit dieser ominösen Warnung sogleich zerrissen und entsorgt.

«Um zehn Uhr nachts besiegeln wir unsere Liebe im Beisein unserer Freunde und der Vertreter der Medien mit einem langen innigen Kuss.»

Das war sein erstes Lebenszeichen seit damals. Ein Kuss für die Ewigkeit, der seine neue Geliebte zum Medienthema machen sollte. Natürlich hatte er sie, seine Ex-Frau, zu diesem Akt in einem Nobelrestaurant unten am See nicht eingeladen. «Zur Information», hatte er mit seiner grössenwahnsinnigen Schrift auf die Rückseite der Karte geschrieben. Ein Versuch, sie zu demütigen.

«Der Hölle Rache kocht in meinem Herzen», sang sie leise als Antwort auf diese Provokation.

Am Samstag also!

Die Dämmerung senkte sich über den See. Sie hatte Austern gegessen und Champagner getrunken. Dann hatte sie eine halbe Stunde vor dem Spiegel gesessen und ihre Maske anprobiert. Nach langem Zögern hatte sie die Pistole aus der Nachttischschublade geholt und sie nachdenklich betrachtet. Sie würde am Schluss ihres Auftritts einen Schuss in die Verlobungsnacht ihres Ex-Mannes feuern!

Um ein Viertel vor zehn Uhr zog sie die Vorhänge. Sie war ganz in Schwarz gekleidet. Sie stand unbeweglich im gedimmten Licht der Stehlampe. Alles war perfekt getimt. Unten am See hatten sich die Gäste wohl erhoben. Ein Tusch war angesagt. Und ihr Ehemaliger spitzte bereits die Lippen, um den Verlobungskuss pünktlich zu plazieren. Und als sie durch den Vorhang gedämpft das ferne Schlagen der Kirchenglocken hörte, setzte in ihrem Rücken auch schon das Orchester ein, und sie begann zu singen: «Der Hölle Rache kocht in meinem Herzen, Tod und Verzweiflung flammet um mich her ...»

Mit dem zehnten Glockenschlag wurde es plötzlich dunkel in ihrer Wohnung, und auch die Musik brach ab. Sie unterdrückte einen Schrei. Egon hatte seinen Liebesbeweis erbracht. Und sie hatte ihre Rache. Sie stellte sich vor, wie ihr Mann die Lippen zum Kuss geschürzt hatte und es dann auf einen Schlag dunkel wurde. Sie richtete sich auf, holte tief Luft und sang ohne Orchesterbegleitung, wie sie noch nie in ihrem Leben gesungen hatte. Noch immer stand sie hinter dem geschlossenen Vorhang, die Pistole in der Linken. Sie schloss die Augen und riss den Vorhang auf: Finsternis, totale Finsternis! Ihre Stimme kringelte sich in ungeahnte Höhen: «Zertrümmert sei'n auf ewig alle Bande der Natur ...» Sie öffnete die Augen. Ihre Stimme versagte. Zu ihren Füssen das vertraute Bild: flimmernde Lichter allüberall.

«Verzeihung», hörte sie Egons Stimme in ihrem Rücken raunen. «Ich habe die Hauptsicherung im Keller ausgeschaltet. Mehr konnte ich nicht tun. Ich habe vergessen, dass unser Werk in diesem Frühjahr das 100-Jahr-Jubiläum feiert. Ich habe es nicht übers Herz gebracht, alle Lichter auf einen Schlag zu löschen. In diesem Jubeljahr! Kannst du mich verstehen? Und abgesehen davon: Mein Eingreifen wäre dokumentiert worden.»

«Und? – Verräter!», schrie sie in die Nacht hinaus.

«Ich bin kein Verräter, Sabina. Liebe oder Verrat an meinem Beruf, das war die Alternative.»

«Es gibt keine Alternative zur Liebe!»

«Ach, diese vielen Lichter! Wie schön», sagte er mit feierlicher Stimme.

Er versuchte, ihr den Hausschlüssel in die Hand zu drücken. Sie liess ihn fallen. Er drehte sich um und ging schnell davon, hinaus in die hell erleuchtete Nacht, wo unten am See Sabinas Ex-Mann mittlerweile wohl den Kuss für die ganze Welt im Licht der Scheinwerfer zelebriert hatte.

«Männer! Männer!»

Ihre Stimme klang schrill, überschlug sich.

Sie hob die Pistole und zielte auf die Umrisse des Mannes, der sie verraten hatte.

«Feigling! Alles Feiglinge!»

Sie drückte ab. Sie hörte einen Schrei und dann die hektischen Schritte eines fliehenden Mannes.

Ein Schlag ins Wasser. In jeder Hinsicht!

«Und am Schluss überleben sie!»

Die Sängerin schob den Lauf der Pistole in ihren geöffneten Mund und drückte ab.

FRIBOURG

HEUTE ABEND IN F.
SUSY SCHMID

Die Geschichte ist zum Vorlesen gedacht.

Bitte verzeihen Sie mir. Wenn es einen anderen Weg gäbe, hätte ich ihn eingeschlagen. Aber ich sehe keine Alternative.

Es liegt mir wirklich daran, dass Sie alle mir vergeben. Und wir haben noch ein paar Minuten Zeit, glaube ich, daher möchte ich Ihnen erzählen, wie es so weit hat kommen können.

Sie müssen wissen: Ich bin arm. Ich hoffe, man sieht es mir nicht an. Ich habe sehr wenig Geld für Kleider, Schuhe und Make-up zur Verfügung, aber ich achte darauf, immer mindestens einen präsentablen Jupe und eine Ausgangsbluse im Schrank zu haben, für Auftritte wie den heutigen.

Gott sei Dank ist man in der Schweiz auf hohem Niveau arm. Anderswo verhungern arme Leute am Strassenrand. Aus verschiedenen Gründen ist diese Gefahr bei mir nicht akut. Ich bin gegen alles Mögliche versichert, bin Mitglied einer Krankenkasse, die Prämien brechen mir beinahe das Genick. Ich habe keinerlei Schulden. Aber ich habe auch keinerlei Erspartes; überhaupt kein Geld auf der Bank. Sollte mir ein Zahn abbrechen oder sollte es meinem Vermieter in den Sinn kommen, monatlich auch nur fünfzig Franken mehr von mir zu verlangen, hätte ich ein Riesenproblem. Ende Monat geht immer alles knappstens auf, aber es ist zermürbend, so zu leben, und ich bin nicht mehr jung.

Ursprünglich habe ich eine kaufmännische Lehre gemacht. Ich arbeitete hundert Prozent, konnte etwas Geld sparen, mir mal eine Reise leisten. Über lange Zeit war mein Leben auf Kurs, zumindest beruflich lief fünfzehn Jahre lang alles bestens. Bis ich die Stelle wechselte und an eine Vorgesetzte geriet, die mich mobbte bis aufs Blut. Das Resultat, nach zweieinhalb Jahren, waren ein Burn-out und (nach einigem Hin und Her) eine halbe IV-Rente sowie ein monatlicher Beitrag meiner Pensionskasse.

Ich gab mein Erspartes für Weiterbildung aus, machte ein Englischdiplom und begann, Erwachsenen Privatstunden zu erteilen, bei mir zu Hause am Esstisch. Sofort ging es mir körperlich und seelisch besser. Ich arbeite sehr viel lieber bei mir daheim als in einem Grossraumbüro; ich bin ganz gerne allein, bin aber nicht in Gefahr zu vereinsamen, weil jeden Tag ab vier Uhr nachmittags Schüler bei mir läuten, die ich hereinbitte, um ihnen Tee zu servieren und sie den Unterschied zwischen dem «past simple» und dem «present perfect» zu lehren. Einmal, dreimal, siebenmal, bis sie alles begriffen haben. Sprachlehrerin ist kein Job für Ungeduldige.

Mehrere Jahre lang florierte mein Geschäft. Meine Schüler empfahlen mich weiter, und da ich sorgfältig budgetierte, konnte ich mir sogar eine etwas teurere Wohnung leisten. Ich zog von Schönberg an die Rue de la Lenda.

Wenn man öfters in der Wohnungstür Männer verabschiedet und dabei auch einmal sagt: «Oh, du hast ja noch nicht bezahlt!», kann das bei zufällig auftauchenden Nachbarn zu völlig falschen Vorstellungen darüber führen, womit man sich den Lebensunterhalt verdient. Dann muss man den Leuten eben erklären, dass der Herr, dem sie gerade auf der Treppe begegnet sind, so selig dreinschaue, weil er soeben den englischen Komparativ erläutert bekommen und verstanden habe.

So habe ich Michelle kennengelernt, meine Nachbarin auf derselben Etage. Wir freundeten uns an und begannen bald, regelmässig miteinander Kaffee zu trinken. Michelle war schwanger und bat mich, die Gotte ihres Kindes zu werden, das sie allein grossziehen müsse. Ich freute mich sehr und legte Geld für ein Goldvreneli als Taufgeschenk zur Seite.

Schwangere Frauen sehen bekanntlich überall andere schwangere Frauen. Wahrscheinlich war es ein Fall von Überidentifikation, dass nun plötzlich ich überall Babybäuche sah. Das Phänomen war so ausgeprägt, dass ich es in einem E-Mail an eine Kollegin erwähnte, nicht ohne mir bei der Formulierung Mühe zu geben und das Ganze ein wenig auszuschmücken. Als ich das Mail am Schluss noch einmal durchlas, musste ich selber lachen. Ich sandte es ab, druckte es aus und gab es Michelle zu lesen, die sich am Ende ächzend und kichernd ihren geschwollenen Bauch hielt und fand, so etwas Lustiges müsse man unbedingt irgendwo veröffentlichen.

Im Koffein-Hoch nach der Kaffeepause sandte ich eine geringfügig abgeänderte Fassung an die Redaktion der «Freiburger Nachrichten». Zu meiner Überraschung erhielt ich umgehend Antwort: Die Zeitung wolle meinen Text als Glosse abdrucken; im übrigen würde sich die Feuilleton-Verantwortliche freuen, ab sofort einmal im Monat etwas Ähnliches von mir zu publizieren. Ob ich mit dem genannten Honorar einverstanden sei? Ich war ziemlich baff und fühlte mich ausgesprochen geschmeichelt. Das Honorar war nicht enorm, aber willkommen, umso mehr, als ich im Monat zuvor zwei Schüler verloren hatte. Sehr interessant hingegen war, um wie vieles freundlicher ich nach und nach auf der Strasse gegrüsst und in den Läden bedient wurde. Das briefmarkengrosse Porträt, das meiner Kolumne jeweils beigestellt wurde, zeigte Wirkung.

Michelles Tochter Aurélie kam zur Welt, das niedlichste Baby weit und breit und natürlich hochintelligent, ihre Mutter und ich waren uns einig. Weil Michelle bald wieder halbtags arbeiten ging und keine Grosseltern zur Verfügung standen, vereinbarten wir, dass ich mich zwei Tage die Woche um Aurélie kümmern würde. Es wurden auch einmal drei, aber wir alle waren mit dem Arrangement ausserordentlich zufrieden.

Nun, da ich regelmässige Kolumnistin war, schien es mir nur anständig, die «Nachrichten» auch zu abonnieren. Ich lese sie jeden Tag konzentriert, mit Ausnahme der Ressorts «Wirtschaft» und «Sport». Allmählich jedoch wucherten damals die Wirtschaftsnachrichten über den ihnen zugedachten Zeitungsbund hinaus und nahmen ganze Titelseiten ein: Die Bankenkrise hatte begonnen. Was mich unvermutet und in katastrophaler Weise persönlich betraf – statt dreizehn Schüler hatte ich innert weniger Wochen nur noch fünf. Zwei Bankangestellte hatten ihren Job verloren und die Englischstunden aufgegeben. Das konnte ich noch einigermassen hinnehmen. Dass aber vier ihrer Kollegen beschlossen, jetzt, da die Bank keine Weiterbildung mehr bezahlte, ebenfalls keine Lektionen mehr zu nehmen, enttäuschte mich doch sehr. Und dass gleichzeitig ein Ehepaar, welches seit vier Jahren zu mir kam, nun das Gefühl hatte, genug Englisch zu können, um fortan in Kanada Huskies zu züchten, fand ich nur noch ironisch.

Noch hatte ich etwas Geld auf der Bank. Ich gab einen Teil davon für Werbeinserate aus und liess 200 Flyer drucken, die ich in die Briefkästen der Nachbarschaft verteilte. Das einzige Resultat war der Kontakt zu einem älteren Herrn, der nach einer Gratis-Probelektion entschied, es mache ihm doch zu viel Arbeit, Englisch zu lernen.

In einem Anfall von Panik gab ich 200 Franken für Konserven und andere haltbare Lebensmittel aus, kaufte ein Paar solide Schuhe und einen Wintermantel. Ich buchte eine zehntägige Last-Minute-Reise in die Südtürkei, da mir schwante, dass Derartiges in Zukunft nicht mehr möglich sein würde.

Dann war das Konto leer. Der Erholungswert der Reise war gleich null. Ich sass vorwiegend mit einem Taschenrechner am Swimmingpool und entwarf Budgets von himmelschreiender Armseligkeit. Ich würde in Zukunft, wenn keiner meiner Englischschüler krank oder in den Ferien war, pro Woche 200 Franken zur Verfügung haben, um Essen und Trinken, Kleidung und Schuhe, Busabonnement, Freizeit, Ausgang und Ferien zu bezahlen. Wobei ich mir die beiden letzteren von vornherein ans Bein streichen konnte.

Für ein wenig Spielraum würden lediglich meine Nebeneinkünfte sorgen: das bisschen, was mir Michelle fürs Kinderhüten bezahlen konnte, das Glossenhonorar einmal im Monat und die Gage für die Lesungen ab und zu, welche ökumenische Frauenvereine oder ländliche Bibliotheken begonnen hatten, mir anzutragen, eben jener Zeitungsartikel wegen.

All meine Befürchtungen bewahrheiteten sich. Ich begann, von der Hand in den Mund zu leben. Manchmal schaffte ich es, das Ganze sportlich zu nehmen und beim Wocheneinkauf fröhlich Schnäppchen zu jagen; immer öfter aber war ich nur noch deprimiert. Jedesmal, wenn das Telefon klingelte, fürchtete ich, einer meiner Schüler wolle seinen nächsten Termin absagen. Oft genug passierte genau das. Ich hätte die Leute jeweils gern gefragt: «Und womit soll ich morgen einkaufen gehen?» Die Antwort wäre wahrscheinlich gewesen: «Äh ... mit dem Wägeli?» – Verständnis für wenig Verdienende ist bei uns nicht verbreitet.

Eines Vormittags studierte ich die Zeitung, während Aurélie zufrieden auf dem Wohnzimmerboden Holzkühe hütete. Der «Säli-Mörder» hatte das vierte seiner unerklärlichen Verbrechen begangen, der Artikel war lang und spannend, und flüchtig ärgerte ich mich, als mittendrin das Telefon läutete. Ein Herr war dran. Er stellte sich mit Gusti vor. Ich weiss bis heute nicht, ob er August oder Gustav heisst. Er suche eine

Englischlehrerin. Ob ich freie Kapazitäten hätte? Ich bejahte und versuchte, nicht so hoffnungsvoll zu klingen, wie ich mich fühlte.

«Natürlich möchte ich zuerst einmal eine Probelektion», erklärte Gusti, «aber ich denke, wir werden uns gut verstehen. Falls wir uns einigen können, würde ich gern zweimal die Woche zu Ihnen kommen. Ich brauche einen Intensivkurs. Sie sind die Dame, die diese witzigen Kolumnen schreibt, oder?»

Wir vereinbarten einen Termin, gleich am nächsten Tag. Ich legte auf, küsste Aurélie ab, jonglierte ihr mit zwei Stück Grossvieh etwas vor, warf die Pläne für ein gesundes Mittagessen über den Haufen und kochte uns zur Feier des Tages stattdessen Griessbrei. Am Abend assen wir, was übriggeblieben war, dazu Alibi-Gemüsesuppe. Michelle kam dazu und liess sich auf den dritten Stuhl am Küchentisch fallen. «Scheisstag! Wie ging noch dieser Witz, wo die armen Seelen in der Hölle nicht mehr ihresgleichen piesacken, sondern allesamt im Call-Center arbeiten müssen? Hier, ich hab mir eine ‹Liberté› gekauft. Drei Seiten über den Säli-Mörder. Diesmal hat scheint's jemand überlebt.»

Tatsächlich, las ich ein Weilchen später, allein am Tisch, hatte man am Ort des jüngsten Gemetzels, im Hinterzimmer eines Restaurants in Langnau im Emmental, nebst dreizehn Toten eine schwerverletzte junge Frau gefunden, die noch atmete. Man erhoffe sich zu gegebener Zeit Aufschluss über den Tathergang von ihr, hiess es, bisher habe man ihr lediglich entlocken können, alles sei im Dunkeln vonstatten gegangen, und man möge sie doch um Gottes willen bei Licht schlafen lassen. Was insofern plausibel schien, als man an allen Tatorten sämtliche Lampen zertrümmert vorgefunden hatte. Vielleicht benutzte der Säli-Mörder ein Nachtsichtgerät.

Der Spitzname leitete sich von der schweizerdeutschen Verkleinerungsform von «Saal» ab, der Bezeichnung für einen separaten Raum in Gaststätten, den man für geschlossene Gesellschaften reservieren kann. Im Säli finden Hochzeitsessen statt, Lottoabende, Vereinstreffen, kulturelle Veranstaltungen.

Drei seiner Massaker hatte der Säli-Mörder in solchen Lokalitäten verübt, eines in einem Kirchgemeindehaus. Die Tatorte lagen auf einer einigermassen geraden Linie, die vom Nordosten der Schweiz nach Südwesten führte: St. Margrethen, Lichtensteig im Toggenburg, Baar, Langnau im Emmental. In der «Liberté» war eine Karte abgedruckt, auf der man die vier Gemeinden durch eine Gerade miteinander verbunden und diese hilfsbereit bis in die Gegend von Fribourg verlängert hatte.

Die Opfer waren Erwachsene jeden Alters, die zusammengekommen waren, um eine Verlobung zu feiern (St. Margrethen), um die bei einem Wettbewerb eingereichten Kurzgeschichten zu jurieren (Lichtensteig), um einen Vortrag über Lichtsmog und seine Auswirkungen auf die Vogelwelt zu hören (Baar) oder um zu erfahren, wie positiv sich das Umstellen von Möbeln und die Anschaffung eines Zimmerbrunnens auf ihr Leben auswirken könnte (Langnau im Emmental). Man hatte sie alle mit Messerstichen getötet oder ihnen die Kehle durchgeschnitten. Unverständlich blieb, wie der Mörder es zuwege brachte, dass jeweilen etwa ein Dutzend Leute diszipliniert und gottergeben auf Stühlen und Eckbänken sitzend darauf wartete, selber an die Reihe zu kommen, während eine Armeslänge entfernt Freunde und Ehepartner niedergemacht wurden. Darauf nämlich deuteten alle Spuren hin. Abwehrverletzungen an Händen oder Unterarmen fehlten fast vollständig. Es hatte keinen Lärm gegeben, keine Schreie, keine Fluchtversuche.

Inzwischen sind wir natürlich alle ziemlich nervös. Grössere Veranstaltungen werden von Polizisten oder privaten Sicherheitskräften bewacht. Letzte Woche hat ein lokaler Trachtenverein einen Scherzbold beinahe gelyncht. Rufe nach einem Versammlungsverbot sind laut geworden.

Ich bin Ihnen daher ganz besonders dankbar, dass Sie alle sich nicht vom Besuch meiner Lesung haben abhalten lassen, auch wenn für uns kein Security-Personal übriggeblieben ist, da heute abend in unserer Stadt zwölf andere Anlässe sowie ein internationaler Kongress von Spielkartenherstellern stattfinden.

Gusti, meine Damen und Herren, war von seiner Probelektion sehr angetan. Seit drei Monaten kommt er jeden Dienstag und Freitag; er sagt praktisch nie eine Stunde ab. Gusti hat meinen Lebensstandard deutlich gehoben: Ich gehe wieder regelmässig ins Kino und esse ab und zu mit einer Freundin in einem gediegenen Restaurant. Ich muss im Supermarkt nicht immer nach den billigsten Spaghetti suchen und bin generell viel entspannter.

Vor ein paar Tagen, beim Kaffee, fragte mich Michelle: «Dann macht er also Fortschritte im Englisch, dieser Gusti?»

«Ja, natürlich», antwortete ich. «Enorm. Er ist sehr begabt und fleissig.»

Das war gelogen. Möglicherweise. Vielleicht auch nicht. Tatsache ist, dass ich mich an Gustis Lektionen immer nur sehr undeutlich erinnere. Ich habe den Eindruck, wir seien zusammen am Tisch gesessen, hätten Tee getrunken, Englisch gesprochen und gelacht, aber alles ist ziemlich vage. Was ich mir für Gustis Stunden vorgenommen habe, ist auf meinem Block jeweils ordentlich durchgestrichen: «S. 128 korrigieren» oder «Lekt. 12, past perfect wiederholen». Die Notizen aber, die ich mir mache, während ich Gusti unterrichte, sind unleserlich.

Eine weitere Merkwürdigkeit der letzten paar Wochen sind die Kratzer an meinem Körper, die ich oft beim Duschen bemerke. Sie sind bis zu 30 Zentimeter lang, zum Glück nicht tief, sie verheilen schnell. Ich habe keine Ahnung, woher sie kommen. Ich halte es für möglich, sogar für wahrscheinlich, dass ich keine neuen Kratzer mehr finden würde, sollte ich mich weigern, Gusti weiterhin Englischstunden zu erteilen. Genauso wie die Kratzer würde allerdings das Geld für die Kinobilletts und die Restaurantbesuche verschwinden, und auch der leicht pervers-prekäre Seelenfriede, den Gustis Präsenz mit sich bringt.

Sie werden gleich verstehen, was ich meine.

Er hat das Ganze natürlich von langer Hand geplant. Es ist kein Zufall, dass Gusti sich eine Englischlehrerin ausgesucht hat, die ein ganzes Säli voller Opfer für ihn bereitstellen kann, weil sie nebenbei Glossen schreibt.

Ich tue das nicht freiwillig. Gusti zwingt mich dazu. Er hat Aurélie.

Bitte, meine Damen und Herren, bleiben Sie ruhig sitzen. Es wird nicht lange dauern.

Verzeihen Sie mir.

Das Licht geht aus.

AUTORINNEN UND AUTOREN

KARIN BACHMANN geboren 1969 in Biel/Bienne, lebt in Pieterlen im Berner Seeland. Sie schreibt vor allem für Kinder. Mehrere ihrer Krimis sind im SJW-Verlag erschienen. Reisen und Sprachen gehören zu ihren Leidenschaften. Sie liebt es, Kontakte mit Menschen verschiedenster Nationen zu knüpfen, pflegt u.a. Freundschaften in Neuseeland, Japan und England. Blog: http://stories47277.blogspot.com

CHRISTINA CASANOVA wurde 1959 in Chur geboren. Die Bündnerin studierte Psychologie und Soziologie. Die Autorin lebt in Chur, arbeitet in Chur und Zürich. Ihre Leidenschaft ist das Marathonlaufen. Im Jardin de Luxembourg entstehen einige ihrer Geschichten. www.casanovablog.ch

ANNE CUNEO 1936 in Paris als Kind italienischer Eltern geboren, Schweizerin durch Heirat. Lic. phil. der Universität Lausanne, Ausbildung als Pädagogin und Journalistin. Sie schreibt und inszeniert für Radio, Fernsehen und Theater und war als Journalistin für die Tagesschau des Westschweizer Fernsehens tätig. Sie hat über ein Dutzend Dokumentarfilme realisiert. Literarisch widmet sich Anne Cuneo nach einer autobiographischen Phase «dokumentarischen» Büchern (Theater, Film, Biographien), psychologischen und historischen Romanen sowie Krimis.

MITRA DEVI geboren 1963, wuchs in Zürich auf und lebte als Jugendliche zwei Jahre in Israel. Sie ist als Autorin, Journalistin und bildende Künstlerin tätig. 2007 war sie Krimi-Stadtschreiberin von Leipzig, 2009 Krimi-Stipendiatin von Wiesbaden. Von ihr erschienen mehrere Romane und etliche schwarzhumorige Kurzgeschichten, so «Der Blutsfeind» (2012), der fünfte Roman mit Privatdetektivin Nora Tabani, und der Kurzkrimiband «Giftige Genossen» (2010). www.mitradevi.ch

ALICE GABATHULER 1961 im Kanton St. Gallen geboren und im Rheintal aufgewachsen, verschlang in ihrer Kindheit Bücher am Laufmeter und entdeckte als Jugendliche das Schreiben. Sie arbeitete u. a. als Lehrerin, Radiomoderatorin, Werbetexterin und Selbständigerwerbende im Bildungsbereich. Kurz vor ihrem 40. Geburtstag begann sie, ernsthaft zu schreiben – und hörte nicht mehr auf. 2007 erschien ihr erstes von mittlerweile neun Büchern, seit 2009 ist sie hauptberuflich Autorin. www.alicegabathuler.ch

PETER HÄNNI 1958 in Bern geboren, Kellner, Metzgergehilfe, Bauarbeiter, Taxifahrer, bevor er an der Universität Bern einige Semester Jus und schliesslich Medizin studierte. Heute ist er Facharzt für Hals-, Nasen-, Ohrenkrankheiten sowie für Hals- und Gesichtschirurgie. Bisher sind drei Kriminalromane von ihm erschienen: «Rosas Blut» (2008, EMH Schweizerischer Ärzteverlag), «Samenspende» (2009, Cosmos Verlag / 2011, Deutscher Taschenbuch Verlag dtv) und «Freitod, der 13.» (2011, Cosmos Verlag). Peter Hänni lebt mit seiner Familie in Lommiswil bei Solothurn. www.peterhaenni.page.ms

MICHAEL HERZIG lebt in Zürich. Er ist 1965 in Bern geboren und an den Ufern der Emme aufgewachsen. Nach der Matura hat er als Musikjournalist und Schallplattenverkäufer gearbeitet, vergeblich versucht, Rockstar zu werden, und schliesslich ein Studium in Geschichte abgeschlossen. Seit 1998 arbeitet Michael Herzig im Sozialbereich. 2007 erschien sein erster Kriminalroman «Saubere Wäsche» im Grafit Verlag Dortmund, 2009 «Die Stunde der Töchter» und 2012 «Töte deinen Nächsten». www.michaelherzig.ch

PETRA IVANOV 1967 in Zürich geboren, verbrachte sie ihre Kindheit in den USA. Nach ihrer Rückkehr in die Schweiz absolvierte sie die Dolmetscherschule und arbeitete als Übersetzerin, Sprachlehrerin sowie Journalistin. Heute ist sie als Autorin tätig und gibt Schreibkurse an Schulen und anderen Institutionen. Von Petra Ivanov sind bisher sechs «Flint & Cavalli»-Romane erschienen, zuletzt «Leere Gräber» (2012); 2011 erschien der erste «Meyer & Palushi»-Band «Tatverdacht». Für «Escape» erhielt Ivanov 2011 das Kranichsteiner Jugendliteraturstipendium des Deutschen Literaturfonds und des Arbeitskreises für Jugendliteratur. www.petraivanov.ch

SAM JAUN geboren 1935 in Wyssachen im Emmental, aufgewachsen an verschiedenen Orten im Kanton Bern. Verschiedene Berufe, Latein- und Germanistikstudium. Lehrer für Latein und Deutsch am Berner Abendgymnasium, später Beauftragter für kulturelle Fragen der Stadt Bern. Seit 1978 freischaffender Übersetzer und Schriftsteller. Lebt in Bern. Veröffentlichungen: «Der Weg zum Glasbrunnen» (1983), «Die Brandnacht» (1986), «Der Feierabendzeichner» (1992), «Fliegender Sommer» (2000), «Die Zeit hat kein Rad» (2004), «Tagpfauenauge» (2005).

HELMUT MAIER geboren 1955 im Toggenburg, lebt und arbeitet als Jurist in Zürich. Gewinner bei verschiedenen Kurzgeschichten-Wettbewerben (Solothurner Literaturtage, Literaturhaus Zürich). Veröffentlichungen in verschiedenen Anthologien und Literaturzeitschriften. Im Oktober 2010 ist sein Erstling «Bristen» erschienen, ein Roman und Krimi zwischen urban und Uri.

EDGAR MARSCH geboren 1938 im Sudetenland (heute Tschechien). Studium der Germanistik, Anglistik, Volkskunde, Philosophie und des Rechts in Würzburg und England. Seit 1971 (bis zur Emeritierung 2006) Professor für germanistische Literaturwissenschaft und Literaturdidaktik an der Universität Fribourg (Schweiz). Forschungsschwerpunkte: Gattungstheorie und Gattungsgeschichte sowie Analytisches Erzählen, Techniken und Struktur analytischer Literatur. Edgar Marsch wurde in Anerkennung seiner Publikationen über die Kriminalerzählung vom Syndikat, Autorengruppe Deutschsprachige Kriminalliteratur, der «Ehren-Glauser» verliehen. Edgar Marsch lebt in Freiburg (Schweiz).

FELIX METTLER wurde 1945 in Adliswil geboren und wuchs in St. Gallen auf. Er studierte Tiermedizin und arbeitete als Tierpathologe in Zürich, den USA, Basel und Namibia. Auf den Roman «Der Keiler» (1990), der übersetzt und verfilmt wurde, folgten drei weitere Bücher, zuletzt «Der Fehldruck» und «Pralinen, Sherlock und ein Teddybär». Er schrieb zahlreiche Erzählungen, zudem Kolumnen für die «NZZ» und das «Appenzeller Magazin». Heute lebt Mettler in Teufen (AR).

MILENA MOSER 1963 in Zürich geboren, hat sechzehn Bücher sowie zahlreiche Kolumnen, Artikel und Beiträge in Anthologien veröffentlicht, zuletzt «High Noon im Mittelland» und «Montagsmenschen». Seit 2007 schreibt sie eine wöchentliche Kolumne. Sie führt Kurse in kreativem Schreiben durch und steht ausserdem mit Sibylle Aeberli als «Unvollendete» auf der Bühne. Nach acht Jahren in San Francisco lebt sie heute in Aarau, wo sie regelmässig das Zendo besucht. www.milenamoser.com

JUTTA MOTZ geboren 1943 in Halle/Saale, wuchs in Frankfurt/Main auf. Studium der Theaterwissenschaften, Klassische Archäologie und Kunstgeschichte in Köln und Freiburg/Breisgau. Seit 1978 lebt die Autorin in Zürich. Sie arbeitete in einer Galerie, in Verlagen und in einer literarischen Agentur. Im Elster Verlag Zürich gab sie 1991 eine Krimireihe mit eigenem Imprint heraus. Ihre Tätigkeit in einem kleinen Wirtschaftsunternehmen animierte sie dazu, selbst Kriminalromane und Kurzgeschichten zu schreiben. www.jutta-motz.com

PHILIPP PROBST Jahrgang 1965, lebt als Autor und Buschauffeur in Basel. 2011 erschien sein Medien-Thriller «Der Storykiller» im Appenzeller Verlag. Sein erstes Buch «Der Fürsorger» wurde 2009 verfilmt. Philipp Probst arbeitete zuvor über 20 Jahre lang bei mehreren Zeitungen und Zeitschriften als Reporter, Nachrichten- und Politikjournalist. Zwischendurch war er immer wieder als Lastwagenfahrer in ganz Europa unterwegs. www.philipp-probst.ch

SUSY SCHMID wurde 1964 in Gebenstorf im Aargau geboren. Einem «Schreckmümpfeli» für Schweizer Radio DRS folgte 1999 «Die Bergwanderung und andere Grausamkeiten» (Cosmos Verlag, Muri bei Bern). Im Kriminalroman «Himmelskönigin» (Cosmos 2003, Ullstein 2005) wurde Evi Gygax vorgestellt, die seither regelmässig «Leichen quer über ihrem Lebensweg» vorfindet, so in «Das Wüste lebt» (Cosmos 2007) und «Oktoberblau» (Cosmos 2011). Susy Schmid ist Privatlehrerin und lebt in Wettingen. www.susyschmid.ch

ANDREA WEIBEL Geboren 1966, aufgewachsen im Kanton Zug, besuchte Andrea Weibel das Lehrerinnenseminar, studierte dann in Zürich Geschichte und Soziologie und liess sich anschliessend zur Journalistin ausbilden. Sie lebt in Bern als freie Autorin und wissenschaftliche Redaktorin des Historischen Lexikons der Schweiz. Neben Kurzgeschichten publizierte sie einen Jugendroman und einen Krimi.

PETER ZEINDLER Jahrgang 1934, hat Germanistik und Kunstgeschichte studiert und lebt als freier Schriftsteller in Zürich. Er ist Verfasser von 16 Romanen, Erzählungen, Fernsehdrehbüchern, unter anderem auch für die Reihe «Tatort», Theaterstücken, Opernlibretti, Hörspielen und Chansontexten. Für vier seiner Romane ist Zeindler mit dem Deutschen Krimipreis ausgezeichnet worden. Für sein Gesamtwerk erhielt er 1996 den «Ehren-Glauser». Sein jüngster Roman «Noahs Erben» erschien im Herbst 2012 im Basler Reinhardt Verlag.

EMIL ZOPFI Jahrgang 1943, studierte Elektrotechnik und arbeitete als Ingenieur und Computerfachmann. 1977 erschien sein erster Roman «Jede Minute kostet 33 Franken». Für seine Romane, Hörspiele, Sach- und Kinderbücher wurde er mehrfach ausgezeichnet, u.a. von Stadt und Kanton Zürich, mit dem Schweizer Jugendbuchpreis und dem Kulturpreis des Kantons Glarus. Zuletzt erschien «Finale», dritter Band einer Serie von Bergkrimis. «Steinschlag» wurde verfilmt, «Spurlos» für den Glauser-Krimipreis nominiert. www.zopfi.ch